Y a rien qui va mal

Gervais MARTEL
(avec la collaboration de Bernard LIONS)

Y a rien qui va mal

en exergue.
éditions

ISBN 979-10-97469-35-1

www.en-exergue.fr

À Isabelle, Camille, Antonio et Léon

Émotions

Elle est belle, ma vie

Dans une autre vie, j'aurais été agriculteur. J'aime la nature et les animaux. C'est plus fort que moi : si je vois un chien abandonné sur la route, je le recueille. Mon bouledogue français me suit partout. Sauf au stade, où il n'a pas le droit d'entrer. J'ai eu pas mal d'animaux chez moi, daims, ânes, chèvres... sans oublier la basse-cour. Aujourd'hui je me contente de quelques brebis ; elles sont sympas, elles me tondent gratuitement la pelouse.

Cet amour pour les animaux me vient de ma grand-mère paternelle, Camille. Bergère, elle gardait les moutons dans les pâturages jurassiens, du côté de Censeau. C'est là que mon grand-père, cheminot à Arras, l'a rencontrée, lors de l'exode durant la guerre de 14-18, avant de revenir avec elle dans le Pas-de-Calais. Le frère de mon grand-père ayant fait de même avec la sœur de ma grand-mère, deux frères ont épousé deux sœurs. Et le même jour, qui plus est. En hommage à ma grand-mère, ma fille s'appelle Camille.

Dans une autre vie, j'aurais également pu être commissaire – j'adore les films policiers – ou bien encore journaliste, pour vivre au cœur du sport, un des grands amours de ma vie. Le sport m'accompagne depuis mon plus jeune âge. J'aime le sport, tous les sports. Les pratiquer comme les regarder. Trop peut-être, parfois. Un jour, alors que j'allais sur mes douze ans, ma mère, qui s'occupait de notre foyer, a fait venir la professeure de piano. J'en jouais depuis l'âge de quatre ans et cette femme m'en avait écœuré. Je voulais jouer du jazz, du boogie-woogie ou du rock, et elle m'imposait du Chopin et du Mozart. Surtout, ce jour-là, la télévision diffusait la finale de la Coupe du monde 1966 entre l'Angleterre et la RFA. J'ai claqué le couvercle du piano sur les doigts de madame Bertin, qui est partie en pleurant. J'ai pu voir la seconde mi-temps de la finale. En rentrant, mon père m'a glissé : « Tu ne le dis pas à maman, mais tu as bien fait. » Je n'allais quand même pas rater une finale de Coupe du monde pour Mozart et Chopin !

Comme mon père était président de la section football de l'Association sportive Sainte-Barbe de Oignies (ASSBO), dans ce village du Pas-de-Calais où je suis né, j'ai pu côtoyer de grands champions de l'époque, lors des réunions d'athlétisme qu'il organisait. Outre Pierre Colnard, recordman de France à dix-huit reprises du lancer du poids, je revois encore Michel Bernard, grand spécialiste de courses de demi-fond et de fond, en train de râler sur la cendrée après avoir raté de quatre petites secondes le record du monde du 2 miles. Les lévriers anglais qui devaient l'aider n'étaient pas là quand il l'a tenté. Et voilà qu'une demi-heure après, ils arrivent ! Teigneux et gagneur, Bernard dit alors à mon père : « Laissez-moi une heure et je retente le record du monde. » Mon père a accepté et Bernard l'a de nouveau raté. De deux secondes. À l'époque, Bernard était le grand rival de Michel Jazy[1]. Lorsque ce dernier a perdu la finale du 5 000 mètres lors des Jeux de 1964 à Tokyo, j'en ai pleuré. Il a terminé quatrième d'une course qui était à sa portée. De parents polonais, il est né, comme moi, à Oignies. Il s'agit aussi de la ville natale de Guy Drut, un copain, devenu champion olympique du 110 mètres haies lors des Jeux de Montréal, en 1976, un autre moment d'anthologie pour moi. Sa mère, d'origine anglaise, tenait une petite épicerie de quartier, au coron du Moulin. Les habitants de Oignies venaient y faire leurs courses.

Michel, Guy et moi-même partageons un autre point commun : nous sommes tous des fils de mineur. Mon père a intégré l'École des Arts et Métiers d'Armentières pour en sortir ingénieur des Mines durant l'été 1946. Bien que chef de siège à la fosse 9 de Oignies, puis à la fosse 8 d'Évin-Malmaison – là où j'ai grandi –, avant de finir Directeur des constructions à Billy-Montigny, il descendait dans la fosse avec les autres mineurs. « Je suis un ingénieur au fond », disait-il humblement. Il est mort de la silicose le jeudi 19 juin 2003, jour de la saint Gervais. Il allait sur ses quatre-vingt-un ans.

La première fois qu'il m'a fait découvrir Bollaert, j'avais six ans. Le stade appartenait alors aux Houillères du bassin du Nord et du Pas-de-Calais, dont mon père était membre du comité directeur. C'était un Lens-Rouen, dans les

1. Détenteur de neuf records du monde de demi-fond, Michel Jazy a également obtenu la médaille d'argent aux J.O. de Rome en 1960, a été champion d'Europe du 1 500 mètres en 1962 et champion d'Europe du 5 000 mètres en 1966.

années soixante. Je me suis pâmé d'admiration en regardant jouer Maryan Wisniewski. Depuis ce jour-là, je suis accro au RC Lens. Mais le héros de mon enfance s'appelait Georges Lech. Je le trouvais exceptionnel, comme bonhomme et comme joueur. C'était un attaquant côté droit qui n'a pas eu la carrière qu'il méritait. Bien que d'origine polonaise, c'est l'un des plus grands joueurs français de tous les temps. Je n'oublie pas non plus son frère Bernard, Arnold Sowinski l'entraîneur, ni Richard Krawczyk, dit « Zébulon ». Comme tous les gamins, j'écrivais aux joueurs pour qu'ils m'envoient un autographe. Je possède ceux de tous les membres de l'équipe de France de la Coupe du monde 1954. Léon Glovacki, alors attaquant du grand Stade de Reims aux côtés de Raymond Kopa et natif de Carvin, a même envoyé une carte postale dédicacée des Bleus posant devant un château avant leur départ en Suisse. Mon père me l'a donnée. Je la conserve précieusement.

Mon père m'emmenait également voir les matchs de Oignies, en division d'honneur, le dimanche, mais aussi assister au Paris-Roubaix. Mon cycliste préféré s'appelait Jacques Anquetil, alors que je suis devenu ami avec Raymond Poulidor. Un jour, j'étais assis sur un talus de la colline de Mons-en-Pévèle quand Anquetil a crevé devant moi. Je suis aussitôt descendu à sa rencontre pour l'aider. Je me revois encore en train de le pousser sur son vélo, du haut de mes dix ans. Je me suis fait salement engueuler par mon père à cause de la caravane qui passait.

Quand, en 1956, toute la famille a emménagé dans une maison d'ingénieur au 204, boulevard Basly, à Évin-Malmaison, cela ne m'a pas empêché de continuer à disputer d'interminables parties de football avec mes nouveaux copains de la cité Cornuault, toute proche. Puis il y eut le lycée Robespierre d'Arras avec Serge Doré, mon futur directeur général au RC Lens, et Farès Bousdira, mon collègue de classe. « Un jour, me jura-t-il lors d'un de nos concours de jongles, je jouerai au RC Lens. – Ah ouais ? Et moi, tiens, je serai ton président. » Farès a réalisé son rêve de gosse. En 1971, il est devenu milieu de terrain du Racing. Et il l'est resté pendant sept ans. Il a même porté le maillot de l'équipe de France lors d'un match amical contre la Pologne, à Bollaert[1]. Je n'étais pas encore président du Racing. Mais je le suis devenu.

Parce que dans ma vie, après avoir été vendeur, chef de rayon et chef du secteur Équipements maison à Auchan, puis avoir fondé *Le Galibot*, un hebdomadaire gratuit de petites annonces, j'ai été président du Racing Club de Lens. Comme je savais que je ne serais jamais un grand joueur, je rêvais de devenir président. J'avais trente-trois ans quand ce rêve est devenu réalité, faisant de moi le plus jeune président d'un club de football français. Et je le suis resté pendant vingt-neuf ans. C'est dire si j'ai des souvenirs à raconter.

Vimy, le 9 août 2023

1. Farès Bousdira a remplacé Jean-Marc Guillou à la 56e minute, devenant le premier Algérien à jouer pour l'équipe de France après l'indépendance de l'Algérie en 1962 (2-0, le 24 avril 1976).

Chapitre I

Révélation
(1954-1976)

Quand, comme moi, on est né dans le Nord, on a cette région dans le sang, dans le cœur et dans le corps. Ma naissance a d'ailleurs suscité une scène cocasse. Comme les prénoms de mes parents commencent tous deux par la lettre G (Georges et Gisèle), ils ont décidé de baptiser leurs enfants Gilles, Guy, Géry et Gervais. Enfin, les choses n'ont pas été aussi simples, me concernant. Lorsque je pousse mon premier cri à la maternité de l'hôpital Henri Anquetil de Oignies, le 20 novembre 1954, la sage-femme annonce à mes parents que leur quatrième enfant est... une fille. Ils sont aux anges. Après trois garçons, c'est ce qu'ils souhaitaient. Mais ils déchanteront vite quand le gynécologue s'apercevra de l'erreur de sa collaboratrice. Je suis finalement un garçon. Mon père fait un malaise. Mes parents, tellement convaincus que leur quatrième enfant serait une fille, n'ont pas réfléchi à un autre prénom masculin, mais ma mère remarque alors près de son lit une bouteille de lait qui porte la marque « Gervais ». Ce sera Gervais.

Les deux écoles

J'ai toujours été doué pour l'orthographe, mais je n'ai aucun mérite. Jules Tacquet et Fernande Peru, mes grands-parents maternels, étaient tous deux directeurs d'école, à Barlin puis à Arras. Mon grand-père était plus du genre compagnon de la Libération que de la Chanson. C'était même un véritable héros de guerre. Après avoir reçu neuf médailles durant la Grande Guerre de 14-18 – dont la croix de Guerre et la médaille militaire –, il fut résistant lors de la Seconde Guerre mondiale et gaulliste.

Quand le Général parlait à la télévision, c'était silence dans toute la maison. On avait à peine le droit de mâcher un chewing-gum.

Qu'il pleuve ou qu'il vente, toute la famille emboîtait le pas à mon grand-père chaque 11 novembre pour se rendre à la nécropole nationale de Notre-Dame-de-Lorette, au nord d'Arras. C'est là que reposent les corps de plus de quarante-trois mille soldats morts pour la France sur les fronts de l'Artois et de la Flandre. Ses médailles épinglées au plastron, mon grand-père se tenait encore plus droit qu'à l'accoutumée, pour honorer la mémoire de ses compagnons décédés. Il disait n'avoir fait que son devoir. Comme eux. En ayant plus de chance. Devenu par la suite grossiste en horlogerie-bijouterie, il gardait de ses années de guerre un trou au niveau du flanc gauche, souvenir d'un éclat de grenade reçu dans une tranchée après s'être couché sur son capitaine pour le protéger. Je m'amusais à y passer la main. Pourvu d'une autorité naturelle, quand il me mettait au coin, j'y allais tout de suite.

Sa pudeur et son humanisme lui interdisaient de s'épancher sur la guerre. Il préférait nous emmener ensuite déjeuner en famille à l'Hôtel de France, situé en face de la gare de Lens. J'aimais bien y aller. Un poste de télévision trônait au fond de la salle. Je pouvais ainsi regarder le traditionnel match que l'équipe de France disputait, alors, en ce jour d'armistice. Je me souviens que le 11 novembre 1963, alors que j'allais fêter mes neuf ans, Georges Lech a égalisé contre la Suisse. Jean Deloffre, un autre Lensois, se trouvait sur le banc des remplaçants. Trois ans plus tard, Lech marqua même le but victorieux face à la Pologne de « Richou », Ryszard Grzegorczyk, futur finaliste de la Coupe de France contre Saint-Étienne avec Lens, en 1975.

Par respect pour mon grand-père, je n'ai jamais voulu recevoir de médaille. Je comprends que certains puissent être décorés, comme de la Légion d'honneur. Mais lui, il a mérité toutes ses décorations par ses actes de bravoure. Pas moi. Si j'en avais accepté une, mon grand-père serait sorti de sa tombe pour me mettre deux claques. Car il ne rigolait pas. Y compris avec l'orthographe. Il ne supportait pas les fautes, et m'a d'ailleurs fait faire des dictées dès mon plus jeune âge. Zéro faute, un franc. À cinq ans, je savais déjà lire et écrire.

Cette éducation à deux écoles – en classe et rue du commandant Dumetz, à Arras, chez mes grands-parents – m'a permis de sauter le cours préparatoire et d'entrer au collège dès l'âge de huit ans et demi. J'étais alors l'un des plus jeunes élèves de sixième, en France.

« Michelle », fosse 9

— Papa, ce n'est pas la route de l'école.

— Tais-toi !

Je n'ose plus parler, pendant que mon père reste concentré au volant de sa Peugeot 403. D'ordinaire, il m'emmène tous les lundis matin au pensionnat à Arras, annexe austère du lycée Robespierre où j'étudie depuis la sixième. Collégien et pensionnaire, ainsi en ont décidé mes parents, comme pour mes trois frères avant moi. C'est une erreur : l'internat, ce n'est pas pour moi. J'ai le cafard, je ne fais que des bêtises et collectionne les avertissements. Trois avertissements, une colle. Je me retrouve souvent puni le week-end, ce qui me vaut parfois de passer un mois et demi sans rentrer chez moi et, donc, d'être privé de match à Bollaert. Mes résultats scolaires s'en ressentent : je redouble ma sixième, ma cinquième, puis ma troisième. À la fin de ma quatrième, je suis passé dans la classe supérieure, comme tout le monde, grâce aux événements de mai 68. Quelle aubaine !

Au bout d'un moment, je reconnais la route. Elle conduit à la fosse 9 de Oignies, dirigée par mon père. Les mineurs l'ont baptisée « Michelle ». C'est là, en 1842, qu'on a découvert la première gaillette, qui a lancé l'extraction de la houille dans le Nord-Pas-de-Calais. C'est d'ailleurs sur ce même site, devenu un emblème de l'histoire de ma région, que les « gueules noires » remonteront la dernière berline, le vendredi 21 décembre 1990. Une fois arrivé sur le carreau de la mine, mon père se gare, coupe le moteur et me dit :

— Va te changer. Tu descends avec moi.

Je me déshabille. Comme tout le monde, j'enfile la barrette de mineur, un casque en cuir bouilli servant à protéger la tête. Cela me fait rire.

— Tu es prêt ?

— Oui...

— On y va.

Je monte dans la cage. Nous sommes entassés, à trente personnes, dans un ascenseur qui descend, à une vitesse de douze mètres seconde, à six cents mètres de profondeur. Une fois arrivé en bas, je me mets à ramper avec mon père. Je rentre dans des tailles qui ne mesurent guère plus d'un mètre cinquante de hauteur. Tout le monde est noir, couleur charbon. De l'ingénieur au porion – le contremaître –, en passant par le mineur, tous se tutoient et s'appellent par leur prénom. Il y a là des Français, des Italiens, des Polonais, des Nord-Africains... et tous se respectent. C'est là que j'ai appris ce que sont l'esprit d'équipe et l'amitié entre les hommes.

Une fois la journée de travail terminée, je remonte dans la cage. Je retrouve l'air libre, respire à nouveau. Enfin. Je me lave et grimpe dans la voiture de mon père, qui me ramène au pensionnat, les yeux encore pleins de poussière de charbon. Sur la route, il me dit :

— Tu vois, ces gens avec qui tu étais au fond de la mine sont extraordinaires. Ils exercent un métier noble et font preuve d'un grand courage. Continue comme ça, et ce sera également ta vie.

J'ai quinze ans et j'ai retenu la leçon. C'est le début de ma vie. Je ne vais plus jamais me gâcher.

Alain Delon, la Race des Seigneurs

Mes parents ayant pris l'habitude de partir en cure thermale chaque année à Vichy, dans l'Allier, c'est là que je déniche mes premiers jobs d'été. Mon père ne veut pas que je reste à ne rien faire pendant trois mois. Je travaille donc, à partir de l'âge de seize ans, comme agent d'escale à l'aéroport de Vichy Charmeil. Un dimanche de juillet, on me demande d'assurer l'arrivée de deux passagers. Cela me rase, car j'ai prévu une fête avec des amis, mais je me rends tout de même à l'aérodrome pour attendre l'avion privé. Quelle surprise en découvrant sur le tarmac Alain Delon et Mireille Darc ! Ils viennent assister au grand prix de Vichy, où court le cheval de Delon. Je les accompagne à l'aérogare où une voiture les attend et, sans sourciller, je demande à Delon :

– Vous pensez que ça va durer longtemps ?

– Ça dépend si le cheval gagne ou non. Pourquoi, tu es pressé ?

– Un peu...

En fait, j'attends deux ou trois heures. Je crois que son cheval a gagné et, avant de repartir, Delon me dit :

– Tiens, petit, c'est pour l'attente.

Il me glisse deux billets de cinq cents francs, ce qui correspond à l'époque à environ deux mois de salaire. À ce tarif-là, j'aurais pu les attendre toute la nuit.

Je suis également juge de ligne lors de la Coupe Galéa, la Coupe Davis des moins de vingt et un ans. Le Sporting Vichy-Bellerive Tennis organise ce tournoi au début de chaque mois d'août.

J'ai seize ans et j'arbitre les futurs champions : le Tchèque Jan Kodeš, tout juste vainqueur du premier de ses trois Grands Chelems en cette année 1970, l'Espagnol Manuel Orantes, qui s'imposera face à Jimmy Connors en finale de l'US Open en 1975, l'Italien Adriano Panatta, vainqueur de Roland-Garros en 1976, et, bien sûr, Yannick Noah et Patrick Proisy.

Cela me permet de collectionner les balles de tennis des joueurs et de parfaire mon jeu. Je suis classé troisième série et je ne lâche rien sur un court, quitte à déplaire à mes rivaux. Plus tard, quand je partirai en vacances avec ma femme, je choisirai des endroits où se disputent des tournois de tennis. Après un match en plein cagnard, je propose à mon adversaire malheureux d'aller prendre un verre. Il me répond : « Cela fait trois heures que j'ai votre gueule en face de moi. Cela me suffit pour aujourd'hui. »

Sergent Martel

Adieu le lycée Saint-Paul de Lens, route de la Bassée, non loin de Bollaert, adieu mes camarades de classe futurs footballeurs professionnels, Jacques Marie[1] et Robert Sab[2], et cette jolie étudiante d'origine italienne répondant au nom d'Isabelle Bettini. Ce début d'été 1973 coïncide avec la remontée du Racing en première division. Une fois le bac G en poche, je décide d'aller passer un BTS Grande Distribution au lycée Gaston Berger de Lille, puis je m'inscris

1. Milieu défensif de Lens (1968-1976), Jacques Marie était le capitaine lors de la finale de la Coupe de France face à Saint-Étienne, le 14 juin 1975 (0-2).
2. Ancien milieu de terrain de Lens (1969-1980).

en prépa dans une grande école de commerce. Mais la loi Debré, du nom du ministre de la Défense nationale, m'empêche de terminer mon cursus. Entrée en vigueur en 1973, elle a ramené la durée du service national à un an mais, en contrepartie, elle a abrogé les sursis pour études au-delà de vingt et un ans.

Cette fois, plus question d'un job d'été à Vichy. Me voilà appelé sous les drapeaux, en ce mois d'août 1976. Quitte à y aller, autant que le service national me serve à quelque chose. Sportif touche-à-tout, j'ai déjà pratiqué le ski, en plus du basket-ball, du tennis de table, du tennis et, bien sûr, du football. Je demande dès lors à être incorporé au 7e bataillon de chasseurs alpins, à Bourg-Saint-Maurice. Demande acceptée : je serai sergent instructeur au 7e BCA. Hormis pour aller à Vichy et à Rimini, en Italie, je n'ai encore jamais vraiment quitté le Nord de la France. Un an va s'écouler avant que j'y revienne.

Chasseur alpin(e)

Je me retrouve affecté dans l'ancienne batterie fortifiée de Vulmix, réaménagée en caserne pour le 7e BCA. Un trou perdu perché à mille mètres d'altitude, trop loin pour descendre à Bourg-Saint-Maurice à skis et, surtout, pour y remonter.

Je trouve la solution en voyant arriver les autres appelés avec leurs voitures. Eux n'ont pas le droit de quitter la caserne. Moi si, en tant que gradé. Ne voulant pas s'attirer d'ennuis avec leur sergent instructeur, ils consentent à me prêter leur véhicule.

J'emprunte surtout la R5 Alpine d'un Parisien pour aller me changer les idées à Bourg-Saint-Maurice et faire de grosses bringues dans toutes les stations de sports d'hiver de la région. Le service militaire constitue un moment important dans ma vie. Un déclic, même. Non pas en raison de mes virées nocturnes en Savoie, mais grâce à l'esprit de camaraderie et à l'ambiance régnant chez les chasseurs alpins. Nous en avons beaucoup bavé, et ce, dès notre première sortie en montagne. J'ai emporté avec moi un gros transistor pour écouter la retransmission des matchs du Racing. Cette saison-là, Lens termine deuxième derrière Nantes, avec un grand Daniel Leclercq comme arrière central. Comme je suis sportif, je ne pensais pas que ce serait si difficile, malgré nos skis en peau de phoque et notre bardage de vingt-trois kilos. Notre groupe de quatre – trois Parisiens et moi-même – est revenu à la caserne une bonne heure après le peloton. Hors délai, réfectoire fermé. Et Dieu sait que je ne saute jamais un repas... Raoul était parti se coucher. Il s'y connaissait aussi bien en cuisine qu'en chasseurs alpins. Autant dire qu'il n'y connaissait rien. Lors d'une manœuvre en montagne, un passage nous oblige à nous encorder. En tant que sergent, j'ouvre la voie. Le capitaine m'ordonne de ne surtout pas regarder en bas. Bien sûr, c'est ce que je fais. Et je découvre qu'il y a cent mètres de vide en dessous de moi. Je m'accroche dès lors à la corde comme à une planche de salut, et finis par rejoindre celui qui a veillé à ma sécurité, au sommet du piton rocheux. Quand je découvre l'identité de mon ange gardien, je ne peux m'empêcher de crier à mes camarades :

— Oh, les gars, c'est Raoul le cuisinier qui tient la corde ! Personne n'a voulu monter.

Toujours à la tête de ma section – puisque je suis désormais sergent instructeur –, nous partons en plein hiver à l'assaut du col du Cormet de Roselend, où passe le Tour de France, à 1 968 mètres d'altitude. Soudain, une avalanche se déclenche juste devant moi. Elle fait vingt fois plus de bruit qu'un grand prix de Formule 1. Et je m'y connais, en grand prix. Si elle tombe sur nous, on est morts.

J'ai d'ailleurs souvent failli mourir, mais de froid, durant cette année-là. Nous partons bivouaquer à La Rosière, autre station de sports d'hiver de la vallée de la Tarentaise. Comme il est difficile de creuser des trous par – 15 °C, nous fabriquons des igloos. J'ai la bonne idée de laisser mes godasses dehors. Au petit matin, elles sont aussi rigides que du béton. Dans ces moments-là, la notion de camaraderie et de solidarité entre soldats est semblable à celle des mineurs au fond de la mine.

Le jour de la quille, le 31 août 1976, je me retrouve délesté de quinze kilos. Libéré de mes obligations militaires, également. Me voilà enfin de retour dans le Nord. J'ai vingt-deux ans, j'ai toute la vie devant moi, et je compte bien la réussir.

Chapitre II

Ascension (1976-1988)

Une petite annonce parue dans le journal local attire mon attention, au cours de cet été 1976. Le groupe Auchan, créé il y a une dizaine d'années à Roubaix, recrute des jeunes. Je réponds à l'annonce et passe un entretien d'embauche. Je suis engagé comme chef de rayon stagiaire Électroménager à l'hypermarché de Grande-Synthe, qui a ouvert il y a moins de deux ans dans la périphérie de Dunkerque. Après avoir assisté à la défaite de Lens face à Lyon dans la tribune Trannin, la veille, je prends le volant de ma 104 Peugeot. Nous sommes le lundi 10 septembre 1977 et j'avale les kilomètres sur la route du littoral des Flandres. Arrivé à destination, je me gare devant les longs bâtiments blancs d'Auchan. Je descends de voiture. Ça y est. J'ai posé un pied dans la vie active.

Mardi gras à la Toussaint

Mon stage s'étant bien passé, je suis embauché. Devenir chef de rayon à temps plein du rayon Électroménager d'une grande enseigne comme Auchan n'est pas de tout repos. Plus qu'un technicien, je suis un bon vendeur, plein d'entrain mais un peu distrait. Cela me joue des tours.

Un jour, je commande cinq cents crêpières, le dernier cri de la marque Krups. Je fais une démonstration ; les crêpes sont superbes. Le directeur du magasin passe dans mon rayon et demande :

— Qui est le con qui a commandé des crêpières, fin octobre ?

J'ai confondu la Toussaint avec Mardi gras ! Je ne me démonte pas et lui réponds :

— Plutôt que de te foutre de ma gueule, donne-moi une tête de gondole.

Le lendemain matin, alors que tous les responsables se réunissent comme à l'accoutumée, je leur dis :

— Bon, toi, tu les fais marcher de neuf à dix heures. Toi, de dix à onze...

Nous nous relayons tous, faisant et offrant des crêpes aux clients. Au bout de trois jours, les cinq cents crêpières sont écoulées. Cette péripétie m'a appris quelque chose : si l'on se fixe réellement un objectif, quel qu'il soit, on l'atteint en s'en donnant les moyens. Je veux faire mes preuves et réussir. Il m'arrive de passer trente-six heures d'affilée au magasin sans sortir, pour une nouvelle implantation de rayon. Ces semaines de quatre-vingts heures de boulot me poussent à louer un appartement à Malo-les-Bains, afin de m'éviter de faire tous les jours la route depuis Lens.

Butanette et Mobylette

Malgré tous mes efforts, je ne parviens pas à savoir comment fonctionnent les appareils que je vends. Je ne le sais toujours pas, aujourd'hui. Cela m'évite de devoir faire tourner moi-même la machine à laver. Comme on est jugé au chiffre d'affaires réalisé au jour le jour, mon objectif est de vendre coûte que coûte. Un monsieur veut une butanette mais il n'a que sa Mobylette bleue pour la transporter ? Pas de problème. Grâce à des extenseurs, je la fixe sur son porte-bagages. Deux heures après, le service après-vente vient me trouver :

— Quel est le con qui a vendu une butanette sans expliquer au client qu'il lui fallait aussi acheter une bouteille de butane pour l'alimenter ?

— Je ne sais pas... Pourquoi ?

— Parce que le client est revenu furieux et noir de suie. Il l'a branchée sur le gaz de ville et il a mis le feu à son appartement.

Un client veut une cassette vierge pour son magnétophone enregistreur. J'en prends une au hasard sur le rayon et la lui vends. Il revient me voir le lendemain, mécontent.

— Votre cassette ne marche pas.

Je vais voir un collègue, qui l'examine brièvement.

— Ce n'est pas une cassette vierge. C'est une cassette autonettoyante.

Le chef du rayon Meubles est incompétent. Il organise une opération commerciale sur les chaises et n'en a commandé que par petits paquets de douze. Je prends le bon de commande et multiplie le chiffre par dix. Quelques jours plus tard, je croise René, le réceptionniste :

— Il est où, ce con de Michallak ?
— Qui ça ?
— Le chef du rayon Meubles !
— Je ne sais pas. Pourquoi ?
— Viens voir…
Je sors et je vois des livreurs déposer des chaises à perte de vue sur le parking. Il y en a dix mille.
— Et je fais comment, pour les réceptionner ?
— Ce n'est pas difficile, René, tu comptes les pieds et tu divises par quatre.
René ne m'a plus parlé pendant un mois. Il est vrai qu'on a eu du mal à stocker toutes les chaises, puis à les écouler. Cela a pris un peu plus de temps que pour les crêpières, mais nous avons fini par toutes les vendre. Cet incident ne m'a pas empêché de garder le sourire.

Deux enquiquineurs au tapis

Un couple se présente un soir, lors d'une nocturne, pour acheter un congélateur coffre. Ils n'arrêtent pas de me poser des questions souvent techniques, auxquelles, je l'ai déjà évoqué, j'ai du mal à répondre. Au bout d'un moment, je les presse :
— Il va falloir vous décider, maintenant. Le magasin va fermer. Il est bientôt 22 heures.
— D'accord, mais avant, j'ai une dernière question à vous poser, me dit la femme.
— Je vous écoute…
— Imaginons que l'on vous achète le congélateur, qu'on le remplisse et qu'il tombe en panne. On fait quoi, hein ? Je vous le demande : on fait quoi ?

— C'est simple : j'appelle mes potes et on vient manger chez vous.

Le couple a acheté le congélateur.

Un client attend au rayon Tapis. Il n'y a pas de vendeur. Le monsieur veut une moquette en laine, très chère, à des dimensions précises.

— Pas de problème. Je vais vous la couper.

Je tire le rouleau. Je prends les mesures et découpe la moquette à la dimension voulue, au cutter. Au moment de la rouler pour l'emballer, je m'aperçois qu'il y avait un tapis d'Iran, très cher lui aussi, en dessous. Je n'avais pas remarqué qu'il se trouvait par terre. Il est tout lardé de coups de cutter. J'appelle le fournisseur pour me plaindre, en lui expliquant qu'on n'a pas vu que le tapis était endommagé lorsqu'on l'a réceptionné. Il me l'a remplacé.

La clé d'Auchan

C'est vraiment une période extraordinaire. Nous disposons d'une autonomie incroyable en matière d'achats, ce qui a d'ailleurs fait la réussite de la grande distribution. Et la mienne. Je décroche à deux reprises la « palme de meilleur chef de rayon » de tous les Auchan de France. Cela me vaut d'être promu chef de secteur Équipement de la maison au bout de deux ans. C'est à cette époque que je revois par hasard Isabelle Bettini. Comme moi, elle a fréquenté le lycée Saint-Paul de Lens au début des années soixante-dix. Nous nous marions le 21 novembre 1980, chez elle, à Hénin-Beaumont, le lendemain de mes vingt-six ans, et ne nous quitterons jamais plus.

J'ambitionne alors sérieusement de faire carrière dans la grande distribution et de me rapprocher de Lens. Parce que, malgré mon exil professionnel à Dunkerque, je vais toujours régulièrement à Bollaert. Souvent seul, parfois avec mes copains d'Auchan. Comme pour Lens-Lazio Rome. Quel match ! Après avoir perdu ce 16e de finale aller de la Coupe de l'UEFA 0-2, en Italie, Didier Six marque deux fois. Et dans la prolongation, on en met quatre de plus, dont un troisième but de Six. 6-0 ! Je me souviens encore de la date : le 2 novembre 1977. Ce match, je l'ai, comme d'habitude, vécu dans la « Trannin », derrière le but. Nous faisons ensuite un crochet par Lille pour attendre l'ouverture des locaux de *La Voix du Nord* dans un café voisin. Hors de question que je reparte à Dunkerque sans le journal immortalisant cet exploit. Je pense justement à quitter cette ville lorsque j'apprends qu'une promotion interne au poste de directeur adjoint de Grande-Synthe vient de s'ouvrir. Je pose aussitôt ma candidature.

— Pourquoi pas moi ? Cela fait désormais cinq ans que je travaille à Auchan, et trois que je suis directeur de secteur.

— Tu vas trop vite et tu es trop jeune, me répond-on.

Un collègue plus âgé que moi décroche la promotion. Je travaille à Grande-Synthe et vis désormais à Fort-Mardyck, dans la banlieue industrielle de Dunkerque. Mes parents habitent à Lille et mes beaux-parents à Hénin-Beaumont. Mais mon cœur se trouve du côté de Lens. J'en ai assez : je veux me rapprocher du bassin minier. Je demande alors ma mutation à l'hypermarché de Noyelles-Godault. Refusée. Gilles, mon frère aîné, diplômé de l'École supérieure de commerce, y travaille déjà en tant que contrôleur de gestion. Or, Auchan refuse que plusieurs membres d'une même famille soient employés dans le même magasin. Va pour Villeneuve-d'Ascq, où le poste de directeur adjoint se libère à son tour. Mais il a été promis à Stéphane Desreumaux. Stéphane est entré au Auchan de Grande-Synthe comme chef de rayon Photo-Cadeaux fin 1976, soit environ neuf mois avant moi. Il est vite devenu un ami. Ayant été recalé deux fois par Auchan, une idée se met alors à me trotter dans la tête : devenir mon propre patron. Auchan a été une sacrée école de vie, d'engagement et de goût de l'effort. Ce premier job m'a appris l'exigence du travail. Quel bonheur, quelle récompense que cette entreprise soit aujourd'hui le principal sponsor du club, grâce aux efforts de Christian Legrand et moi-même ! Ce groupe a été créé de toutes pièces par Gérard Mulliez en 1961. J'y reste profondément attaché, grâce à la complicité que j'entretiens avec Antoine Grolin, Barthélémy Guislain et leurs collaborateurs.

L'aventure, c'est l'aventure

En cinq ans à Auchan, j'ai appris à tenir des objectifs de chiffre d'affaires, à manager du personnel, à assurer la promotion d'un produit, ce que signifie un taux de rentabilité... Bref, j'ai seulement vingt-huit ans mais je me sens prêt à voler de mes propres ailes. Reste à savoir quel type d'entreprise je vais bien pouvoir créer. En tant que chef de secteur, je suis responsable du budget publicitaire alloué aux rayons placés sous ma responsabilité. Cela m'amène à travailler régulièrement avec *Dunkerque 2000*, un hebdomadaire gratuit vivant des encarts publicitaires et des petites annonces. Je trouve l'idée bonne. De plus, elle fonctionne.

Début décembre 1982, je retrouve Stéphane Desreumaux à l'occasion d'une réunion des chefs de secteur à la centrale d'achat de Villeneuve-d'Ascq. Lors de la pause déjeuner, je lui demande :

— Tu as toujours l'intention de créer ta propre société ?

— Oui.

— Cela tombe bien, j'ai une idée ! Tu te souviens de *Dunkerque 2000* ? Je suis convaincu qu'on peut lancer l'équivalent sur un autre secteur. Tu connais Lens ?

— Pas plus que je ne m'y connais en publicité et en imprimerie. Je te rappelle que je suis lillois.

— J'ai fait une étude de marché. C'est là-bas qu'il faut s'implanter. On sera tout seuls.

— Je vais y réfléchir.

Quelques jours plus tard, Stéphane me téléphone pour me donner son accord. Je démissionne d'Auchan le 7 janvier 1983. Il fait de même. Nous investissons tout l'argent de notre participation salariale accumulée pendant un peu plus de cinq ans dans la création de notre entreprise. Avec Isabelle, je pars aussitôt m'installer à Lens, dans un petit appartement de la rue du Pôle Nord. Il n'y a pas une minute à perdre. Nous sommes au mois de janvier, nous devons un mois de préavis à Auchan et la sortie du premier numéro de notre gratuit est fixée à la deuxième semaine de mars. On se complète très bien, Stéphane et moi. Tandis qu'il s'occupe de la logistique et de l'opérationnel, je me charge du commercial et du relationnel. Lui, dans notre bureau exigu du 18, avenue Van Pelt, et moi, sur les routes de la zone Lens-Liévin, où j'essaye de convaincre petits et grands commerçants de nous acheter des espaces publicitaires.

Ce n'est pas gagné d'avance. Parce que je n'ai pas vraiment dit la vérité à Stéphane. Si j'ai quitté Auchan, c'est pour me rapprocher de Lens et pouvoir ainsi aller voir tous les matchs du Racing Club. En réalité, il existe déjà six journaux gratuits dans le bassin minier lensois. Nous sommes les septièmes à arriver sur ce marché. Quand il s'en aperçoit, Stéphane m'en veut un peu. Mais il est comme moi : c'est un homme déterminé et quand il s'engage quelque part, il va jusqu'au bout. Et puis, il est trop tard pour reculer.

Le Galibot

Pour que notre hebdomadaire ait une chance de marcher, je suis convaincu qu'il faut lui donner un nom qui incarne la région. *Le Mineur* ? *Le Terril* ? *Le Coron* ? Intéressant mais pas assez convaincant. C'est finalement le père de Stéphane qui nous souffle le nom parfait : *Le Galibot*. Pour ceux qui l'ignorent, le galibot était le nom donné au gamin qui poussait les chariots de charbon dans les mines. Tous les mineurs l'ont été et toutes les familles du Nord ont eu leur *tiot* avec le visage noirci de charbon. Le dessin d'un jeune mineur casqué et souriant figurera en Une. *Le Galibot* naît le mardi 18 mars 1983, avec 118 000 premiers exemplaires distribués dans une quarantaine de communes.

Ça n'a pas été simple. Parce que les distributeurs, qu'un de nos concurrents avait gentiment proposé de nous envoyer, ne sont jamais venus. Il a fallu appeler les copains et la famille à la rescousse pour glisser les 118 000 exemplaires à temps dans les boîtes aux lettres. Je ne suis pas près d'oublier cette première journée de la vie du *Galibot*. Je l'ai également distribué moi-même, ce qui m'a valu de me faire mordre par un chien, à Liévin. Peut-être à cause de la casquette que je portais, il a dû me prendre pour un facteur apportant une mauvaise nouvelle ou une facture à ses maîtres. Ce moment de vie a été exceptionnel, notamment grâce à une équipe de commerciaux fabuleux qui nous a permis de mettre à mal la concurrence et de devenir le gratuit incontournable des Hauts-de-France.

Clin d'œil à l'actualité, l'un des premiers clients du journal a été Jean-Paul Lempereur, qui avait acheté un petit garage à Courrières, dont je m'occupais de la publicité. Il est devenu, depuis, un partenaire historique et incontournable du RC Lens, et a d'ailleurs rencontré Cathy, son épouse, lorsqu'elle travaillait au sein de notre entreprise.

Si *Le Galibot* trouve vite sa place dans le paysage lensois, c'est que nous ne nous contentons pas d'en faire un simple journal gratuit de petites annonces et de publicités. Nous y ajoutons les programmes télé, des critiques cinématographiques, des recettes de cuisine, l'horoscope et, bien sûr, un jeu concours sur le RC Lens. La Une du premier numéro s'orne d'un ballon de football dans lequel on offre une place pour le match Lens-Tours du vendredi 8 avril 1983 aux vingt premiers lecteurs qui répondront avec succès à trois questions sur le Lens-Strasbourg du 29 mars.

Le problème, c'est qu'il faut les financer, ces vingt places offertes toutes les semaines. Je me décide à aller voir Jean Bondoux, le président du club. Il me reçoit dans le baraquement construit à la hâte derrière la tribune Xercès et qui lui sert de bureau, en attendant la fin des travaux de rénovation de Bollaert en vue de l'Euro 1984. Chef d'entreprise reconnu dans le bâtiment et les travaux publics, Bondoux me regarde derrière ses lunettes à monture d'écaille et m'écoute lui débiter mon discours rodé de commercial :

— *Le Galibot* peut aider le Racing Club de Lens et participer à sa notoriété. Il sera acquis à sa cause et assurera sa publicité dans nos colonnes. En échange, je vous demande juste de nous donner une vingtaine de places à mettre en jeu pour chaque match à domicile.

— Jeune homme, nous n'avons pas besoin de vous. Toute la France parle du Racing Club de Lens. De plus, vous savez fort bien que la radio Europe 1 est l'un de nos sponsors maillot. Alors vous pensez, *Le Galibot*...

— Et pour les places ?

— Bien sûr, il y en aura à mettre en jeu dans votre journal gratuit. Mais pour cela, il faudra les acheter. Et pour parler du Racing, il faudra payer.

Des houilles à Houllier

J'en suis quitte pour payer mille francs par match afin d'avoir l'autorisation d'utiliser l'image du club, en prenant sur mes deniers personnels. Ma femme commence à me soupçonner de je ne sais quoi. En ce qui concerne les interviews de l'entraîneur, je m'en charge moi-même. Muni d'un petit magnétophone, je vais voir Gérard Houllier à l'hôtel de l'équipe avant chaque match. L'exigence de mon grand-père concernant l'orthographe m'est alors bien utile.

En plus d'Europe 1, Lens compte un second sponsor important : l'hypermarché Auchan de Noyelles-Godault. Didier Masson, son directeur, est un Béthunois d'origine. Il fréquente Bollaert depuis 1959. C'est lui, l'interlocuteur principal d'Auchan auprès du club. Il siège d'ailleurs en tant qu'administrateur au comité de gestion du RC Lens. Mon passé à Auchan et notre passion commune pour le club nous rapprochent vite. Au bout d'un moment, Masson me confie la distribution de ses deux cent mille tracts par semaine. C'est un sacré coup de pouce car cela permet d'amortir la distribution du *Galibot*. Sans vraiment m'y attendre, il va également me donner un autre coup de main en me permettant d'intégrer la direction du RC Lens.

Delelis, Little Big Maire

Agacé par mes remarques concernant la gestion du RC Lens, Didier Masson finit un jour par me dire :

— Si t'es plus malin, t'as qu'à venir avec nous. D'abord, je vais t'emmener voir Monsieur le Maire. Comme ça, si tu as quelque chose à dire, tu pourras t'adresser directement au patron.

— Allons-y.

Sur ce, Didier Masson décroche son téléphone et compose le numéro d'André Delelis.

— Bonjour Monsieur le Maire. J'ai ici, dans mon bureau, un jeune chef d'entreprise qui a des idées pour le RC Lens. J'aimerais vous le faire rencontrer.

— Bien. Amenez-le-moi.

Et nous voilà à l'hôtel de ville de Lens, dans le bureau de Monsieur le Maire. Je ne le cache pas : je suis très impressionné. Premier magistrat de la ville depuis 1966, Delelis a été ministre du Commerce et de l'Artisanat sous la présidence de François Mitterrand, de 1981 à 1983. C'est un petit monsieur par la taille, mais grand par le talent. Il a l'habitude de recevoir sur un siège surélevé, tout en installant son visiteur plus bas que lui, dans un canapé, ce qui lui permet de le regarder de haut, derrière son bureau, et de le mettre mal à l'aise. Je le suis, mais je ne me démonte pas quand Delelis me dit :

— Il paraît, d'après ce que m'a dit Monsieur Masson, que vous avez des idées pour notre club.

— Monsieur le Maire, vous aimez le club. Vous avez des difficultés et vous ne voulez pas le voir mourir. Nous venons vous offrir nos services. Laissez-moi vous expliquer ce qu'il faut, selon moi, améliorer en termes de partenariats, de publicité…

André Delelis m'écoute sans plus dire un mot, se contentant de fumer sa pipe. À la fin de mon exposé, il me dit :

— Bien, jeune homme. Si on a besoin de vous, on vous appellera.

Je ressors de son bureau, dépité. Je ne reçois aucune nouvelle de lui pendant deux mois, jusqu'au jour où l'adjoint aux Sports de la ville me téléphone enfin pour m'annoncer que je vais entrer au comité de gestion du RC Lens, en même temps que Jean Honvault, un industriel d'Arras. De son côté, Didier Masson intègre le conseil d'administration. Le 3 juin 1986, me voilà dirigeant du RC Lens.

Tandis que Jean Honvault accède à la présidence en remplacement de Jean Bondoux, je me vois confier l'aspect commercial du club, le sponsoring, les partenaires, les relations publiques et le développement des abonnements. L'état des finances du club est facile à établir : sur un budget de 30 millions de francs (MF), 16 millions proviennent du public, par le biais de subventions, et seulement 3 millions du privé, grâce à la publicité. Il nous faut donc renforcer notre partenariat économique et attirer davantage de public. Surtout, le fidéliser. Si l'affluence moyenne à Bollaert tourne alors autour de 15 000 spectateurs par match, seulement 1 400 sont des abonnés. Après avoir publiquement annoncé qu'il faut doubler ce nombre, je déclare lors d'une réunion du conseil d'administration qu'un jour, Lens comptera 10 000 abonnés. Ma sortie suscite des rires à peine étouffés autour de la table. Ce que les autres administrateurs ne savent pas, c'est que je ne plaisante pas.

L'Écosse sur le pouce

Le match retour en Écosse s'annonce compliqué, après notre courte victoire à l'aller, face à Dundee United, en 32e de finale de la Coupe de l'UEFA. Nous avons pourtant dominé ce match et aurions dû le gagner par trois ou quatre buts d'écart, pas seulement un but à zéro. L'équipe aura donc besoin de soutien pour passer ce tour. Mais personne, au club, ne veut aller en Écosse. À commencer par le tout nouveau président.

— Je n'y vais pas, annonce Jean Honvault, la veille du match.

— Il faut qu'un dirigeant accompagne les joueurs, dis-je.

— Tu n'as qu'à y aller, toi.
— OK.
Je ne suis qu'un simple membre du comité de gestion mais je fonce à Paris, où je prends un vol pour Glasgow. Retard à l'arrivée, correspondance pour Dundee ratée. Pas grave. Le club a réservé une voiture à l'aéroport. Problème : elle n'est pas à mon nom et le loueur refuse de me donner les clés. Qu'importe. Je sors ma carte Visa et j'en loue une autre. C'est la première fois que je conduis au Royaume-Uni. J'ouvre la portière de gauche, je m'installe. Surprise : il n'y a pas de volant. Je regarde dans l'habitacle et m'aperçois qu'il est à droite. Je change de côté et mets le contact. C'est parti pour soixante kilomètres de nuit. Comme je n'ai jamais conduit à gauche jusque-là, je suis à la peine, et j'agite un mouchoir blanc par la fenêtre pour indiquer que je vais tourner. Enfin arrivé à Dundee, impossible de trouver l'hôtel des joueurs. Je m'arrête à la hauteur d'un taxi pour lui demander de m'y conduire. Une fois sur place, il est plus de 22 heures. Les joueurs ont déjà dîné. Il reste une seule chambre disponible. La 13...
Je grignote un morceau, je joue à la belote avec Arnold Sowinski et Romain Arghirudis, et je monte me coucher, épuisé. Le lendemain matin, je me réveille et passe sous la douche. Sans y prendre garde, je glisse sur le savon et je tombe sur mon pouce droit. La douleur est vive mais je le remets en place avant de consulter le docteur Jacques Rogez.
— Il faut que tu ailles à l'hôpital.
— Hors de question. Je vais rater le match.
— T'es un malade.
— Fais-moi un bandage et ça ira comme ça.

Malgré la douleur, je dispute tout de même un 4 contre 4 avec les journalistes présents sur place. Puis je me rends au stade. Le calvaire continue. Les sorties de Gaëtan Huard sont pires que celles du 14 juillet. Il sort jusqu'au poteau de corner comme il va à la pêche. Il se fait dribbler. But à la 56e minute. Puis un second, trois minutes après. Lens est éliminé. Je rentre dans un petit avion, assis à côté du massif Jean Crinon, journaliste local. Quand nous atterrissons à Lille, mon doigt a triplé de volume. Comme je souffre le martyre, je me rends aux urgences de nuit de Lens. La radio montre une triple fracture du pouce droit : il faut opérer pour la réduire. Le chirurgien m'explique après coup, façon de parler : « Si vous étiez tombé sur votre main en jouant au foot, vous seriez mort. » Je ne suis pas près d'oublier ce 1er octobre 1986. Ma carrière européenne de dirigeant ne pouvait pas plus mal commencer. Cela promet pour la suite.

Au nord, ce sera le Chaudron

Depuis mon entrée au club, il y a maintenant deux ans, je n'ai cessé de voir l'effectif s'appauvrir. Pour boucler le budget – ou le trou, c'est selon –, Lens avait déjà été contraint de vendre Philippe Vercruysse à Bordeaux, et Daniel Xuereb au Paris-SG, avant le début de la saison 1986-1987. Champion de France cadet en 1978 puis finaliste de la Coupe Gambardella en 1983, Vercruysse a été vendu pour 10 MF aux Girondins. Il s'agit d'une somme exceptionnelle pour l'époque. Grâce à une avance des Girondins en début de saison, elle nous a évité un dépôt de bilan.

Jean Honvault a décidé de placer de nouveau la saison suivante sous le signe de la restriction. Pour parvenir à maintenir le niveau de l'équipe, il compte sur les jeunes. Avec Gaëtan Huard, Chérif Oudjani, seul Lensois de naissance à avoir porté le maillot du Racing, ou Didier Sénac, le club ne manque effectivement pas de jeunes de qualité. D'autant plus que Vercruysse, en échec à Bordeaux, revient dans le Nord fin septembre.

Le problème, c'est que dix joueurs arrivent en fin de contrat et savent que le club n'aura plus les moyens de les garder. Constatant leur démotivation, Joachim Marx jette l'éponge le 1er mai 1988. Inusable serviteur du club, Arnold Sowinski accepte de le remplacer au poste d'entraîneur pour tenter de le sauver d'une descente annoncée, à quatre journées de l'arrivée. Mais si l'on a battu Toulouse (2-0), on a pris quatre buts à Montpellier, puis au Parc des Princes, contre le Paris-SG. Si bien que tout se jouera lors du dernier match, face à Niort. Cela tombe mal : le promu niortais, qui nous devance d'un point au classement, jouera également sa peau sur ce match. Brest et Nice peuvent également descendre en D2, lors de cette dernière journée. Autrement dit, si Lens veut rester en D1, il doit absolument gagner ce satané dernier match. Et pour y parvenir, il faut que Bollaert soit plein. Ce qui n'a pas été le cas, et de très loin, cette saison. Il faut pourtant réussir à remplir le stade, pour ce baissé de rideau. Je fais donc cette proposition au comité de gestion :

— On vient de perdre 4-1 contre le Paris-SG, notamment parce que le Parc des Princes était plein, cette fois-ci, malgré une pluie battante. Cela avait déjà été le cas lors du match précédent, devant Auxerre. Et vous savez pourquoi ?

Parce que le président Francis Borelli a offert l'entrée gratuite à tout le monde. Si on veut se sauver, il faut faire pareil.

— Vous êtes malade ! s'emporte le président Honvault. Cela ne s'est jamais fait, à Lens. De plus, ce match est l'occasion de faire une belle recette et vous, vous proposez de perdre beaucoup d'argent.

— Je sais. Mais ce n'est pas le problème. Le problème, c'est de rester en D1. Et on va tout droit en D2. Il faut faire de Bollaert un immense chaudron pour ce match. Le stade doit être plein jusqu'à la gueule. Il faut une foule enthousiaste. C'est ça qui fera la différence.

— On va faire voter le comité de gestion.

Quatre voix pour, une contre : Bollaert fera portes ouvertes pour ce véritable match de Coupe. Si certains membres ont tout d'abord trouvé mon idée saugrenue et hors de propos, ils ont fini par se ranger derrière l'avis de Delelis qui la juge « audacieuse ». Le président Honvault, un bon mec, un peu spécial car souvent taciturne, rumine dans son coin, quand j'ajoute :

— Il faut aussi donner quelque chose aux joueurs pour qu'ils gagnent ce match.

— Quoi ?! Une prime, on la donne quand on monte, pas pour éviter de descendre.

— Je propose un million de centimes pour les joueurs[1].

— T'es fou !

— On n'a pas le choix.

— Tu jettes l'argent par les fenêtres !

— Votons.

1. L'équivalent de 2 500 euros.

Quatre voix pour, une contre, les joueurs toucheront une prime en cas de victoire et, donc, de maintien. Jean Honvault quitte la réunion, hors de lui. Le matin de ce match à la vie, à la mort, Louis Plet, secrétaire général du club, me téléphone :

— Le président ne veut pas se rendre au Lens Hôtel pour voir les joueurs. Il te charge d'y aller. Il t'a préparé un courrier à leur lire.

Je ne suis pas facteur. De plus, quand je prends connaissance du contenu de la lettre, « Mes chers amis... », il est hors de question pour moi de lire un truc pareil aux joueurs. J'arrive donc au Lens Hôtel les mains dans les poches. Le problème, c'est que je ne me suis encore jamais adressé à des joueurs professionnels. Encore moins en pareille circonstance. Cela me fait tout drôle, mais je me lance. Je leur parle avec mon cœur et avec mes tripes de supporter. Je termine mon discours sans oublier de leur dire :

— Le stade sera plein, ce soir. C'est bien, mais il faut sauver le club. Ah, pendant que j'y pense : c'est malheureux d'en arriver là, mais si vous gagnez ce match, le club vous file une prime exceptionnelle d'un million.

Encore une fois, on parle d'une prime énorme, pour l'époque. Le 4 juin 1988, 42 309 supporters garnissent les tribunes de Bollaert. Après avoir menacé de boycotter ce match, estimant que les dés étaient pipés, les Niortais sont également bel et bien là. Je n'ai pas été alarmé par leur menace : je savais que c'était de l'intox. Si la décision du président Borelli a fait du remue-ménage au conseil d'administration de la Ligue, au point de devenir une affaire, car certains présidents estimaient que laisser l'entrée gratuite aux spectateurs faussait la fin du championnat, ils ne pouvaient pas s'y opposer légalement. Il y avait un vide juridique à ce sujet. Lens en a donc profité à son tour.

Enfin, pas tout de suite, parce que Didier Tholot ouvre le score pour Niort. Nous nous retrouvons en D2 pendant onze minutes. Puis Chérif Oudjani égalise à la 35e minute, avant d'inscrire un doublé juste avant la mi-temps. Le but de la délivrance vient d'Éric William Njo-Léa, après l'heure de jeu. 3-1 au coup de sifflet final. Jean Honvault me tombe dans les bras, au milieu de la tribune présidentielle. Le public envahit la pelouse. Comme Nice, Lens se maintient pour un point de plus que Niort et Brest, qui rejoignent Le Havre en D2. Mais si le club est sauvé, il n'est pas tiré d'affaire pour autant.

Le blond, le brun et le Furlan

La situation du club continue à m'inquiéter, en coulisse. Son budget est désormais de l'ordre de 40 MF et son déficit, de 20 MF. Il nous faut donc faire rentrer de l'argent frais au plus vite. D'autant plus qu'il y a une équipe à reconstruire. Comme attendu, des joueurs comme Éric Dewilder, Francis Gillot, Gaëtan Huard, Éric William Njo-Léa ou Didier Sénac nous ont quittés. Au final, Lens a quasiment perdu une équipe complète. Heureusement, on fait signer deux jeunes défenseurs prometteurs et formés au club : le blond Jean-Guy Wallemme et le brun Éric Sikora. Mais cela ne suffira pas. Je le sens.

Je décide donc d'utiliser *Le Galibot* pour lancer un véritable appel au peuple, le 5 juillet 1988. Un large encart publicitaire encourage les supporters à s'abonner au plus vite. Ce n'est pas la première fois que je m'emploie à les séduire ; dans l'été suivant mon entrée au club, j'avais déjà entrepris une importante action de marketing téléphonique. Avec le soutien de la société Interstice d'Arras, l'idée consistait à toucher un maximum de comités d'entreprise de la région afin de leur vendre des places.

Mais nos finances restent limitées et l'on doit se contenter de recruter des joueurs libres ou prêtés, comme le défenseur du Paris-SG Thierry Rabat ou celui du RC Arras, Jean-Marc Furlan. Comme je le redoutais, cela se révèle insuffisant. Après les trois premières journées, et autant de défaites, Lens pointe à la 19e place. L'équipe manque cruellement de talents et d'un véritable patron. Me vient alors une autre idée. Sans le savoir, elle va changer mon destin à la direction du club.

Strachan, vert de rage

Tous les membres du comité de gestion s'accordent sur un point : l'équipe a besoin d'un joker pour éviter une relégation déjà programmée en deuxième division. Plusieurs noms fusent jusqu'à ce que j'en propose un à mon tour : Gordon Strachan. L'international écossais est d'accord pour quitter Manchester United et son agent, Henri Zambelli, me le propose. De plus, si son salaire est conséquent (200 000 francs), son indemnité de transfert, elle, reste raisonnable : 2 MF.

— C'est cher, mais c'est une super idée ! s'enthousiasme André Delelis, qui a déjà vu jouer Strachan à la télévision.

Contact est pris avec le petit rouquin. Il est attendu à Lens le vendredi 29 juillet 1988. Mais c'est le grand chassé-croisé entre juilletistes et aoûtiens, même en Angleterre, où l'aéroport londonien de Heathrow est bondé. Malgré le retard, Strachan débarque enfin à Lens. Tout se règle vite. Reste à lui faire passer la visite médicale. Mais il est déjà 22 h 30 et aucun médecin du centre hospitalier Dr Schaffner n'est disponible. Nous décidons alors qu'il reviendra dans trois jours, soit le lundi suivant, pour passer sa visite médicale. Le dossier est bouclé. Une main anonyme, sans doute celle d'un joueur, écrit même sur le tableau noir du vestiaire de Bollaert : « *Welcome Gordon Strachan* ».

Le samedi, contre toute attente, Lens gagne son premier match de la saison à Saint-Étienne, 4-2. Je ne sais pas ce qui a pris au président Honvault mais, dès le coup de sifflet final, il téléphone depuis Saint-Étienne à Louis Plet pour lui dire que nous n'avons plus besoin de Strachan.

— Louis, tu as vu ? On a gagné ! Ce n'est pas la peine de faire revenir Strachan, lundi. Je compte sur toi pour faire le nécessaire.

— Ce n'est pas possible. Il est convenu qu'il soit de nouveau là la semaine prochaine !

Strachan est effectivement revenu à Lens, le lundi suivant. Le président ne m'a pas demandé d'aller l'accueillir à sa descente d'avion, à Lesquin ; c'est Louis Plet qui s'est chargé de lui annoncer qu'on ne le prenait plus. Fair-play, l'Écossais est remonté dans son avion, direction Manchester, où il a signé un nouveau contrat de deux ans. Deux saisons plus tard, Strachan sera élu meilleur footballeur de l'année, en Angleterre. Après avoir fait remonter Leeds en

Premier League, il deviendra champion d'Angleterre avec Éric Cantona, en 1992.

Et nous ? Trois semaines après notre volte-face, nous perdons le derby à Lille au terme d'un scénario cruel. Chérif Oudjani a ouvert le score à la 88e minute, mais son tir raté a rebondi sur la jambe de Cyrille Makanaky, qui était hors-jeu. But refusé. Sur la remise en jeu, Erwin Vandenbergh marque de la tête le seul but de ce derby. Le club se retrouve dernier, au soir de la 8e journée.

Je suis fou de rage. Le lendemain matin, dimanche 21 août, je pars jouer au golf, histoire d'essayer de me détendre un peu et d'oublier. À mon retour, ma femme me prévient que le maire a cherché à me joindre toute la matinée : en se réveillant, à son domicile de la rue Romuald Prévost, André Delelis a trouvé une lettre dans laquelle Jean Honvault lui annonce qu'il démissionne de son poste de président du RC Lens. La veille, ce dernier a également informé de son départ le journaliste communiste Henri Cugier, de *La Voix du Nord*. Ennemi de Delelis, Cugier s'est fait un malin plaisir à publier la nouvelle.

— Vous êtes prêt ? me demande Monsieur le Maire, au téléphone.

— À quoi ?

— Rendez-vous lundi, à 18 heures, à Bollaert. Mettez une cravate.

Trois jours plus tard, j'arrive au stade. Le conseil d'administration est réuni au grand complet. Il se compose de soixante membres, dont cinquante-six représentants de la mairie. Le maire prend la parole, en tirant sur sa pipe :

— Bonjour tout le monde. Comme vous le savez, Monsieur Honvault a démissionné, et il nous faut un nouveau président. Je propose monsieur Martel. Qui est pour ?

Delelis lève aussitôt la main, vite imité par les soixante administrateurs. Nous sommes le mercredi 24 août 1988 et je suis élu président. Président du club de ma vie. Je viens de réaliser mon rêve d'enfant.

Chapitre III

Construction (1988-1994)

Ma première pensée, une fois élu président, est pour mon père. C'est lui qui m'a transmis son amour du sport. Il va être fier de moi. Même le dimanche, il passait du temps dans son bureau, comme moi je me rendrai à La Gaillette[1]. Cette idée me procure un sentiment de sérénité. Je suis heureux comme un gamin. À trente-trois ans, j'en suis d'ailleurs un aux yeux des autres présidents, notamment Jean-Michel Aulas. Il avait trente-huit ans, soit cinq ans de plus que moi, quand il a été élu président de l'Olympique Lyonnais, un an plus tôt.

Ma jeunesse suscite la curiosité des médias. Je réponds de bon gré à leurs sollicitations. Lors de ma première conférence de presse en tant que président, je déclare : « L'ambition ? Nous ne pouvons que l'afficher discrète, actuellement. Mais ne vous inquiétez pas : non seulement on va se maintenir, mais de plus, il est dans mon optique de faire en sorte que le club retrouve son standing et redevienne européen. Un délai de deux saisons m'apparaît

1. Centre d'entraînement et de formation du RC Lens depuis 2002.

raisonnable. » Je vais vite apprendre qu'il vaut mieux réfléchir à deux fois avant de parler devant les journalistes.

Sowinski, la taxe CARBON

Malgré l'enchaînement des mauvais résultats, ma première décision en tant que président consiste justement à ne pas en prendre au sujet de l'entraîneur. Je n'oublie pas qu'Arnold Sowinski a accepté sans rechigner de récupérer la patate chaude quand Joachim Marx a jeté l'éponge, en mai. Et puis, Arnold est un enfant du Nord-Pas-de-Calais et du Racing Club de Lens, où il a effectué toute sa carrière de gardien de but puis d'entraîneur. C'est un personnage de l'histoire de notre club. Un personnage tout court, d'ailleurs. J'ai pu le vérifier en vivant les matchs à ses côtés, sur le banc de touche.

L'un de mes tout premiers déplacements en tant que président me conduit au stade Vélodrome de Marseille, en ce début de saison 1988-1989. Lens ouvre le score face à la très grande équipe de l'OM, grâce à Cyrille Makanaky, puis encaisse quatre buts en neuf minutes. Doublé d'Éric Cantona et de Jean-Pierre Papin. Sur le quatrième but, Arnold, hors de lui, bondit et s'assomme contre le haut du banc de touche. Une fois dans le vestiaire, il est à la fois sonné et hystérique. Je prends la parole pour ramener un peu de calme. Lens perd finalement 5-2. En quittant le Vélodrome, Sowinski me glisse sa fameuse phrase : « *Ch'tiot*, on va encore êt' obligés de raser les murs tout le week-end. »

Lors du déplacement suivant, il profite de sa causerie d'avant-match pour mettre en garde les joueurs sur les appels d'un attaquant niçois :

— Faites gaffe à ch'ti-là. Y va su'l côté droit.

— Il va plutôt sur le côté gauche, lui fait remarquer Jean-Marc Furlan.

— On s'en fout, *ch'tiot*. Y va à droite, te vas à droite. Y va à gauche, te vas à gauche. Y va pisser, te vas pisser !

Nous perdons encore 3-0, à Nice, sur un triplé de Daniel Bravo. Avec une seule victoire au soir de la 12e journée, je me résigne à me séparer de Sowinski. Étant donné l'affection et le respect que je lui porte, je veux faire les choses correctement. Je lui demande de passer me voir dans mon bureau, avant de l'inviter à déjeuner le lundi suivant. À ma grande surprise, Sowinski arrive en costard-cravate, en ce 19 septembre 1988. C'est la première fois que je le vois vêtu ainsi. Arnold me surprend encore en prenant le premier la parole :

— Écoute, *ch'tiot*, t'embête pas. Toi au moins, j'sais ce que tu vas m'dire. On m'a déjà fait le coup trois ou quatre fois. Mais tu vas m'le dire droit dans les yeux. Car la dernière fois, ils m'l'ont dit par téléphone.

— On va s'arrêter là, Arnold.

— D'accord. Mais j'veux garder mon CARCOM[1] et mes bons de CARBON[2].

— Pas de problème. On va même faire mieux que ça : tu restes au club comme manager général.

Arnold rassuré, nous partons déjeuner en tête à tête. À 17 heures, j'informe Jean Parisseaux, responsable du centre de formation depuis deux ans, qu'il se chargera désormais de l'entraînement des professionnels.

1. Caisse de retraite complémentaire des ouvriers mineurs.
2. Bons de charbon.

La D2 dans le « Blaz »

Un nul et quatre défaites, tu parles d'un choc psychologique... Au soir de la 17e journée, nous sommes derniers. Et pour de bon. Il faut marquer le coup en faisant venir un joker offensif. Je téléphone à Bernard Tapie, qui accepte de me prêter Blaz Slisković. Un pur joyau du football yougoslave, sous-employé à l'OM. Avec lui, c'est l'équilibre assuré dans l'équipe. On est désormais en droit de croire au miracle. C'est comme si nous repartions de zéro.

Un miracle se produit d'ailleurs lors de son premier match à Bollaert, devant Caen. Slisković est extraordinaire. Il réalise un véritable festival et nous remportons, enfin, notre deuxième match de la saison. Et sur quel score : 5-0 ! Le milieu de terrain yougoslave est vraiment un joueur de classe mondiale. Qu'est-ce qu'il est fort, le « Blaz » ! Même aux cartes : il est champion du monde de belote et joue au tarot en Ligue des champions. Après son premier match réussi, il a passé son temps à jouer aux cartes, devenant irrégulier dans ses performances et plus ou moins sérieux. Alors qu'il venait de marquer treize buts en trente matchs lors de son précédent prêt à Pescara, en Italie, il n'a joué que seize matchs avec nous et inscrit seulement un but, lors d'un nul de fin de saison devant Monaco.

Mon principal regret, tout au long de cette année difficile, c'est Strachan. Si on l'avait pris, on ne se serait pas cassé la gueule ainsi. Parce que, ensuite, il a fallu faire du replâtrage, comme avec Blaz Slisković. À sa décharge, ce dernier est arrivé dans une équipe qui manifestait déjà trop d'insuffisances. Je me répète peut-être, mais la stratégie de mes prédécesseurs, ou de celle des décideurs de l'époque, a consisté à se séparer de joueurs extraordinaires tels que Gaëtan Huard, Francis Gillot, Éric William N'Jo Léa ou Didier Sénac, mais aussi le Belge Benoît Thans. Résultat de ce manque de vigilance : l'équipe s'est retrouvée dépossée. Quand je demande à Arnold Sowinski de prendre du recul, nous comptabilisons treize points. En fin de saison, nous sommes passés à dix-sept. Lens est relégué en D2. Laval, pourtant avant-dernier, en possède plus du double. Il nous manque vingt-deux points pour nous maintenir. Ce record du plus petit nombre de points, Angers mettra trente-quatre ans à le battre, en mai 2023[1].

Sochaux, la mort au tournant

Ma première saison de président ressemble déjà à un chemin de croix et plus grand monde ne veut le suivre avec moi, dès cette mi-décembre. Pour ce déplacement à Sochaux, Jean Parisseaux a décidé de n'emmener que cinq des treize joueurs ayant figuré sur la feuille de match face à Saint-Étienne. Je le comprends. Après avoir été minables, nous avons perdu 3-1.

Quant aux dirigeants, aucun d'entre eux ne veut m'accompagner dans le Doubs. On ne peut quand même pas laisser les joueurs y aller tous seuls. Je téléphone à mon père pour lui demander de me prêter sa Renault 30. À 16 heures, je quitte *Le Galibot*, direction Sochaux. Faruk Hadzibegić et

1. Angers a terminé la saison 2022-2023 avec dix-huit points ; mais en tenant compte de la victoire à deux points, qui était la règle en 1988-1989, le SCO aurait fini avec quatorze points.

Stéphane Paille marquent en première période. Le match est déjà perdu à la mi-temps. Naturellement.

Je remonte aussitôt dans mon véhicule, la tête ailleurs, perdu dans mes pensées et dans ma solitude, en cette noire fin de soirée du 14 décembre 1988. Au bout d'un moment, gagné par la fatigue et le découragement, je perds le contrôle de la voiture, qui fait une embardée sur la gauche. Je jette mes dernières forces sur la pédale de frein, évitant un arbre d'extrême justesse. Je suis en sueur. Tout part à vau-l'eau au club. Même son président. Mais je suis vivant, la mort n'a pas voulu de moi. Je m'arrête pour dormir. Il faut que je reprenne des forces. Cela ira mieux demain.

La fable de monsieur Defontaine

Heureusement, lors de ces débuts difficiles, je peux compter sur le soutien de Jean-Pierre Defontaine. Avant de se lancer en politique sous l'étiquette du Parti radical de gauche, le député-maire d'Hénin-sur-Cojeul m'a précédé au poste de président du RC Lens de 1976 à 1979. Il me prend sous son aile et m'explique notamment :

– Écoute-moi bien, Gervais : il faut être à Paris, là où tout se passe et se décide.

– Je suis arrivé à la présidence du Racing il y a à peine trois mois de cela. Je ne connais encore personne.

– Je m'en occupe.

Defontaine est un proche de Jean Sadoul, le tout-puissant et indéboulonnable président de la Ligue Nationale de Football depuis avril 1967. En décembre 1988, j'intègre le conseil d'administration de la LNF. Je siège désormais aux côtés de Claude Bez, Carlo Molinari, Louis Nicollin, Bernard Tapie… À trente-quatre ans, même si je passe pour un gamin au milieu de toutes ces figures du football français, je trouve assez vite mes marques. J'apprends à parler et à me taire quand il le faut. Surtout face au Monégasque Jean-Louis Campora. Là, tout le monde la ferme, y compris Francis Borelli. Le président du Paris-SG se montre tellement exubérant et volontariste dans ses propos, débités à une vitesse folle, qu'on a du mal à le suivre.

Ces réunions donnent notamment lieu à de violentes empoignades entre le Bordelais Claude Bez et le Marseillais Bernard Tapie. La première fois que je rencontre le président des Girondins, il me glisse ce conseil : « Gamin, je vais te dire quelque chose. Si tu veux obtenir de bons résultats, il te faut une bonne défense. Après, tu trouveras toujours un pignouf pour te la mettre au fond devant. » Je me mets également à côtoyer Jean-Luc Lagardère, le grand patron de Matra, qui vient de redonner vie au Racing Club de Paris. La morale de mon arrivée à la Ligue, c'est que Jean-Pierre Defontaine, un mec extra devenu un très bon copain, a raison : intégrer les instances parisiennes va beaucoup m'aider. Et plus vite que je ne le pense.

Le Matra Club de Lens

En mai 1989, l'affaire est réglée. Lens jouera en seconde division, la saison prochaine. Mais un déjeuner à Paris entre Jean-Luc Lagardère et André Delelis fait naître un fol espoir en coulisse. Le patron de Matra a racheté le Matra Racing il y a sept ans. Malgré les fortunes investies pour faire venir Alim Ben Mabrouk et autre Luis Fernandez, le second club de la capitale ne parvient pas à obtenir des résultats. Si Lens vient de finir bon dernier du championnat, le Matra a terminé à la 17e place. Seule une meilleure différence de buts sur Strasbourg, un promu, lui a évité de se voir également relégué.

Delelis et Lagardère se connaissent déjà. Un an auparavant, le maire avait demandé à ce dernier s'il avait été content du prêt de Chérif Oudjani, en profitant pour lui demander de faire un geste, étant donné que Chérif avait fini meilleur buteur du Matra en termes de ratio temps de jeu/buts. Lagardère lui avait répondu en accompagnant sa lettre d'un chèque de 500 000 francs.

Cette fois, c'est de tout autre chose qu'il s'agit. Lassé par le manque de résultats de son équipe, qui nuit à l'image de son groupe, Lagardère a annoncé publiquement, en avril, son intention de cesser d'investir dans le football, à moins que ce ne soit dans un autre club bénéficiant d'un ancrage plus populaire. C'est pour lui proposer une fusion qu'il a souhaité déjeuner avec Delelis. Quand celui-ci m'en parle, je me dis que ce serait énorme ; certes, le RC Lens perdrait un peu de son identité, mais cette fusion lui permettrait de rester en première division. Le maire a toutefois obtenu la garantie que tous les matchs se disputeraient à Bollaert. Largardère a même accepté le nom de notre futur club : le RC Lens-Matra.

Je monte le dossier avec Jean-Louis Piette, le bras droit de Lagardère, un gars d'Hénin-Beaumont. Mais il est recalé par la Ligue nationale, le 17 juin. Motif : les deux clubs ne se trouvent pas affiliés à la même ligue régionale. Tu parles d'un prétexte… Toulouse et le Red Star ont fusionné en

1965. Idem pour Sedan et le Racing Club de Paris, en 1967. Mais rien n'y fait. Malgré les appuis politiques de Delelis au Sénat, dont il est membre, la Ligue ne veut rien entendre. Lens jouera bien en D2. Quant au Racing, il descendra, la saison prochaine. Avant de disparaître.

Roger Boli, buts à Laval !

De retour en D2, il me faut résoudre trois problèmes en parallèle : le recrutement, l'entraîneur et le sponsor. Sur le premier dossier, je possède un temps d'avance. J'ai décidé de resserrer l'effectif. Blaz Slisković part jouer à la belote à Mulhouse. Des joueurs comme Jean-Marc Furlan, Jean-Claude Pagal ou Thierry Rabat s'en vont aussi. J'ai déjà en tête le nom de notre futur attaquant : Roger Boli. Comme Basile, son frère, il a été formé à Auxerre, à qui il appartient toujours. Mais l'AJA l'a prêté à Lille au cours de cette saison 1988-1989. Je décide d'effectuer le court trajet pour aller le voir jouer contre Laval, match comptant pour la dernière journée. Mince, il ne débute pas. Roger Boli remplace finalement Philippe Desmet, à l'heure de jeu. En une demi-heure, il réussit deux buts et une passe décisive. Pour la dernière de Georges Heylens, son entraîneur belge, le LOSC écrase Laval 8-0. Je repars tellement convaincu par ce que j'ai vu que le lendemain, 1er juin 1989, à 7 heures du matin, je téléphone à Roger Boli pour lui donner rendez-vous le lundi suivant dans les bureaux du *Galibot*, rue Nationale, à Lille.

Roger Boli se pointe avec son pote Didier Otokoré, formé comme lui à Auxerre. Je n'ai besoin que d'une demi-heure pour le convaincre de venir nous donner un coup de main en D2. J'y parviens en lui garantissant une place de titulaire – ce qui n'avait pas été le cas à Lille – et en lui parlant du public extraordinaire de Bollaert. Il est vrai que je double également la proposition financière que Jean Parisseaux lui avait faite par téléphone avant son match contre Laval. Roger Boli me coûte aussi, par la suite, quelques augmentations de salaire. Parce que s'il signe pour trois saisons, il va finalement jouer sept ans chez nous. Je ne le sais pas encore, mais je viens de réussir un coup de maître.

Les « Dracula » de Ceausescu

Cette fois, un manager roumain de mes connaissances me le garantit : je vais pouvoir faire venir des joueurs de son pays. Cela n'avait pas été le cas quelques années auparavant : je m'étais alors rendu en Roumanie, où les joueurs de talent étaient encore financièrement abordables, à l'instar de Gheorghe Hagi et de Laszlo Bölöni, deux formidables joueurs que j'étais bien décidé à faire venir à Lens. Mais le régime de Nicolae Ceausescu contrôlait encore le pays d'une main de fer. Je l'ai compris pendant que le taxi roulait sur la Calea Victoriei, les Champs-Élysées de Bucarest. Ce qui m'a le plus surpris, ce ne fut pas de découvrir si peu d'autres voitures sur l'artère principale de la capitale : ce fut la tête du manager roumain qui, pendant que je parlais, a mis son index sur sa bouche pour me demander de me taire. Il m'expliquera plus tard que tous les taxis roumains se trouvent truffés de micros de la *Securitate*, la police secrète du régime communiste. Comme il refusait de laisser partir ses sportifs à l'étranger avant leurs trente ans, j'avais quitté la capitale roumaine sans Hagi ni Bölöni.

Mais le contexte politique a changé, depuis. Le régime de Ceausescu touche à sa fin. Il s'effondrera d'ailleurs à la fin de cette année 1989. Passer le rideau de fer pour venir y faire des affaires est désormais plus facile. Et je suis sûr d'en réussir deux, avec Victor Piturca et Tudorel Stoica. Je suis allé les voir jouer à Barcelone, le 24 mai, lors de la finale de la Coupe d'Europe des clubs champions contre le Milan AC et son trio diabolique de Néerlandais, Ruud Gullit, Frank Rijkaard et Marco Van Basten. Après la défaite de leur équipe du Steaua Bucarest 4-0, j'ai pu discuter avec eux. Piturca et Tudorel m'ont donné leur accord de principe.

Me revoilà donc de retour dans la capitale roumaine pour finaliser leurs contrats. C'est réglé. Je viens de réaliser deux gros coups. Leur venue va considérablement renforcer l'équipe, tout en rassurant les supporters et les sponsors. Car ces deux internationaux roumains ne sont pas n'importe qui. Victor Piturca a marqué trente-quatre buts en trente-trois matchs avec le Steaua, l'an passé, ce qui lui a valu de terminer soulier de bronze européen. Et il vient encore de mettre vingt-trois buts en vingt-deux matchs, cette saison. Quant à Tudorel Stoica, il est l'emblématique numéro 5 et capitaine du Steaua, vainqueur de la Coupe d'Europe des clubs champions en 1986.

Le problème, c'est que Piturca a trente-trois ans, Stoïca trente-cinq, et qu'ils ne vont pas mettre un pied devant l'autre, à Lens. Cela doit être l'air du Nord, allez savoir… Toujours est-il que j'ai eu le plus grand mal à m'en débarrasser, au bout de leur première année. Les discussions ont duré près de cinq heures dans mon bureau du *Galibot*, alors situé route de Béthune, à Lens. Au moment où ils s'apprêtaient à signer leur résiliation, Piturca et Stoica m'ont posé une dernière condition : pouvoir repartir en Roumanie au volant de leurs voitures mises à disposition par le club. Comment leur faire comprendre que c'était impossible puisqu'il s'agissait de voitures de location ? On a fini par trouver un accord, ils ont pris leur argent et aussitôt mis fin à leur carrière de footballeurs.

Shopi, chapeau

La descente du RC Lens engendre de lourdes conséquences : sportives, je viens d'en parler, mais aussi économiques. Il n'y a plus un rond dans les caisses. Je vais taper à la porte de la mairie :

— Monsieur le Maire, le club n'a plus d'argent. Il faut m'aider à nous renflouer.

— D'accord. Mais vous me laissez faire.

Pour savoir y faire, il sait y faire, Monsieur le Maire. Il les a tous passés à la moulinette. À commencer par Bernard Lecomte, directeur de la Compagnie générale de chauffe. Cet homme discret, qui deviendra mon ami, sera président de Lille de 1994 à 2000. Delelis lui explique :

— Je vous accorde le contrat pour le chauffage public de la ville. Mais il faut faire un effort.

— De quel effort parlez-vous, Monsieur le Maire ?

— Le hors taxe ne change pas mais il y aura un zéro de plus au bas du contrat.

Après avoir récupéré un million de francs, Delelis me le confie, en me disant :

— Faites-en bon usage.

Il est comme ça, Delelis. Il ne demande pas d'argent pour lui ni pour son parti mais pour le club. Cette somme ne suffit toutefois pas à amortir la mauvaise nouvelle : Auchan et Europe 1 se retirent. Ils ne veulent plus associer leurs noms sur le maillot de joueurs perdants. Normal. Je dois trouver un nouveau sponsor. Je me souviens alors que François Doré, le père de Serge, mon ancien copain du lycée d'Arras que j'ai perdu de vue depuis, dirige l'enseigne Shopi, du groupe Promodès, pour le nord de la France. De plus, c'est un vrai supporter du RC Lens.

Un soir, à 22 heures, j'appelle Serge pour lui demander de m'arranger un rendez-vous avec son père. Il me rappelle que ce dernier avait proposé de devenir sponsor de Lens quelques années auparavant, mais que le président Jean Honvault l'avait éconduit et que, depuis, Shopi a pris la succession de Peaudouce sur le maillot du LOSC. J'insiste. Serge accepte d'appeler son père dans la foulée. J'obtiens un rendez-vous dès le lendemain midi, à l'Holiday Inn de Lesquin. Entre hommes de la grande distribution, nous nous comprenons vite. Deux heures plus tard, l'affaire est bouclée. Shopi devient notre nouveau sponsor maillot.

Redon, faux rebond

Après l'effectif et le sponsor, reste la question de l'entraîneur. Le discret Jacques Parisseaux s'efface logiquement en fin de saison. Pour relancer le club en D2, j'opte pour

Philippe Redon, alors en poste à Créteil. Il m'a été proposé par André Delelis et Antoine Campos, son gendre et journaliste à Europe 1. Redon est un mec sympa, très attachant, au parcours atypique. En plus d'une carrière d'attaquant de bon niveau, il est titulaire d'un diplôme de docteur en pharmacie de l'université de Rennes. Le discours de cet érudit du football me séduit. Redon est un intellectuel, perdu dans un milieu impitoyable. Un anxieux, aussi. Je me demande parfois comment il a réussi une carrière dans le football. Il lui arrive de me téléphoner le soir pour discuter de tout et de rien pendant des heures. Quand il ne passe pas tous ses matchs à noircir des pages sur son banc, Philippe parle aux joueurs. Encore et toujours. Ils finissent très vite par ne plus l'écouter. Je décide donc de m'en séparer au bout de quatorze matchs, le 4 octobre 1989. J'ai pourtant tout entrepris pour ne pas en arriver là. Y compris forcer les joueurs à descendre au fond de la mine.

Dourges, fosse 10

Cette saison 1989-1990, ma première en tant que président en deuxième division, se trouve donc bien mal emmanchée. C'est le moins que je puisse dire. Après dix journées, le RC Lens a remporté seulement trois matchs. Cela fait même quatre rencontres que l'on ne gagne plus. Je dois réagir. Et vite. Je téléphone à mon père pour lui demander de m'organiser une visite de la fosse 10 du groupe de Oignies, où il travaille. Elle se trouve à Dourges. Une fois sur le site, les joueurs me demandent ce que nous faisons là. Je leur réponds :

— On va voir ce qui se passe au fond.

Seuls trois d'entre eux, dont Roger Boli, devenu soudain tout blanc, refusent de descendre dans la mine. Ils s'en excusent, évoquant leur claustrophobie. Les autres me suivent, et découvrent le travail des mineurs. Une fois remontés à la surface, je prends la parole :

— Vous voyez, les gars, ces gens que vous venez de rencontrer, c'est votre public. Ils donnent leur vie et leur chemise pour votre boulot. Pour vous. Vous n'avez pas le droit de les décevoir.

Après cette descente au fond de la mine, nous remontons la pente, en gagnant neuf des treize matchs suivants. Je n'ai malheureusement pas pu renouveler l'opération. La mine a définitivement fermé le 29 décembre 1990.

Un Husson sur le toit

Après Redon, je veux un entraîneur à poigne, qui colle avec les valeurs de la région. Mon choix se porte sur Marcel Husson. Ancien joueur et entraîneur du FC Metz, avec qui il vient de gagner la Coupe de France 1988, il passe davantage pour un homme d'action que pour un intellectuel. Cela ne me dérange pas. Les joueurs ont besoin d'être secoués et Husson a la réputation d'avoir un langage direct. De plus, il est né dans le bassin houiller de Lorraine. Ce Messin de naissance se trouve donc imprégné par les valeurs minières. Pour moi, pas de doute : Husson est l'homme de la situation.

Mais son arrivée me pose deux problèmes : il ne possède pas ses diplômes d'entraîneur et il est politiquement plutôt marqué à droite. Or, je le rappelle, André Delelis est un homme profondément de gauche – il est même l'un des fondateurs du Parti socialiste – et il m'est impossible de l'engager sans l'aval du maire. Delelis me dit : « Si vous pensez que c'est l'homme de la situation, prenez-le. » Une entrevue, en forme d'entretien préalable à son embauche, est toutefois organisée à la mairie. Delelis lui pose alors une question toute simple :

— Monsieur Husson, on m'a dit que vous aviez été élu en tant que suppléant lors des dernières élections législatives. Admettons que votre député meure dans la nuit. Le matin, où allez-vous ? À Bollaert ou à l'Assemblée nationale ?

— Oh, vous savez Monsieur le Maire, moi, la politique, c'est surtout pour faire plaisir.

— Dans ce cas, je n'ai pas d'objection.

La bénédiction de Delelis en poche, il reste à régler cette histoire de diplôme. Je demande à Arnold Sowinski de donner un nouveau coup de main au club en servant de prête-nom à Husson.

— *Ch'tiot*, ça veut dire quoi ?

— Que tu ne fais rien et que tu prends trois briques.

— J'peux pas. Je vais perdre ma retraite CARCOM.

— Mais non, puisque je te dis que tu seras juste un prête-nom.

— Ah... Bon, c'est d'accord alors.

Husson débarque à Lens et je découvre un phénomène. En pantalon et veste de cuir noir au volant de sa vieille Porsche de collection, Husson, c'est le James Dean – son idole – de cette fin des années quatre-vingt. Un entraîneur attachant, mais de l'ancienne génération. Le décor est planté dès sa première conférence de presse : « Je ne suis ni Zorro, ni Rambo. Je suis Marcel Husson et je suis là pour vous aider. » Le premier accroc intervient dès le lendemain de sa nomination. Il me téléphone au *Galibot*, en hurlant :

– C'est quoi, ce bordel ?! Sowinski est en survêtement au milieu du terrain en train de faire l'entraînement.

Je dois expliquer une nouvelle fois à Arnold en quoi consiste son rôle de prête-nom. Pour calmer le jeu, je fais également plaisir à Husson en engageant Patrice Garande, l'attaquant de Saint-Étienne. Mais je m'aperçois vite que je me suis trompé d'entraîneur : non seulement, Husson n'est pas capable de ramener des résultats, mais de plus il se montre irascible et colérique. Lors d'un tournoi en salle à Liévin, il est allé mettre une claque à un supporter, et pendant un match amical à Wasquehal, il a voulu aller se battre avec l'entraîneur adverse. J'ai fini par en rire. Comme lors de notre 32e de finale de la Coupe de France à Vittel, contre Épinal, une D3. Husson a passé son temps à insulter Jacky Canosi, notre arrière gauche, même en seconde période, alors que Canosi se trouvait de l'autre côté du terrain et que cela ne servait donc à rien. Assis à ses côtés sur le banc de touche, je le lui fais remarquer :

– Marcel, arrête, tu vois bien qu'il y a une piste d'athlétisme autour du terrain ; d'où il est, il ne peut plus t'entendre.

Marcel ne se démonte pas. Il se tourne vers Sowinski et lui dit :

– Arnold, fais le tour du terrain et va lui dire que c'est un âne et un bourrin.

Sowinski s'exécute. Quand il revient s'asseoir sur le banc, il me glisse à l'oreille :

— T'inquiète pas, *ch'tiot*. Y croit que je lui ai dit, mais j'y ai rien dit du tout.

On a beau avoir été éliminés 2-1, j'ai rigolé tout le long du chemin retour.

À l'avant de la berline

Ma berline toute neuve fait un drôle de bruit en revenant de Rennes, où Lens a encore perdu un but à zéro en ce 4 février 1990. Soudain, le pare-brise avant se décolle. Incroyable. Serge Doré et Arnold Sowinski, qui m'accompagnent, se chargent de le maintenir comme ils peuvent. Nous nous arrêtons dans une station-service. Pendant que je fais le plein, Arnold va se dégourdir les jambes du côté de la caisse. Je suis tellement énervé par la défaite et le défaut de fabrication de ma voiture que je n'ai qu'une envie : repartir au plus vite. C'est ce que nous faisons, à peine le bouchon d'essence revissé. Au bout d'un moment, je demande à Arnold, de nouveau assis à sa place, les mains collées contre le pare-brise, combien lui a coûté le plein d'essence. Il me répond qu'il ne sait pas, il était aux toilettes. Nous sommes repartis sans payer ! On est trop loin pour rebrousser chemin. Tant pis. Je retrouverai le nom de la station service le lendemain et lui enverrai aussitôt un chèque assorti d'un mot d'excuse.

Tapie, Jean-Mimi et Loulou

Toutes les familles du football français siègent au conseil d'administration de la Ligue : le syndicat des entraîneurs, des joueurs, des dames-pipi… Toutes, sauf celle des présidents de club. Avec Noël Le Graët, président de Guingamp, le Lyonnais Jean-Michel Aulas, déjà dans tous les bons coups, et quelques autres « rénovateurs », comme on nous appelle, nous décidons de créer notre propre syndicat, le 28 février 1990 : l'Union des Clubs Professionnels de France (UCPF). En réalité, il ne s'agit pas vraiment d'un syndicat, mais plutôt d'une organisation chargée de se pencher sur tous les problèmes des clubs professionnels.

Le Stéphanois André Laurent est désigné président. Jean-Louis Piette, bras droit de Lagardère au Matra Racing et très fort au niveau juridique, hérite du poste de secrétaire, et Aulas, de celui de trésorier. Tous les clubs de D1, à l'exception de Bordeaux, et une trentaine de D2 sur trente-six, y adhèrent.

Appartenir à la Ligue puis devenir membre fondateur de l'UCPF m'offre de côtoyer d'encore un peu plus près les grands présidents de l'époque, comme Bernard Tapie. Lorsque j'ai vécu ma première descente en tant que jeune président, en 1989, le président de l'OM a été le premier à me téléphoner pour me réconforter dès le lendemain, à 9 heures du matin.

— T'inquiète pas, mon pote. Tu vas remonter.

Je me lie même d'amitié avec certains d'entre eux, tel Louis Nicollin. Le président de Montpellier est un véritable personnage. Haut en couleur, d'une corpulence impressionnante, c'est un vrai passionné de son club, La

Paillade. Mais pas seulement. « Loulou » est également un collectionneur incroyable. Son extraordinaire musée privé renferme un nombre impressionnant de maillots portés par les plus grands joueurs et toute une panoplie d'autres articles de sport. Il possède également toute la collection des magazines *Elle*, *Paris Match* et de bandes dessinées comme *Bibi Fricotin*. Mais il est aussi passionné de soldats de plomb. Un jour qu'il nous a invités avec Gérard Parentin dans son Mas Saint-Gabriel, à Marsillargues, où il élève des taureaux, il me montre la reconstitution des batailles de l'Empire napoléonien, Austerlitz, Waterloo... Je me demande encore comment il s'y est pris pour monter sur la table et disposer ses milliers de petits soldats. « Loulou » était tellement heureux de nous faire partager sa passion que nous avons failli arriver en retard au match. Il a fait de Montpellier un club champion de France en 2012. Il le mérite car son club est l'un des rares en France, avec Reims, à demeurer indépendant.

« Club Vainqueurs »

Un club de football, c'est aussi et surtout une affaire d'hommes. J'ai besoin de plus et de mieux m'entourer, afin de le consolider. Je demande à Serge Doré de venir me filer un coup de main. Il accepte. André Dubocage, entrepreneur dans le bâtiment de la région, me rejoint également. La véritable renaissance du Racing date de ce printemps 1990.

Tous deux m'aident à créer et à inaugurer le « Club Vainqueurs », le 6 avril 1990. Pour marquer le coup, j'ai demandé au journaliste de Canal + Pierre Sled d'animer la soirée. Michel Hidalgo, ancien sélectionneur de l'équipe de France de Michel Platini, la préside. Metz, Nantes, le Paris-SG et, plus près de nous, Lille ont déjà lancé ce type de structure visant à rapprocher le club du tissu économique privé. Il s'agit de mettre sur pied toute une série de prestations (facilité de stationnement devant Bollaert, places en tribune présidentielle, cocktail, dîner d'après-match, etc.) afin d'attirer dans des conditions privilégiées les chefs d'entreprise, que nous appellerons vite des VIP. L'idée est simple : vous nous donnez de l'argent et nous vous réunissons dans un cadre convivial, propice aux rencontres informelles qui faciliteront votre business. À plus ou moins 5 % du prix, vous vous entendez pour travailler ensemble.

Lens devient ainsi l'un des tout premiers clubs français à organiser des animations les soirs de match, avec présence obligatoire des joueurs. Dans le sport que j'aime, il faut de la joie et de la tristesse, qui font toutes deux partie de l'émotion. J'accepte donc que l'on puisse perdre, à condition que la déception de la défaite ne fasse pas perdre toute notion de convivialité. Ces soirées vont justement servir à cela : sensibiliser les entreprises et les faire adhérer au projet RC Lens en prouvant qu'un club, ce n'est pas seulement onze joueurs. On perd et on gagne tous ensemble.

Cela a extrêmement bien fonctionné. Comme les locaux de Bollaert ne s'y prêtaient pas, nous avons monté, juste à côté, un chapiteau pouvant accueillir entre trois cents et quatre cents personnes. J'ai acquis une licence IV et le club est vite devenu un point de rencontre pour les chefs d'entreprise ainsi qu'un endroit incontournable pour les noctambules de la région lensoise. Désormais, outre les traditionnelles subventions des collectivités publiques territoriales, les recettes aux guichets et publicitaires, et dans l'attente des droits télévisés et du merchandising, le RC Lens bénéficie d'une source complémentaire de revenus.

Je n'oublie pas pour autant les autres supporters. Je suis un commerçant de formation, et j'ai donc toujours eu la notion du football-spectacle. J'ai également vite compris qu'un club ne se limite pas au rectangle vert. C'est pourtant ce qui m'intéresse le plus, dans ma fonction très éclectique de président. Préparer les matchs, les regarder et obtenir des résultats ne suffit pas. Pour faire tourner un club, il faut s'occuper dix à douze heures par jour de tout le reste, ce que j'appellerais la face immergée de l'iceberg. Serge Doré et moi fournissons un travail de titans pour attirer le plus de monde possible à Bollaert : nous démarchons tous les comités d'entreprise de la région et mettons en place des tarifs préférentiels pour les familles ; nous créons le Club JSO – le Club Junior Sang et Or, présidé par Dominique Regia-Corte – afin d'inciter les gamins à devenir supporters du Racing, et stimulons les abonnements en offrant la revue du club, le premier entraînement de la saison à Bollaert, où nous faisons venir des pom-pom girls pour animer les soirs de match... Séduit par cet aspect-là, je suis convaincu qu'un jour tous les matchs du RC Lens se joueront à guichets fermés, à Bollaert.

Abbeville, Pinocchio, Laurel et Hardy

Ma crainte se confirme : le RC Lens ne remonte pas en première division à l'issue de cette saison 1989-1990 que nous bouclons en recevant Abbeville, le samedi 5 mai 1990. Husson fait venir des cars de supporters de Lorraine pour l'acclamer. Ses fans s'exécutent d'autant plus volontiers que Lens gagne 8-0 ! Au coup de sifflet final, j'ai la désagréable impression que ce match a été truqué. Je l'ai encore, aujourd'hui. Pour en avoir le cœur net, je pose la question à Roger Boli, qui me répond :

— C'est possible, mais on s'en fout, président. J'ai marqué quatre buts !

Sauf que moi, je ne m'en fiche pas. Les défenseurs d'Abbeville se sont montrés très condescendants. Trop. Pour ne pas dire plus. Roger s'est amusé face à des arrières qui ressemblaient à Pinocchio, Laurel et Hardy ! Ma décision est prise. Je convoque Husson au *Galibot*, le lundi suivant. Il se pointe avec son blouson en cuir, s'assoit de l'autre côté de mon bureau et m'annonce d'emblée, sûr de lui et de son fait :

— Pour la saison prochaine, il faut changer l'équipe.

— Il n'y aura pas de saison prochaine, pour toi. On arrête. Tu es en fin de contrat.

Et là, pendant trois interminables secondes, je m'attends au pire, c'est-à-dire à ce que Marcel se lève et m'en mette une. Je suis sur mes gardes. Je n'ai pas encore élevé de doberman. Je sens qu'il hésite. Au moindre geste de sa part, je lui saute dessus et le défonce dans mon bureau. Finalement, il se lève et quitte la pièce. Husson parti, me voilà de nouveau en quête d'un entraîneur. Mon choix se porte sur Bruno Metsu, mais hélas, l'affaire ne se fait finalement pas. Va pour Arnaud Dos Santos. Tant mieux...

Dos Santos, Lamarche vers la D1

Après avoir vécu des expériences incertaines avec Philippe Redon et Marcel Husson, Arnaud Dos Santos m'offre une autre approche, plus rationnelle et globale. Il travaille en étroite collaboration avec les autres entraîneurs du club et attache une grande importance aux jeunes. De plus, Arnaud, qui arrive libre de Rouen, est un homme d'une grande gentillesse et un gros travailleur.

Son arrivée coïncide avec la nomination de Jean-Luc Lamarche comme directeur sportif. Jean-Luc est arrivé au club comme entraîneur des jeunes, à l'époque de Jean Honvault. C'est d'ailleurs lui qui a repéré un défenseur blond et athlétique, ainsi qu'un milieu de terrain gaucher et doté d'une redoutable frappe de balle. Le premier s'appelle Frédéric Déhu. Le second, Pierre Laigle. Si j'ai décidé de promouvoir Lamarche à ce poste de directeur sportif, c'est parce qu'il possède également un sens peu commun du recrutement. Il ne va pas me décevoir.

C'est également à cette époque que je commence à ne plus suivre ni écouter Delelis. Lors de mes deux premières années en tant que président, il m'a incité à prendre un certain nombre de personnes au club. C'est terminé. Il m'arrive même de me disputer avec lui. Un soir, après une défaite, il débarque dans le vestiaire, visiblement en colère, et explique aux joueurs :

– Vous ne pouvez pas jouer dans ce système de jeu. Votre entraîneur devrait vous faire jouer comme ça.

– Retournez à la mairie, lui réponds-je. Ici, vous êtes dans le vestiaire du RC Lens.

Delelis part en claquant la porte, et ne me parle plus pendant trois mois. Nous nous sommes évidemment réconciliés par la suite.

Crocodile Slater

Notre préparation d'avant-saison nous amène à disputer un match amical au stade de Courrières. Avant le début de la rencontre, je vois débarquer un petit rouquin râblé, portant un gros sac de sport, accompagné de son manager. Ce dernier nous a vaguement prévenus de leur venue. Comme il ne joue pas à Anderlecht, en Belgique, où il est arrivé la saison précédente, il se cherche un autre club. Il est australien, il a vingt-cinq ans, il est attaquant ; nous n'avons pas d'argent et avons besoin de nouveaux joueurs. Nous avons bien engagé Aristides Rojas, un Paraguayen. Alors, pourquoi pas un Australien ? Banco. Nous lui prêtons une tenue et le faisons jouer au pied levé. Lens gagne sept buts à zéro, dont trois buts de sa part. Arnaud Dos Santos a apprécié son style pugnace, son côté dur au mal et sa vivacité.

J'appelle aussitôt Constant Vanden Stock, le président d'Anderlecht.

— Ton Australien, tu me le vends ?

— Tu veux mettre combien ?

— 200 000 francs.

— Tu plaisantes ou quoi ?

Le président Vanden Stock raccroche. Puis il me rappelle, un peu plus tard :

— Tu es toujours intéressé par mon Australien ?

— Et comment !
— Je te le prête et tu me donnes ensuite une autre somme d'argent.
— 100 000 francs, plus 100 000 francs ?
— 100 000 francs, plus 200 000 francs.
— Cela fait beaucoup.
— Bruges me propose le double. Mais je ne veux pas qu'il aille chez eux.
— Bon, c'est d'accord.

Et c'est ainsi que Robbie Slater a, un peu par hasard, débarqué chez nous. Dès sa première saison, il joue trente-huit matches et marque cinq buts. C'est comme s'il avait toujours joué à Lens. Il devient vite ami avec tout le monde, les joueurs comme les supporters. L'inverse est aussi vrai. Robbie aime rappeler malicieusement qu'il a appris à Jean-Guy Wallemme, Éric Sikora, Pierre Laigle et Roger Boli à boire de la bière en les accompagnant au White Horse, après les matchs. Il apprécie tellement la région qu'il épouse une Lensoise, Nathalie, et choisit Jean-Guy comme témoin de son mariage, qui donne lieu à des scènes dingues. L'église est prise d'assaut par les supporters qui agitent des drapeaux et des écharpes aux couleurs du RC Lens pendant toute la cérémonie. Au bout d'un moment, le curé en a tellement assez qu'il les déclare unis pour le meilleur et pour le pire, dans une ambiance digne de Bollaert. Une fois sur le parvis, tous veulent se faire photographier avec les jeunes mariés. Avec cette pagaille, je n'ose imaginer à quoi doit ressembler la photo de famille…

Robbie n'a malheureusement pas vécu que des bons moments chez nous. Trois mois avant son départ, alors qu'il remontait la rue principale de Lens avec sa femme, il s'est fait violemment agresser en plein milieu d'après-midi. Un gars au crâne rasé est soudain venu le frapper par-derrière à coups de batte de baseball sur la tête. Heureusement, les cris de son épouse ont rameuté tout le quartier et empêché son agresseur de l'achever alors qu'il venait de s'écrouler à terre, le visage ensanglanté. Le type s'est enfui en courant, avant de monter dans une voiture décorée d'autocollants du Paris-SG. La veille au soir, la grosse équipe parisienne, celle de Bernard Lama, David Ginola et George Weah, était venue nous battre 2-1 à Bollaert.

Dès que j'ai appris la nouvelle de son agression, j'ai foncé voir Robbie à l'hôpital, avec Jean-Luc Lamarche. Il avait perdu beaucoup de sang et une de ses oreilles était amochée. Il est resté hospitalisé pendant soixante-douze heures. Mais quinze jours plus tard, il a rejoué à Cannes, comme si de rien n'était. Une commerçante ayant relevé le numéro d'immatriculation du véhicule avec lequel son agresseur a déguerpi, il était possible de le retrouver. Mais Robbie a refusé de porter plainte.

Tout comme il a repoussé la proposition de Monaco. Dans son esprit, il était inconcevable pour lui de jouer dans un autre club français que le RC Lens. Il a préféré signer au Blackburn Rovers pour exaucer son rêve de gosse de jouer un jour en Premier League. Bien qu'il soit retourné vivre à Sydney après sa carrière, il revient encore de temps en temps à Lens. Il était notamment là le jour de la parade en ville pour fêter notre titre de champion de France, en 1998 *(voir page 150)*. Quand nous sommes passés devant sa maison, j'ai ralenti avec le tracteur. Les supporters se sont alors mis à scander son nom. Quatre ans après son départ, personne ne l'avait oublié. Parce que Robbie, c'est vraiment un chic type.

Le serment de Tours

Nous quittons Tours, le cœur lourd. Tandis que les joueurs remontent dans l'autocar, je reprends le volant de ma voiture avec Serge Doré et André Dubocage. Le retour s'annonce long. Lens a encore perdu son cinquième match en dix journées. Cette saison 1990-1991 est décidément mal embarquée.

Perdu dans mes pensées noires, je rate l'embranchement de l'autoroute et nous nous retrouvons sur une petite route départementale qui s'enfonce dans la forêt tourangelle. Il fait nuit, il n'y a pas de panneaux de signalisation, j'en ai assez. J'écrase la pédale de frein. La voiture s'arrête brutalement et je me mets à cogner sur le volant avec mes poings.

— J'en ai marre ! J'en ai marre ! Je suis un président qui perd tout le temps. Je porte la poisse à cette équipe. J'arrête !

— Mas non, Gervais. Cela va s'arranger. L'équipe va progresser, me répondent en chœur Doré et Dubocage.

— Non. C'est décidé : demain matin, je démissionne. Vous trouverez bien quelqu'un pour me remplacer. L'un de vous deux, par exemple.

— Arrête tes conneries, Gervais. On a un truc.

— Ah oui, et quel truc ?

— Eh bien, à partir de maintenant, on ne perd plus.

— Qu'est-ce que vous racontez ? Vous êtes malades !

— Non. On va se jurer solennellement, là, tous les trois, dans cette forêt, qu'à partir de cet instant on ne perdra plus un match.

L'idée me plaît. Je me calme, on jure et on repart. Ayant retrouvé comme par enchantement la direction de l'autoroute, nous rentrons à Lens. Dès le lendemain matin, je fais fabriquer une grande banderole. Le soir même, elle est prête et je l'installe dans le vestiaire où j'ai réuni tous les joueurs. Voici ce qu'on peut y lire : *« À partir du 22 septembre 1990, Lens ne perd plus ! »*

Cela peut paraître incroyable, mais nous avons ensuite enchaîné dix-huit matchs sans défaite, n'en perdant qu'un seul (1-0 à Guingamp) jusqu'à la fin du championnat. Il est vrai qu'entre-temps, j'ai déniché le numéro 10 capable de mettre sur orbite des flèches comme Roger Boli, Robbie Slater et Patrice Zéré.

El Haddaoui, le Messi(e)

Nous en avons bavé, Jean-Luc Lamarche et moi, pour décider Mustapha El Haddaoui à délaisser la Côte d'Azur pour le Pas-de-Calais et la D2 : rien que dans l'après-midi durant laquelle j'ai finalisé sa venue, son manager s'est enfilé huit verres de scotch. Mais tous mes efforts en valaient la peine. Dos Santos m'a prévenu qu'il fallait absolument un meneur de jeu pour repartir. Il a raison, et j'ai eu une idée lumineuse en pensant au Niçois. Elle m'est venue en feuilletant *France Football*. Quand j'ai vu sa photo, je me suis écrié : « C'est lui ! C'est Mustapha El Haddaoui qu'il nous faut. Ce sera lui, notre sauveur ! »

Cela aurait tout aussi bien pu être Franky Vercauteren : après trois saisons passées à Nantes, l'international belge se retrouve en difficulté, en Bretagne. Je le fais venir à Lens, mais les discussions n'aboutissent pas, car je n'ai pas les moyens de me l'offrir. Vercauteren retourne finalement jouer chez lui, à Molenbeek. Et s'il y a bien une chose que je ne regrette pas, c'est d'avoir pris El Haddaoui. Son arrivée change totalement la physionomie de l'équipe. Mustapha est un joueur de grande classe. Un seigneur. L'un des meilleurs qu'ait connus le RC Lens. D'une élégance rare, il est beau à voir jouer et efficace, à la fois buteur et passeur, ce qui n'est pas toujours le cas avec ce type de joueur. C'est aussi un sacré chambreur, capable de faire les quatre cents coups avec Hervé Arsène, qui devient vite son super copain. Son arrivée, à peu près en même temps que celle d'Arnaud Dos Santos, ouvre un nouveau chapitre dans l'histoire de Lens.

« *Le Galibot* est rouvert ! »

Après ce début de saison 1990-1991 catastrophique dans notre groupe B de D2, l'équipe se porte mieux, à mi-championnat. Si nous ne perdons plus, nous ne gagnons pas beaucoup non plus. Depuis le « serment de Tours », nous avons enchaîné onze matchs, avec seulement trois victoires et huit nuls. Cette situation m'agace, car je sens l'équipe capable de faire beaucoup mieux, voire même d'accrocher les barrages. Au point qu'un jour, je finis par m'énerver devant les joueurs : « Maintenant, allez vous faire foutre ! Vous êtes tellement nuls que je ne viens plus vous voir jouer. Ce n'est pas non plus la peine de venir me trouver au *Galibot* pour pleurer dans mes jupes. Dites à vos femmes et à vos copines que je ne vous paye plus tant que vous n'aurez pas gagné trois matchs de suite. Vous m'avez bien entendu ? *Le Galibot* est fermé ! Fermé ! »

Bien sûr, je retourne les voir jouer dès le match suivant, où mon gros coup de gueule produit son petit effet. Nous battons Saint-Seurin, trois buts à zéro. Pour la première fois de la saison, Lens gagne ensuite trois matchs de suite, à Laval, devant Tours et à Saint-Quentin. Ayant remporté trois des cinq matchs précédant cette série, nous nous replaçons dans la course à la montée, au soir de la 27e journée.

Pascal Peltier, qui a débuté chez nous à la fin des années soixante-dix avec son frère Francis avant de partir à Rouen puis de revenir à Lens en 1990, ne manque désormais plus une occasion de me chambrer. Accompagné des autres joueurs, il se met à chanter à tue-tête dans le vestiaire :

— *Le Galibot* est rouvert ! *Le Galibot* est rouvert !

Et en effet, je leur rouvre d'autant plus volontiers les portes de mon bureau que Lens va monter, en fin de saison.

Sadoul et les Témoins de Jéhovah

Les barrages sont un véritable parcours du combattant. Après avoir éliminé Valenciennes en prébarrage (1-0), puis Strasbourg en match aller-retour (1-1, 3-1), il reste un dernier obstacle à franchir : Toulouse, avant-dernier de D1. Roger Boli a marqué lors de chaque match jusque-là. Ce n'est pas le cas, dans la Ville rose. Pire, notre gardien

Christophe Baïocco passe au travers. Par deux fois, Jean-François Hernandez, le père de Lucas et Théo, les futurs défenseurs de l'équipe de France, et Michaël Debève en profitent. Anthony Bancarel ayant également marqué en premier, l'affaire est pliée avant même le match retour, que nous gagnons pour l'honneur. Il n'y avait pas quatre buts d'écart entre les deux équipes, mais l'arbitre doit aimer le cassoulet : il prend sans cesse des décisions contre nous, oubliant même de siffler un penalty en notre faveur. Mais ce qui est fait est fait. Lens ne remontera pas en première division. Les dates des 28 et 30 mai 1991 resteront marquées d'une pierre noire dans l'histoire du Racing.

Jusqu'à ce qu'un miracle se produise. Le président Jean Sadoul convoque les membres du conseil d'administration de la Ligue nationale de football, à Paris. Son ordre du jour ? « Des clubs se foutent de nous ! Gervais, vous pouvez sortir dans le couloir ? » Quand Sadoul s'exprime ainsi, il n'y a plus rien à dire. Il faut juste s'exécuter.

Je quitte donc la salle de réunion et vais faire les cent pas devant la porte. Je connais les problèmes financiers de Brest, Bordeaux et Nice. Mais rien n'a encore été décidé. Au bout d'un moment, Guy Roux ouvre la porte, passe devant moi et me glisse : « Tu joueras en D1. » Sadoul me fait savoir que je peux rentrer dans le bureau pour écouter le verdict : bien qu'ayant fini respectivement dixième, onzième et quatorzième, Bordeaux, Brest et Nice sont rétrogradés administrativement en D2. Le Havre et Nîmes sont sportivement promus de D2. Rennes, dernier de D1, et… Lens sont repêchés !

Je n'en reviens pas. Je perds aux barrages et je retrouve quand même la D1. Promu sur tapis vert. Je ne vais quand même pas cracher sur une montée qu'on espérait tant et qu'on vient de rater de peu. Je prends le premier téléphone que je trouve et j'appelle immédiatement André Delelis :

— Ça y est, Monsieur le Maire. On est en D1 !

— Tant mieux. Eh bien, il va falloir commencer à travailler un peu, cher ami.

Je téléphone ensuite à Serge Doré, au club : « Réunis le comité de gestion et invite les journalistes à une conférence de presse. On monte ! » Sur la route, j'apprends à la radio que des milliers de personnes sont déjà réunies à Bollaert. Lorsque j'y arrive, les parkings sont effectivement remplis. Mais l'ambiance est étrangement calme. Renseignement pris, il ne s'agit pas des voitures des supporters mais des Témoins de Jéhovah. La mairie leur a loué le stade pour trois jours.

À défaut de liesse populaire, nous nous réunissons en comité restreint dans le sous-sol du supermarché Shopi de Serge Doré, boulevard Basly. Serge met en marche la rôtissoire, et nous trinquons au retour du Racing en D1 en levant nos verres et nos cuisses de poulet. Ce jour-là, j'ai vécu l'un de mes plus beaux moments dans le football. Je ne l'oublierai jamais. Une salle de Bollaert porte le nom de Jean Sadoul.

« Émotion Foot »

Ce retour improbable en D1 permet au RC Lens d'ouvrir sa première boutique de supporters, place du Cantin, près de la friterie Sensas. C'est Catherine, la femme de Georges Tournay, qui s'en occupe. L'idée consiste à diversifier les recettes du club. Comme cela fonctionne, nous en ouvrons une seconde, boulevard Basly. À l'époque, il fallait le faire : seuls le Paris-SG et l'OM en possédaient une en ville, alors que Lens en a deux, dans une plus petite ville, qui plus est.

En parallèle, je m'attache à rassembler les supporters autour du club. À mes yeux, ils doivent représenter une entité forte. Jusque-là, leur organisation est un peu à la bonne franquette ; il convient désormais de leur donner des moyens et de fédérer les différentes sections en une seule association proche du club. Cela ne se fait pas sans mal, mais nous parvenons à créer « Supp'R'Lens ». Problème : le club ne compte que deux mille cinq cents abonnés. Je suis encore loin des dix mille que je souhaite depuis mon entrée au club, il y a cinq ans.

Bocandé, pour l'amour du fisc

Jules Bocandé est un mec aussi déroutant qu'attachant. Une force de la nature, également. Il sort toute la nuit et, le matin, il est extraordinaire à l'entraînement. Marié, il entretient une aventure avec la fille de l'ambassadeur du Sénégal en France, ce qui lui permet de rouler en voiture diplomatique. Pour le convaincre de venir de Nice, début juillet 1991, je lui ai offert 400 000 francs par mois. Une belle somme, à l'époque. Son épouse vient pourtant me voir un jour en me disant, inquiète :

– Nous commes le 5 du mois et nous n'avons plus d'argent.

– Jules gagne pourtant très bien sa vie.

– Je sais. Mais après avoir joué aux cartes, il ne lui reste plus rien.

— Je vais arranger ça.

Je convoque Jules dans mon bureau et lui explique mon plan :

— On va vendre ta voiture.

— Non, pas la mienne.

— Ta deuxième, celle que le président Francis Borelli t'a achetée quand tu as signé au Paris-SG.

— D'accord.

Nous vendons donc sa Mercedes coupé, avec Louis Plet, le secrétaire général et administratif du club, puis nous téléphonons à son épouse :

— Tu passeras tous les mois et on te donnera l'argent pour payer les factures de gaz.

Jules va sur ses trente-quatre ans lorsque sa première saison s'achève : il ne peut plus jouer, et n'a du reste presque plus joué par la suite. Il doit donc quitter le club mais nous lui devons sa seconde année. Je lui propose alors de résilier son contrat à l'amiable.

— Je ne peux pas, me répond-il. Le fisc va tout me saisir.

— OK. Je te paye ton licenciement en liquide.

C'est le seul moyen pour qu'il parte. Serge Doré, le directeur général, retire plusieurs centaines de milliers de francs au guichet de la Caisse d'Épargne. L'Écureuil attrape le hoquet, mais nous signons la résiliation et Jules s'en va. Sauf que deux mois après, contrôle fiscal : un employé de la Caisse d'Épargne nous a dénoncés au fisc. L'inspecteur des impôts me prévient :

— Ça va barder pour votre matricule. Vous étiez au courant que monsieur Bocandé avait une dette fiscale pour non-paiement de ses impôts ?

— Oui.

— Et vous l'avez payé en petites coupures ?
— Oui.
— Vous savez que cela va vous coûter cher ?
— Au contraire. Il s'agit d'un acte exemplaire de gestion. En procédant ainsi, j'ai fait économiser beaucoup d'argent au RC Lens, son contrat en cours, plus les charges sociales.

C'est difficile à croire, mais je n'ai pas subi de redressement fiscal.

Lama, le Pape et moi

Les grandes époques d'un club dépendent toujours d'un grand gardien. Et en cet été 1991, j'en ai déniché un bon : Bernard Lama. Comme je l'ai mentionné plus haut, malgré sa onzième place en championnat, le FC Brest Armorique est relégué administrativement en deuxième division, à cause d'un déficit trop important. Lama a déjà trouvé un point de chute : le Paris-SG. Mais le transfert n'est pas pour tout de suite : il est prévu qu'il remplace Joël Bats dans les buts à partir de la saison 1992-1993 seulement. Je profite de l'occasion pour le convaincre de venir jouer chez nous pendant un an.

C'est la première fois que je négocie avec un manager qui me pique autant de blé. Son nom ? Pape Diouf. Ancien journaliste à la rubrique des sports de *La Marseillaise*, journal communiste de la ville de Marseille, il s'est reconverti en manager. Sénégalais d'origine, il s'occupe de tous les meilleurs footballeurs noirs du pays. Car Diouf sait y faire. C'est un charmeur, ça se bouscule dans son cerveau, et c'est un malin. Il ne dit jamais « non », toujours « ce n'est pas facile », et à la fin, parfois l'affaire se fait, parfois elle ne se fait pas.

Celle concernant Lama se conclut. Quand je lui demande ses honoraires, Pape me rassure :

— Gervais, je te fais un prix.

— Merci, c'est sympa, Pape. Je saurai m'en souvenir.

Je suis rassuré. Jusqu'à ce qu'il présente la note de sa commission. Je me dis qu'il s'est trompé d'un zéro : 400 000 francs pour une année de contrat ! C'est cher, mais Pape a de la qualité. On ne paye pas les chaussures Weston au prix des Bata. Et puis, le retour sur investissement est au rendez-vous. La venue de Bernard Lama est déterminante : elle nous permettra de finir à la huitième place du championnat. Pas mal, pour un club promu. Lama est très professionnel. Très exigeant, aussi. Les ballons ne sont pas assez bien gonflés, la pelouse pas assez bien tondue... C'est bien simple : il râle tout le temps. Un vrai casse-bonbons ! Mais un bon casse-bonbons. Grâce à lui, le RC Lens termine la saison 1991-1992 avec la troisième meilleure défense de D1. Il marque même un but lors de son dernier match[1] !

Comme prévu, Lama part en fin de saison succéder à Joël Bats au Paris-SG, puis en équipe de France huit mois après. Pour le remplacer, Jean-Luc Lamarche me propose de prendre Guillaume Warmuz. Je trouve le pari risqué : Warmuz a bien passé deux ans à Marseille, mais il n'a jamais joué. Il a vingt-deux ans, il évolue aujourd'hui en D2, à Louhans-Cuiseaux, et peu de gens le connaissent. Je

1. Lama a réduit le score sur penalty, lors de la 38e et dernière journée du championnat, à Brest (2-3, le 1er mai 1992). À noter qu'il avait déjà vécu un scénario identique trois ans plus tôt, lorsqu'il avait quitté Lille en marquant sur penalty, lors de la victoire devant Laval (8-0).

ne suis pas très rassuré mais Jean-Luc est sûr de son coup. Après tout, on verra bien.

Ballon prisonnier

J'ai toujours considéré que donner un peu de bonheur aux gens en dehors des matchs faisait aussi partie du job des joueurs. C'est ainsi que nous nous retrouvons derrière les barreaux du centre pénitentiaire de Longuenesse, à côté de Saint-Omer. En 1992, l'un des quelque six cents détenus de cette prison m'envoie une lettre dans laquelle il m'explique purger une peine assez courte ; il évoque son amour pour les Sang et Or et son envie de repartir du bon pied, une fois dehors. Il me sollicite pour que les joueurs viennent jouer au foot avec des prisonniers, comme lui. Ses mots me touchent. Je téléphone au directeur de la prison pour prendre des renseignements. Comme ses détenus ne sont pas les plus grands assassins de France, je décide d'apporter un peu de soleil dans leur vie.

Arnaud Dos Santos se retrouve ainsi à diriger un match exhibition entre ses joueurs et des détenus, dans la cour, au pied des miradors d'un établissement carcéral en bon état. Malgré le décor, c'est un bon moment, parfois drôle. Avant le match, Arnaud demande :

— Qui veut faire gardien ?

Tous les détenus répondent en chœur :

— Pas nous ! Cela ne nous intéresse pas.

Pendant le match, un de mes joueurs leur explique :

— Maintenant, il vous faut faire le mur.

L'un d'eux rétorque :

— Ah oui, ça, on veut bien.

Ce moment de partage permet aux joueurs de découvrir le milieu carcéral, et de les faire réfléchir. Comme me l'a confié Jean-Guy Wallemme : « Quand tu sors de là, t'es content. Tu vois la vie différemment. »

Un record, trois Ballons d'or

La date du 15 février 1992 reste un moment fort, dans cette saison qui marque notre retour en première division. Et ce, pour plusieurs raisons. La première, c'est que la venue du grand OM, triple champion de France en titre et dernier finaliste de la Ligue des champions, suscite un engouement incroyable dans la région. Tout le monde veut voir jouer le Marseille de Jean-Pierre Papin et Didier Deschamps. Si bien qu'au coup d'envoi, on compte 48 912 supporters à Bollaert. Nouveau record d'affluence battu pour un match de football en France[1]. La capacité de Bollaert ayant été réduite depuis, ce chiffre ne sera plus jamais dépassé à Lens. À moins que Bollaert ne soit agrandi dans le futur.

L'ambiance est dingue, bien avant même l'entrée des joueurs pour l'échauffement. Je me souviens encore de l'Anglais Chris Waddle, les mains dans les poches sur la pelouse, s'en allant au pied du kop lensois pour le faire chanter. Ah, pour chanter, ils ont chanté, nos supporters,

1. Le précédent record remontait au 9 septembre 1980, avec 48 852 spectateurs lors du derby Lyon-Saint-Étienne (1-1).

quand j'ai remis le Ballon d'or océanien à Robbie Slater, avant le coup d'envoi. C'est une juste reconnaissance. Robbie n'est peut-être pas un très, très grand joueur technique, mais il joue avec trois cœurs, il est infatigable sur son côté droit et c'est un mec bien. Il sera d'ailleurs de nouveau élu footballeur océanien de l'année 1993, toujours sous le maillot Sang et Or. L'énorme ovation qu'il reçoit de la part du public de Bollaert ne m'étonne donc pas. J'en profite également pour remettre un bouquet de fleurs à Abedi Pelé, qui vient de son côté de gagner le premier de ses trois Ballons d'or africains de suite et, bien sûr, à JPP, Ballon d'or *France Football*.

Ce match avec trois Ballons d'or sur le terrain, nous l'avons gagné ! Rush incroyable de Jimmy Adjovi-Boco et but de Roger Boli. Basile, son frère, égalise. Et puis, à l'heure de jeu, Manu Amoros commet une faute sur le côté droit. Éric Sikora tire le coup franc et Francis Gillot marque de la tête. Nous tenons jusqu'au bout grâce, notamment, à un super Bernard Lama. Un match de folie et une soirée vraiment inoubliable.

Borloo, Nathalie Baye et régionales

J'ai plaisir à revoir Jean-Louis Borloo, à chaque fois que Lens joue contre Valenciennes. À force de nous côtoyer, nous sommes même devenus de très bons amis. En plus d'être un brillant avocat d'affaires, notamment aux côtés de Bernard Tapie, et d'avoir été élu député européen sur la liste UDF de Simone Veil, il est maire et président de Valenciennes. Mais il vient de quitter la présidence du club pour se lancer à la conquête du Conseil régional du Nord-Pas-de-Calais. C'est d'ailleurs à partir du moment où Borloo n'a plus été président que VA a commencé à avoir des problèmes. Les élections régionales sont prévues pour le dimanche 22 mars 1992. Il me téléphone six mois avant :

— Je viens de faire réaliser une enquête de notoriété. Si tu es tête de liste dans le Pas-de-Calais, tu fais entre 25 et 30 % des voix et moi, 25 % dans le Nord. À nous deux, on gagne la région. J'en deviens le président et toi, vice-président. Qu'en penses-tu ?

— Je vais y réfléchir.

— Je compte sur toi. Viens avec ta femme à Valenciennes. On va en discuter tous les quatre, avec Nathalie.

Nathalie, c'est Nathalie Baye, l'actrice avec laquelle Borloo partage sa vie. Très vite, je me dis que je me suis engagé dans le sport pour partager avec des gens issus de tous les horizons. Je ne peux, et ne veux, donc pas avoir une position sectaire, me retrouver dans un camp contre un autre, comme c'est le cas lorsqu'on s'engage en politique. Après ma visite à Valenciennes, Jean-Louis me rappelle au début de la semaine suivante et me demande :

— Tu as réfléchi à ma proposition ?

— Oui.

— Alors ?

— Non, je n'y vais pas.

Au soir du 22 mars, Borloo remporte 12,49 % des voix et 10 sièges sur 72 à pourvoir dans le département du Nord. Sa liste indépendante obtient 3 élus sur 41 dans le Pas-de-Calais, des résultats qui lui permettent de se porter candidat à la présidence du Conseil régional. Mais à l'issue de la nuit épique du 30 au 31 mars, Michel Delebarre, maire socialiste de Dunkerque et plusieurs fois ministre sous François Mitterrand, se désiste en faveur de la Verte Marie-Christine Blandin. Borloo est battu au troisième tour par 56 voix contre 40. Il ne deviendra jamais président de région.

À compter de ce jour, il ne me répond plus au téléphone, et m'en voudra pendant dix ans. Jusqu'à ce que je passe un jour par hasard devant le ministère chargé de la Ville, où il vient d'être nommé par le Premier ministre Jean-Pierre Raffarin. Des policiers en faction devant l'entrée me reconnaissent et me saluent. Je m'arrête. Ils sont, comme moi, originaires du Pas-de-Calais. Nous sympathisons. Je les questionne :

— Le ministre est là ?

— Oui.

— Je peux aller le voir ?

— Allez-y.

J'entre dans le ministère et demande à voir Borloo.

— Qui êtes-vous ? me demande-t-on.

— Gervais Martel.

— Vous n'avez pas rendez-vous.

— Je sais. J'attends toute la nuit s'il le faut, mais je ne bouge pas de là.

— Je vais voir ce que je peux faire.

Cette querelle me contrarie car Borloo est un homme que j'ai toujours apprécié. Vingt minutes plus tard, je monte dans son bureau. L'accueil est glacial. Borloo me rappelle :

— Tu m'as fait perdre les régionales.

— On n'a rien perdu. On n'a pas joué.

Arrivé en fin d'après-midi au ministère, j'en suis reparti à 1 heure du matin, enfin réconcilié avec Borloo. S'il y en a un qui, en revanche, s'est plutôt réjoui de ne pas me voir me porter candidat lors de ces élections régionales de 1992, c'est bien André Delelis. Trois ou quatre mois après, lors de l'un de nos déjeuners habituels, il me glisse :

— Au fait, j'ai oublié de vous remercier.

— Pourquoi ?

— Mon petit doigt me dit que vous avez refusé de vous porter candidat aux régionales.

— Monsieur le Maire, c'est vous qui m'avez mis au poste de président du RC Lens. Je n'allais quand même pas vous planter un couteau dans le dos.

— C'est pour cela que je vous dis merci.

Sunday, Bloody Sunday

La saison 1992-1993 n'a même pas encore débuté que c'est la tuile. La grosse tuile. L'attaquant Ryszard Tarasiewicz se blesse gravement au genou dès son premier match de préparation. Nous l'avons fait venir de Nancy, et Arnaud Dos Santos fondait de gros espoirs sur lui. Cet international polonais, qui pèse près de soixante sélections, ne jouera jamais pour Lens. De plus, Roger Boli revient d'Afrique avec le paludisme et Pierre Laigle part effectuer son service militaire. Pour couronner le tout, Hervé Arsène et Robbie Slater se blessent dès le premier match de championnat, que nous perdons trois buts à zéro contre Auxerre, à Bollaert.

Dos Santos n'est pas responsable de ces coups du sort. Je lui propose de prolonger, dès septembre, car son contrat se termine en juin prochain. Mais il préfère attendre la fin de saison et partir en stage d'oxygénation à Vittel. Je me range à son avis. À notre retour, Lens va gagner à Montpellier avant de perdre dans la foulée devant Toulouse. Bilan après seize journées : sept défaites, sept nuls et seulement deux victoires. Lens se retrouve relégable. La réalité des chiffres est incontournable.

Le dimanche 29 novembre 1992, je convoque le comité de gestion dès 8 heures du matin pour lui faire part de ma décision : bien que j'éprouve le plus profond respect pour lui, Arnaud Dos Santos se voit retirer la responsabilité de l'équipe première. Le problème du football, c'est qu'il crée de l'irrationnel dans les rapports humains. On s'entend très bien, Arnaud et moi. C'est l'entraîneur de la montée, un homme travailleur et doté de l'esprit lensois. Mais la pérennité du club se trouve en jeu. Et dans la mesure où son message ne passe plus auprès du groupe, un changement devenait nécessaire. Ma décision n'a pas été facile à prendre mais le football est ainsi : ingrat et injuste.

Pour le remplacer, j'opte avec Jean-Luc Lamarche pour une promotion interne. Je convoque Patrice Bergues, que Lamarche connaît bien, devant le comité de gestion. Ancien bon joueur du Stade béthunois et de Nœux-les-Mines devenu professeur d'éducation physique, Bergues s'occupe de former nos jeunes depuis plus de sept ans. Il nous a notamment permis de gagner notre troisième Coupe Gambardella en battant l'Olympique Lyonnais, l'an passé, ce qui m'a poussé à le nommer directeur du centre de formation. En fin de soirée, il me donne son accord pour effectuer un intérim. En fin de saison, Lens termine à la neuvième place.

Lens Olympique Sporting Club

Première femme à devenir présidente d'un conseil régional en France métropolitaine, le 31 mars 1992, Marie-Christine Blandin n'aime pas le football professionnel. Elle préfère l'écologie. Membre des Verts – ceux du parti politique, pas de l'AS Saint-Étienne –, elle le confirme le 26 janvier 1993 en annonçant publiquement que le conseil régional du Nord-Pas-de-Calais va diminuer de deux millions de francs sa subvention annuelle aux clubs professionnels nordistes. Elle entend également supprimer leur garantie d'emprunt de deux millions et demi de francs. Et ce, malgré la rétrogradation annoncée de Valenciennes.

Personne n'a eu la délicatesse de me prévenir de ce véritable coup de poignard dans le dos. Et pour tout dire, ce lâchage peu glorieux m'inquiète. Je contre-attaque dès le 9 février en organisant une conférence de presse avec Paul Besson, adjoint aux Sports de la ville de Lille administrée par Pierre Mauroy. Impeccable avec son nœud papillon et sa moustache, il est aussi le président du LOSC depuis le début de la saison. Mais il ne me semble pas passionné par le football ni par son club, qui se trouve à la rue.

Besson me propose alors de fusionner nos deux clubs. Éventuellement, une absorption du LOSC par le RC Lens, ça, oui, je veux bien. Mais une fusion, aucun intérêt. Pas question. Delelis et Pierre Mauroy ne partagent pas ma position et sont plutôt favorables à la fusion. À leur demande, des groupes de travail sont constitués. Serge Doré planche sur le dossier, du côté du RC Lens. Moi, jamais. Je le répète : cela ne m'intéresse pas.

L'idée avance. Elle consiste à créer le Racing Club Lens-Lille. Le Racing garde son maillot et le LOSC, son short. Le 23 février, j'invite plus de quatre cents supporters lensois à une réunion d'information publique dans la salle Jean Nohain. Je leur explique la situation : « Ce sont les Lillois qui nous ont contactés. Il y a quatre ans, nous avions huit millions de francs de déficit. Ce n'est plus le cas, aujourd'hui. Mais notre situation financière demeure fragile. Si c'est pour jouer constamment le milieu de tableau, cela ne m'intéresse qu'à moitié et je me refuse à conduire le club dans une aventure qui le mènera tôt ou tard au dépôt de bilan. Il faut que l'on se bouge en construisant le grand club nordiste de l'an 2000 ! »

En disant cela, je pense surtout à continuer de développer le RC Lens, pas à fusionner avec le LOSC, ce qui serait une ineptie : il y a de la place pour deux clubs professionnels, et même trois avec Valenciennes, dans une région qui compte près de six millions d'habitants. D'ailleurs, ce projet reste finalement dans les cartons. Besson cède sa place de président du LOSC à Bernard Lecomte, qui est, lui aussi, farouchement opposé à la fusion. Cet épisode renforce ma volonté de faire du RC Lens le grand club du nord de la France de cette fin de millénaire. Le rêve de lui permettre de devenir champion de France dans les années qui viennent a également germé dans ma tête.

Joue-la comme Platini

Pour être honnête, je n'ai jamais rêvé de voir des matchs de la Coupe du monde se disputer un jour à Bollaert, pour une raison toute simple : je pensais qu'une petite ville comme Lens n'avait aucune chance de pouvoir accueillir un tel événement planétaire. Alors, quand André Delelis me prévient que le conseil municipal vient de décider, en ce 12 février 1993, de proposer la candidature de Lens pour recevoir la Coupe du monde 1998 à Bollaert, je lui réponds :

— Monsieur le Maire, vous êtes allé au soleil et vous avez oublié votre chapeau.

— Vous verrez, Gervais, vous verrez...

Et je dois reconnaître que Delelis a été exceptionnel, sur ce coup-là. Ce projet totalement fou a germé dans sa tête le 26 janvier 1989, date à laquelle François Mitterrand, président de la République, a rendu officielle la candidature de la France à l'organisation de la Coupe du monde 1998 en adressant un courrier à la FIFA. Ancien ministre du Commerce et de l'Artisanat au début du premier septennat de Mitterrand, Delelis savait de la bouche de Fernand Sastre, coprésident avec Michel Platini du Comité Français d'Organisation (CFO), que des candidats étaient recherchés au nord de Paris mais que ni Pierre Mauroy ni Catherine Trautmann, maires de Lille et de Strasbourg et membres comme lui du Parti socialiste, n'y étaient favorables. Delelis s'est dès lors engouffré dans la brèche et a appuyé le dossier de sa ville. Lille ne disposant pas encore de grand stade, toutes les planètes se trouvaient alignées.

Lens bénéficie également d'un coup de pouce de Michel Platini, qui se déplace en personne avec Sastre à la mairie de Lens pour tenir une réunion publique d'information sur la Coupe du monde, en ce mois de juillet 1993. Platini, je l'adore. Comme il est de ma génération, j'ai suivi toute sa carrière de joueur. En le revoyant, je ne peux m'empêcher de me rappeler notre première rencontre, une petite quinzaine d'années auparavant. J'étais parti avec Isabelle en voyage de fiançailles en Italie, plus précisément à Cesena, sur les bords de l'Adriatique, où habitait la famille paternelle de ma future femme. J'avais réservé une chambre dans le plus bel hôtel de la ville. Une après-midi, en revenant d'une balade amoureuse en ce beau mois d'août 1979, impossible de pénétrer dans notre hôtel : les joueurs de la Juventus Turin viennent d'y prendre leurs quartiers. Ils jouent le soir contre Cesena, en Coupe d'Italie. Je n'étais même pas au courant. Nous expliquons que nous sommes, nous aussi, clients de l'hôtel, et les policiers finissent par nous laisser entrer. En passant dans le hall, j'aperçois Platini au fond de la salle, en train de jouer à la belote avec le Polonais Zbigniew Boniek. Je m'avance vers leur table et je dis à Platini :

— Bonjour, je suis français.

— Je m'en doute.

— Je peux avoir un autographe ?

— Attends la fin de la partie.

Il est comme ça, Platini. Il ne faut pas le déranger quand il tape le carton entre potes. Bien plus tard, une fois devenus amis, je lui ai rappelé cette anecdote.

— C'est normal que je t'aie répondu ça, m'a-t-il dit. Tu es venu me casser les pieds. Mais je te l'ai signé, cet autographe.

En cet été 1993, Platini fait mieux que cela : il aide Lens à obtenir la Coupe du monde. Pierre Bérégovoy, alors Premier ministre, officialise la bonne nouvelle lors d'une visite dans la région, le 14 octobre 1994 : Lens est retenue parmi les dix villes organisatrices de la Coupe du monde 1998[1] ! Il existe toutefois une condition suspensive, d'ordre financier : l'enveloppe des subventions allouées à la rénovation de Bollaert se limite à 100 millions de francs. Or, en avril 1995, une fois les plis des appels d'offres ouverts, l'addition se chiffre à 130 millions de francs. Au minimum. De plus, ces travaux ne prévoient pas de salons VIP. Je suis persuadé que le RC Lens doit se doter d'un réceptif de haut niveau, s'il veut augmenter ses recettes et accentuer ainsi son développement. Je m'en ouvre à Delelis :

— Monsieur le Maire, à quoi bon moderniser Bollaert s'il n'y a même pas de salle prévue pour développer le relationnel « partenaires » ?

— Je sais, Gervais, je sais. Mais je ne peux pas faire payer au contribuable plus que les cent millions de francs prévus.

— Je comprends. Je vous propose alors une solution.

— Je vous écoute...

— Le club abandonne pendant cinq ans sa subvention annuelle de 8,2 millions de francs et, en échange, vous faites construire une grande salle VIP à Bollaert.

— Dans ces conditions, c'est d'accord.

Lors de mes déplacements en Belgique, j'ai remarqué que le stade Constant Vanden Stock d'Anderlecht, comme d'ailleurs celui du Standard de Liège, possédait un emplacement hospitalier important. Je suis contre les loges et pour un plateau sur trois étages, car je souhaite que tout le monde se croise et se fréquente, afin que la tribune VIP de Bollaert devienne un véritable centre de vie et de commerce. C'est

1. Avec Bordeaux, Lyon, Marseille, Montpellier, Nantes, Paris, Saint-Denis, Saint-Étienne et Toulouse.

tout l'attrait, justement, du plateau, qui correspond bien à la convivialité de la région et de notre stade.

J'obtiens donc gain de cause. La contrepartie, c'est que cela va être mouvementé de juillet 1995 à octobre 1997, dates prévues pour le chantier visant à mettre Bollaert aux normes FIFA. Mais cet accord marque un véritable tournant pour le RC Lens, auquel cet outil de travail moderne donnera un élan incroyable. En septembre 2012, soit quelques semaines après le décès de cet homme exceptionnel qu'était André Delelis, le stade Félix-Bollaert est rebaptisé stade Bollaert-Delelis. Je suis fier d'y être pour quelque chose. Tout s'est joué lorsque Suzanne, son épouse, m'a demandé de dire un mot face au cercueil, devant la mairie. C'est là que j'ai proposé publiquement de renommer le stade, coupant ainsi l'herbe sous le pied des réticents et de ses opposants. Je pense que les supporters apprécient le nouveau nom de notre stade.

Burruchaga, bouge de là

C'est toujours un événement lorsque l'OM vient jouer dans la région. Je ne veux pas rater ça et file donc, avec Isabelle, assister au match à Valenciennes, en cette soirée du 20 mai 1993. Une fois arrivé au stade, Jean-Louis Borloo m'invite à aller saluer Bernard Tapie sur la pelouse. Je refuse. Ce n'est pas mon match. Je reste à ma place.

Bien m'en prend. À la fin du match, je croise Francis Decourrière dans les couloirs du vestiaire[1]. Il me confie que le match a été acheté. Je souffle à ma femme : « On bouge

1. Futur président de Valenciennes de 2004 à 2011.

de là, on se barre. » En remontant dans la voiture, j'aperçois l'épouse de Jorge Burruchaga en train de se disputer avec son mari sur le parking des joueurs. Au moment où elle lui donne une gifle, je démarre en pensant : « Ouh là là ! Ça ne va pas le faire, cette histoire VA-OM... »

Président des présidents

Malgré la septième place obtenue par l'AS Saint-Étienne à l'issue de la saison 1992-1993, André Laurent, qui en est son président depuis dix ans, se voit poussé à la démission. Cela ne m'étonne qu'à moitié. Homme charmant et respectueux, André Laurent se montre parfois trop sûr de lui. En janvier 1992, j'ai emmené les partenaires du Club Vainqueurs passer deux jours dans le Forez. La veille de notre match, André Laurent nous a gentiment expliqué :

— Demain, on vous bat et on est cinquième.

En le quittant, j'ai rassuré mes partenaires :

— Demain, on va les taper.

Et Lens a battu les Verts 4-0, à Geoffroy-Guichard. N'étant plus à la tête de son club, André Laurent doit également quitter l'UCPF, dont il est le premier président de l'histoire. Les statuts prévoient que son successeur doit être l'un de ses trois vice-présidents : le Nantais Max Bouyer, qui va malheureusement se tuer dans un accident d'avion seize mois plus tard, le Lyonnais Jean-Michel Aulas ou moi-même. Jean-Michel n'a pas le temps de prendre cette fonction. À trente-neuf ans, je suis élu président des présidents. Je suis tout jeune et c'est très impressionnant.

Heureusement, je peux compter sur Annick Rohrer, la secrétaire, et sur Philippe Diallo, directeur général de l'UCPF. Cela colle tout de suite entre nous. Philippe est un homme de dossiers et il va réaliser un boulot exceptionnel jusqu'en 2021, date de son départ pour devenir trésorier général de la FFF, puis vice-président et, enfin, président par intérim de la 3F le 11 janvier 2023, après la démission de Noël Le Graët.

Les réunions de l'UCPF se déroulent le jeudi, à partir de 16 heures, soit la veille du conseil d'administration matinal de la Ligue. Elles nous permettent de travailler les dossiers en amont et de partager des moments épiques. Beaucoup de présidents restent dormir à Paris, ce qui nous donne l'occasion de dîner ensemble et de refaire le monde dans une ambiance extraordinaire. Cette période constitue un autre beau moment de ma vie car je me retrouve au courant de tout. Je discute des droits télé avec Michel Denisot, figure emblématique de Canal +, avec Patrick Le Lay, président-directeur général de TF1 ; j'évoque les problèmes rencontrés par les joueurs avec l'exigeant Philippe Piat, président de l'UNFP, le syndicat des footballeurs, qui est aussi un homme de compromis et de consensus.

C'est également une époque de convivialité dans le football, et dans la société en général, qui semble révolue aujourd'hui. Pas besoin de téléphoner à quarante joueurs ou managers. Une tape dans la main et c'est réglé. Il est vrai aussi qu'il y a alors moins d'argent dans le football ; ceci explique sans doute cela.

Meyrieu, le pas de deux

Lors du déjeuner de clôture de l'assemblée générale de la Ligue nationale de football, je suis placé non loin de Jean-Michel Aulas. J'ai eu d'emblée beaucoup de sympathie pour lui. Jean-Michel est un homme brillant ; il sait ce qu'il veut et, avec lui, il faut savoir lire entre les lignes. Il m'aide dans ma réflexion sur le football en me faisant entrevoir une dimension supplémentaire. Marc Devaux, notre homologue lillois, se trouve assis entre nous deux. Il est président du LOSC depuis seulement quelques mois et il nous confie :

— Demain, c'est un grand jour pour le LOSC. Je fais venir Éric Roy et Frédéric Meyrieu.

Jean-Michel et moi échangeons un regard et, sans rien dire, nous nous levons soudain. Chacun part dans son coin, à la recherche d'un téléphone providentiel. J'appelle aussitôt Henri Zambelli, l'agent de Meyrieu.

— C'est quoi, ces conneries ? Meyrieu signe demain à Lille ?

— On ne sait pas.

— C'est tout vu. Je viens vous chercher demain à Lesquin et vous signez à Lens.

Nous revenons nous asseoir à table, comme si de rien n'était. À la fin du repas, je demande discrètement à Jean-Michel :

— Tu as téléphoné pour qui ? Roy ou Meyrieu ?

— Roy.

— Tout va bien, alors...

Aucun des deux Toulonnais n'est allé à Lille le lendemain. Roy a signé à Lyon et Meyrieu, à Lens. Devaux s'en est surtout voulu de son indiscrétion. Il n'est d'ailleurs resté président de Lille qu'un an. Jean-Michel et moi restons en place, à écouter et à agir.

« Dragon » Stojković

Bernard Tapie était un phénomène. Qu'on le veuille ou non, il a marqué le football, avec ses points forts et ses points faibles. Même s'il ne pouvait pas le dire, il aimait bien Lens, ce club comparable à l'OM en termes de passion et de ferveur populaire. Comme il connaissait bien le football, il pouvait en parler des heures durant, avec sa gouaille et son charisme. C'est bien simple : lorsque Tapie commençait à parler dans un restaurant, tout le monde s'arrêtait soudain de manger pour l'écouter. Si on ne le stoppait pas, impossible d'en placer une. C'est pourtant ce que je parviens à faire, en cette fin juin 1993, quand il m'annonce :

– Je veux Laigle.

– Tu rigoles ? Il n'est pas à vendre.

– Je te l'achète quand même !

– Je veux de l'argent et tu me files l'un de tes joueurs en prêt.

– Lequel ?

– Dragan Stojković.

– Pourquoi pas ? Je lui en parle et tu viens le voir à Marseille.

– Entendu.

Attirer le meneur de jeu yougoslave au RC Lens peut paraître risqué : il souffre de blessures à répétition, à cause d'une usure de la malléole interne du genou gauche. Il a même dû être opéré en début d'année. Mais avant de me rendre à Marseille, je vais le voir jouer un match de préparation avec l'OM contre Nantes, à Font-Romeu, puis un autre, devant Toulouse, à Narbonne. Je constate de visu qu'après une saison blanche, « Pixy » a retrouvé la pleine possession de ses moyens physiques. Je rappelle Tapie, le dimanche. Il est toujours d'accord pour me le prêter. Rendez-vous est pris avec le joueur, le samedi 10 juillet.

Notre entrevue dure... deux minutes. Stojković n'était même pas au courant de la proposition de Lens ! Cela fait pourtant un petit moment déjà qu'elle a fuité dans les médias. Pour sauver la face, je déclare : « J'ai senti qu'il voulait réfléchir. Je comprends ses réticences à quitter un club champion d'Europe et une région tout de même plus ensoleillée que la nôtre pour venir chez nous. Mais je lui ai exposé nos arguments et il n'y a pas été forcément insensible. » Tu parles. S'il est vrai que Stoković m'a dit que personne, au club, ne lui avait parlé de cette histoire de transfert à Lens, il a été très clair quand je lui ai demandé si cela l'intéressait : « Hors de question ! »

Je décide tout de même de tenter une dernière fois ma chance, en retournant à Marseille avec Jean-Luc Lamarche le vendredi 16 juillet. En vain. Pas de prêt de Stojković à Lens, pas de départ de Pierre Laigle à l'OM. Le premier signera l'année d'après au Nagoya Grampus Eight, au Japon. Quant à Laigle, il restera encore trois ans chez nous, avant de rejoindre la Sampdoria Gênes, en Italie *(voir page 120)*.

Le seul avantage de ce voyage de la dernière chance, c'est qu'il m'a permis d'assister à la victoire de l'Italien Fabio Roscioli lors de la 12e étape Isola-Marseille de la 80e édition du Tour de France. L'inconvénient, c'est que le passage de la Grande Boucle dans la cité phocéenne a attiré une foule innombrable... Faute de pouvoir trouver une place dans l'avion, nous sommes obligés de décaler la date de notre retour.

Pour nous consoler, nous allons déjeuner, Jean-Luc Lamarche et moi, dans un très bon restaurant situé sur le Vieux Port. Nous étudions une dernière fois le dossier, puis je l'enfouis définitivement dans mon attaché-case, sans remarquer que j'y ai coincé un coin de la nappe en le refermant. À la fin du repas, je me lève, saisis ma mallette et, au moment où je lance à la cantonade un « Bon après-midi, messieurs-dames ! », toute la table vient avec. La honte. Quand ça ne veut pas, ça ne veut pas.

Père du mercato d'hiver

Deux mois après mon élection à la tête de l'UCPF, nous avons une idée de génie, avec Philippe Diallo : créer un Forum du football. Un peu à l'image de ce qui se fait déjà en Italie, le projet consistera à réunir tous les dirigeants des clubs pendant deux jours, à Paris. Chaque club disposera de son bureau. Même si certains préfèrent travailler en direct avec les managers des joueurs, présidents et directeurs sportifs passeront de l'un à l'autre pour se mettre d'accord entre eux au sujet des transferts.

Cette bourse aux joueurs préfigure la création du mercato d'hiver, qui devient nécessaire après l'arrêt Bosman du 15 décembre 1995. Cette décision, rendue par la Cour de justice des Communautés européennes, interdit de limiter le nombre de sportifs des pays membres de l'Union européenne dans une équipe ou une compétition professionnelle. Dès la saison 1996-1997, l'UEFA doit se plier à cette jurisprudence et abolir les quotas de joueurs européens. Leur nombre ne se trouve plus limité à trois. Pour répondre à cette nouvelle donne, le mercato d'hiver voit officiellement le jour en France, le 1er janvier 1997.

Il demeure décrié car il avantage les gros clubs, alors qu'il existait déjà dans certains pays. Mais il est aussi apprécié, car il permet de donner une bouffée d'oxygène aux clubs. Comme le salarié d'une grande entreprise, grâce au mercato d'hiver un joueur peut être remplacé ou promu, sans avoir besoin d'attendre toute une saison.

Le coup des lapins

J'adore jouer au golf au petit matin, en écoutant le gazouillis des oiseaux et sous le regard des lapins. Je peux tricher tout seul. Les lapins ne me dénoncent pas. Quoi qu'en disent certains, le golf est un véritable sport, qui nécessite de la concentration et une certaine condition physique.

Le golf se pratique dans un cadre exceptionnel. On peut y jouer à n'importe quel âge et en famille, avec ses enfants et ses petits-enfants, ce qui n'est pas le cas de tous les sports, loin de là. Je l'ai découvert à l'âge de trente ans, grâce à Joël Flinois, un copain d'enfance avec qui j'avais fait les chasseurs alpins. J'ai ensuite pris l'habitude de venir jouer au golf d'Arras. Il a été inauguré le 24 juin 1990 dans la petite commune d'Anzin-Saint-Aubin, qui appartient à la communauté urbaine d'Arras. C'est là-bas que j'apprends un jour que le Crédit mutuel du Nord cherche un repreneur pour dynamiser cette entreprise en difficulté. Je rencontre alors monsieur Cormier, le directeur général de la banque, fin 1993. Le courant passe bien entre nous deux et l'idée de reprendre le golf d'Arras me plaît. Mais elle est loin de faire l'unanimité : lorsque la nouvelle s'ébruite, je me heurte à certaines réticences. Le golf est alors un sport très bourgeois et fermé, et ses amateurs craignent que j'abîme leurs greens avec les crampons de mes joueurs.

Cela ne me décourage pas. J'aime le golf et je sais que, sans intervention extérieure, le circuit d'Arras est condamné. Et puis, j'ai des idées pour promouvoir ce sport dans la région Nord-Pas-de-Calais. Je les expose en mars 1994, le jour de l'officialisation de mon arrivée : construction d'un nouveau club-house, développement du golf auprès des jeunes et organisation d'une grande manifestation golfique. Je conclus en disant : « Ballesteros viendra jouer ici. » Le meilleur golfeur du monde à Arras ? La bonne blague. Rira bien qui rira le dernier. Je suis sûr de mon coup. Et ça non plus, les petits lapins ne le répètent pas.

Men in Black

François Oman-Biyik et Roger Boli forment un duo extraordinaire, depuis deux saisons. Tandis que le longiligne Camerounais prend tous les ballons de la tête, le petit Franco-Ivoirien les met tous au fond. Car Boli va vite et se montre insaisissable. Sur le terrain comme dans la vie, d'ailleurs. C'est bien simple, tout le monde aime Roger, avec son rire communicatif.

Il est rare qu'un joueur de Lille vienne à Lens et y réussisse. C'est pourtant le cas de Boli, depuis cinq ans. Je le revois encore marquer ce qui fut sans doute son plus joli but pour Lens, lors du 80e derby du Nord, le 10 décembre 1993. L'arbitre n'a pas le temps de donner le coup d'envoi qu'il ouvre le score d'une tête plongeante. Au fil des saisons, Roger est devenu amoureux du club et les supporters le lui rendent bien. Il est tellement demandé qu'il accepte presque tout. Il est courant de voir des supporters aller dîner chez lui. Le 21 mai 1994, nous jouons notre dernier match de la saison à Marseille. Malgré notre défaite dans les dernières minutes sur un but de Sonny Anderson, Roger ouvre le score sur un centre d'Oman-Biyik. La classique. Ce vingtième but de la saison, en trente-cinq matchs, lui permet de finir meilleur buteur de première division, ex aequo avec le Monégasque Youri Djorkaeff et le Nantais Nicolas Ouédec. C'est seulement la seconde fois, depuis la création du championnat de France en 1932, qu'un Lensois décroche ce titre. Le premier fut Ahmed Oudjani, avec ses trente buts marqués lors de la saison 1963-1964. Il est vrai que cela m'a encore coûté une augmentation. Mais une fois de plus, je ne l'ai pas regretté, tant j'ai été heureux de voir qu'après être entré dans le cœur des Lensois, Roger Boli a laissé son nom dans le livre d'or du RC Lens[1].

1. À noter que Yohan, Kévin et Charles, les trois fils de Roger Boli, passeront ensuite par le centre de formation de La Gaillette. Charles, son cadet, signera même son premier contrat professionnel à Lens le 15 mai 2019. Il disputera 19 matchs comme milieu offensif sous le maillot Sang et Or.

Chapitre IV

Consécration
(1994-1998)

Depuis notre retour en D1, il y a trois ans, le RC Lens parvient à se caler en milieu de classement. J'ai trouvé en Patrice Bergues l'entraîneur capable de nous offrir de la stabilité et de permettre à l'équipe de continuer à s'améliorer. Il s'agit maintenant de viser plus haut. Jamais, à l'orée de cette saison 1994-1995, je n'aurais toutefois imaginé que nous deviendrions champions de France seulement quatre ans plus tard. C'est pourtant ce qui s'est passé.

Foé au chaud, Guy Roux au frigo

À mes yeux, les deux plus grands recruteurs de l'histoire du Racing sont Henri Trannin et Jean-Luc Lamarche. Après avoir été gardien de but à Lens, Trannin s'est occupé des jeunes et du recrutement. C'est lui qui a fait venir les frères Lech et des joueurs comme Ahmed Oudjani ou Bernard Placzek dans les années 1950-1960. Quant à Lamarche, s'il a dû arrêter très tôt sa carrière de joueur à Lens en raison de problèmes de santé, il sent le jeu et les joueurs, qu'il parvient à analyser mentalement de façon innée. Au printemps 1994, il me glisse à l'oreille :

— Il y a un jeune au Cameroun, un milieu de terrain du Canon de Yaoundé, il faut le prendre.

— Si tu me dis qu'il faut le prendre, on y va.

Quelque temps plus tard, Jean-Luc revient me voir, dépité :

— On s'est fait avoir par Auxerre. Guy Roux lui a proposé un frigo et une télévision, et il l'a fait signer.

L'une des forces de Guy Roux, c'est d'être particulièrement attentif aux joueurs africains et issus des pays de l'Est. Je me renseigne et j'apprends qu'effectivement Auxerre a eu recours à un ANS, un accord de non-sollicitation. Autrement dit, le joueur ne peut plus signer dans un autre club français. Cependant, ce type de précontrat n'est pas valable à l'étranger. Je retourne voir Lamarche :

— Ton Camerounais, il s'appelle comment, déjà ?

— Marc-Vivien Foé

— C'est un phénomène ?

— Oui.

— On va le faire.

Jean-Luc part à Yaoundé rencontrer Foé et sa famille. Il parvient à les convaincre de venir à Lens plutôt qu'à Auxerre. Pendant ce temps, je téléphone à Roger Henrotay, directeur général du Standard de Liège, en Belgique, pour lui demander de me rendre un service : il prend Foé et, dans deux mois, je le lui rachète. Guy Roux ne se doute de rien. Il est parti aux États-Unis commenter la *World Cup 94*, que Foé dispute d'ailleurs au sein de l'équipe du Cameroun. Quand Guy rentre en France, c'est trop tard :

Foé a signé chez nous, où il restera cinq ans et deviendra un joueur emblématique.

En novembre, je croise Guy Roux lors de la venue d'Auxerre à Bollaert. Il me dit :

— Bien joué. Vous nous avez bien roulés, avec Foé.

— Je ne suis pas au courant de l'affaire.

Guy comprend que je me moque de lui. Il sait aussi que je n'ai pas triché : j'ai simplement contourné les règlements. En racontant cette anecdote, je ne peux m'empêcher d'avoir une pensée émue pour Max-Vivien Foé, un grand joueur malheureusement parti bien trop tôt[1].

Bourre-pif à Bollaert

Aussi incroyable que cela puisse paraître, j'ai vu Claude Makélélé marquer un but sur une passe de Reynald Pedros. La scène s'est passée le 2 avril 1995, à la fin du temps réglementaire de Lens-Nantes. Certes, l'arbitre l'a ensuite annulé dans des conditions invraisemblables. Sitôt après ce second but des Nantais, celui de leur victoire, Monsieur Colombo va voir son juge de touche, un moustachu un peu boudiné, qui garde son drapeau levé. Il lui explique qu'au tout départ de l'action du contre, Christian Karembeu a mis une petite claque sur la nuque de Wilson Oruma dans la surface de réparation nantaise. Claude Colombo décide alors d'exclure Karembeu et de revenir à la faute initiale, en sifflant un coup franc en notre faveur. Il a déjà expulsé

1. Max-Vivien Foé est mort à 28 ans des suites d'un malaise cardiaque survenu au cours d'un match entre sa sélection du Cameroun et la Colombie au stade Gerland de Lyon lors de la Coupe des Confédérations 2003.

Frédéric Déhu et Japhet N'Doram quatre minutes plus tôt. Le plus fou, c'est que N'Doram n'aurait jamais dû être renvoyé. Les arbitres se sont trompés de joueur en lui adressant un second carton jaune. Ce n'est pas lui qui a eu une altercation avec Déhu mais… Makélélé.

Furieux de cette décision, Jean-Claude Suaudeau, l'entraîneur du FC Nantes, se lève de son banc pour s'en prendre à Patrice Bergues et dire à l'arbitre de touche tout le mal qu'il pense de sa décision. Nous jouons la quatrième minute du temps additionnel. Pierre Laigle fait croire que Frédéric Meyrieu va tirer le coup franc. Éric Sikora, qui a profité de la pagaille sur le terrain pour avancer le ballon de plusieurs mètres, l'expédie dans la lucarne de Dominique Casagrande ! Les bancs des deux équipes sont debout. Sur la même action, Nantes vient de passer de 2-0 à 1-1. Incroyable.

Georges Eo, l'adjoint de Coco Suaudeau, me provoque. On s'accroche, à tel point que des policiers viennent nous séparer. C'est également chaud sur le terrain : monsieur Colombo perd ses cartons en mettant un second jaune à Pedros, expulsé à son tour. Le match se termine à dix contre huit, au bout de presque dix minutes de temps additionnel et sur une bagarre générale à l'entrée des vestiaires. Malgré tout, Nantes n'a toujours pas perdu après trente et une journées de championnat. Mais il s'en est fallu d'un carton rouge. Si les Nantais en avaient pris un quatrième, Lens aurait gagné par arrêt du match.

Des baraques à frites sur le green

En parallèle de mes activités de président, je n'ai pas renoncé à organiser une grande journée de promotion du golf à Arras. Pour y parvenir, je contacte Bernard Pascassio. Ancien champion d'Europe junior amateurs par équipe, il s'est reconverti dans l'organisation de ce type d'événements. Il m'annonce le tarif : un million de francs la journée. Je suis aux sports d'hiver quand je téléphone à Jean Van de Velde. Le golfeur français est très occupé. Il vient de remporter son premier tournoi à Rome et sa secrétaire me demande de le rappeler plus tard. Je rappelle, j'insiste et finis par l'avoir au bout du fil.

— Viens faire une exhibition à Arras. J'organise un *skin game*[1] et le *prize money*[2] est intéressant.

— Avec qui ?

— Les meilleurs golfeurs du monde : le Gallois Ian Woosnam, l'Écossais Colin Montgomerie, l'Espagnol José Maria Olazabal, et, bien sûr, son compatriote Severiano Ballesteros.

— Rien que ça...

Je sens que Van de Velde me prend de haut. Pas grave. Je viens de construire le nouveau club-house et de planter cinq mille arbres afin de renforcer l'aspect bucolique et verdoyant de mon golf. Je fonce. Je contacte des copains dans le business du football. J'ai trouvé le million de francs nécessaire. Tout le gratin du golf mondial répondra présent.

1. Le *skin game* est un jeu de pari à trois ou quatre joueurs. Chacun parie un montant pour chaque trou avant le départ. Le gagnant est celui qui surpassera tous les autres.
2. Le *prize money* est la somme que l'organisateur d'un tournoi distribue aux joueurs qui acceptent de s'inscrire.

L'entrée est gratuite, et plus de dix mille personnes affluent au golf d'Arras, en ce beau week-end ensoleillé du mois de mai 1995. Pour la première fois, il y a des baraques à frites Sensas sur les greens et les gens parlent le patois ch'ti dans un golf. À la fin de la journée, Jean-Guy Wallemme offre un maillot du RC Lens à Ballesteros, le meilleur golfeur au monde. La journée m'a finalement coûté 1,5 million de francs. Mais j'ai dégagé du bénéfice. Et surtout, j'ai gagné mon pari.

Vairelles, l'ambitieux visionnaire

Je partage la conviction de Jean-Luc Lamarche : Tony Vairelles est fait pour jouer au RC Lens et le RC Lens est fait pour lui. Cela fait plus d'un an que nous sommes en contact avec lui. Avec mon directeur sportif, nous sommes allés le voir jouer cinq ou six fois. La décision est prise : même s'il joue en D2, dont il vient d'être élu meilleur joueur, on le prend. Pour Nancy, son club formateur, les sept millions de francs proposés représentent un très gros transfert. Pour Lens, cette somme demeure abordable.

Il reste juste à se mettre d'accord avec le joueur sur ses conditions salariales. Je reçois Tony et son père, qui est aussi son agent, dans mon bureau du *Galibot*. Leur discours me surprend agréablement : ils ne me demandent pas de primes individuelles, comme au nombre de buts marqués, par exemple, mais une prime collective. Le père de Tony m'explique qu'un attaquant ne mérite pas de toucher un bonus quand il marque un but, qui est toujours le fruit d'un travail collectif. Il veut que son fils ne gagne de l'argent que si le club obtient des résultats.

J'apprécie leur démarche et leur état d'esprit. J'accepte donc de rajouter une clause dans le contrat, stipulant que Vairelles touchera une prime exceptionnelle de un million de francs si Lens devient champion de France au cours des cinq prochaines années, soit la durée de son contrat. À condition, bien entendu, qu'il joue toujours avec nous. Je la lui accorde d'autant plus volontiers que Lens n'a jamais été champion et n'est pas programmé pour l'être tout de suite. Et ce, même si avec Titi Camara et Vairelles le Racing se retrouve armé sur les côtés de son attaque. Je leur dis, en souriant :

— Sans problème. Cette prime-là, c'est cadeau.

Enfin, pas tout à fait. Parce que trois ans après, Lens sera sacré champion de France. Je reconnais que je ne me souvenais plus de l'existence de cette clause. La famille Vairelles, elle, ne l'avait pas oubliée. Après le titre, Tony est venu me voir :

— Gervais, tu ne m'oublies pas, pour ma prime.

— Non. Je vais te la payer en deux fois.

Ce que j'ai fait. Et bien volontiers.

Luxembourg, à la bourre

Après neuf ans d'absence et d'attente, Lens retrouve enfin l'Europe, en cette mi-septembre 1995. Il s'agit également de mon premier match européen en tant que président du RC Lens. Le destin n'a pas été trop dur avec nous : le tirage au sort des 32e de finale de la Coupe de l'UEFA nous offre le FC Avenir de Beggen, un petit club luxembourgeois. Le match aller à Bollaert est d'ailleurs une formalité : nous le gagnons 6-0. Pour le retour, je décide d'emmener André Delelis au Luxembourg. Monsieur le Maire aime bien manger. Mieux, c'est un fin gourmet, avec une tendresse toute particulière pour l'andouillette, son plat préféré. Je l'ai appris lors de l'un des premiers déjeuners que nous avons partagés ensemble, dans un restaurant étoilé d'Arras. Plus tard, ce sera chez les frères Pourcel à Montpellier et dans bien d'autres étoilés de France. À Arras, je découvre aussi que Monsieur le Maire ne badine pas avec l'hygiène. Il commande une andouillette et, en attendant les plats, se rend aux toilettes. Il en revient avec les mains... noires. Il appelle aussitôt le maître d'hôtel. Quand on ne le connaît pas, André Delelis peut paraître froid, au premier abord.

— Dites-moi, cela fait longtemps que vous n'êtes pas allé dans vos toilettes ?

— Pourquoi me demandez-vous cela, Monsieur le Maire ?

— Parce que je viens de passer les mains derrière votre WC. Et regardez le résultat.

— Je vous présente toutes mes excuses.

— Si mon ami, nouveau président du RC Lens, trouve la même saleté dans sa viande, vous allez m'entendre.

Très porté sur la propreté, Monsieur le Maire l'est également sur la ponctualité. Et moi, je suis en retard pour ce déplacement au Luxembourg. Comme d'habitude. Et pour ne rien arranger, je me perds en forêt au volant de ma voiture, si bien que nous arrivons avec une heure et demie de retard au repas officiel de veille de match. « Ça commence bien, la Coupe d'Europe », marmonne tout haut Monsieur le Maire. Ce premier tour de Coupe d'Europe se termine toutefois bien, puisque nous remportons le match retour 7-0.

Burberry chéri

En plus de la victoire, j'ai rapporté un manteau du Luxembourg. Je n'en avais pas pris dans mes bagages, et la pluie m'a poussé à acheter un imperméable de la marque Burberry. Comme il nous a porté chance et que je suis un peu superstitieux, je porte mon imperméable lors du match suivant, face au Paris-SG, début octobre, que nous gagnons encore, 3-0. Du coup, je le garde pour le déplacement à Gueugnon. Où l'on peine à marquer. Patrice Bergues décide alors de faire rentrer Tony Vairelles à la place de Roger Boli, puis Titi Camara à celle de Joël Tiéhi, qui vient s'asseoir à côté de moi sur le banc de touche. Et à la dernière minute, Camara marque le seul but de ce match. Comme je suis plus agile que Tiéhi, je me lève d'un coup, alors qu'il a un pied sur mon imperméable : bloqué par ses crampons, ce dernier se déchire de part en part. Rectifié total. Cette victoire me coûte cher. Et après trois matchs et autant de victoires, mon Burberry ne nous portera plus jamais chance.

Le Cuirassé Potemkine

Le tour suivant nous envoie sur les bords de la mer Noire, affronter le Tchornomorets Odessa, vice-champion d'Ukraine en titre et récent vainqueur de la Coupe de son pays. Le match aller est programmé pour le 13 octobre 1995 ; le retour, pour le 1er novembre à Bollaert. Pour moi, Odessa, c'est *Le Cuirassé Potemkine*, film mythique en noir et blanc des années vingt racontant la mutinerie tragique des marins de ce navire. J'ai hâte de gravir les marches de l'escalier de pierre où a été tournée la poignante scène durant laquelle des centaines de personnes sont tuées. D'ailleurs, depuis la sortie du film, l'« escalier Richelieu » est connu sous le nom d'« escalier du *Potemkine* ». Permettez-moi une petite digression, mais je ne peux m'empêcher d'avoir ici une pensée émue pour les habitants d'Odessa victimes, comme tant d'autre Ukrainiens avec eux, de terribles souffrances depuis le début de l'invasion russe.

Notre intermédiaire – comme il y en a dans tous les matchs européens – est de nationalité russe. Il nous a déniché un logement sur un bateau-hôtel arrimé sur les rives de la mer Noire. Rien n'a été négligé pour notre premier grand déplacement européen : nous emmenons avec nous des cuisiniers français, des armoires frigorifiques, et même une caisse de bouteilles d'un grand cru pour les offrir aux dirigeants du Tchornomorets. Je monte avec le matériel et la nourriture venus de France dans une espèce de camionnette déglinguée conduite par un Ukrainien dans un silence glacial. Une fois arrivés sur place, nous transportons tout dans le bateau, non sans mal : les marches d'escalier sont très hautes et la caisse de vin nous glisse des mains. Toutes les bouteilles se brisent.

Nous nous rattrapons en allant acheter du caviar en ville. C'est pratiquement le seul produit disponible dans les boutiques. Il est tellement bon qu'André Dubocage en commande une grosse quantité pour l'Espace Bollaert. Ce n'est qu'une fois de retour à Lens que nous nous apercevrons que ce n'est pas le même que celui dégusté à Odessa. Celui-ci est immangeable.

Une mauvaise surprise nous attend lorsque nous quittons le bateau-hôtel pour rejoindre le stade. Son propriétaire me barre la route et me dit, en anglais :

— Vous, payer cash, tout de suite, les trois nuits.

— Je n'ai pas d'argent sur moi. Envoyez-nous la facture et on vous la paiera.

— *Niet.* Vous, payer cash. Autrement, pas partir !

Je sors ma carte bleue internationale et je la lui tends. Il la refuse.

— *Niet.* Payer cash.

Le type se montre très virulent. Notre intermédiaire russe s'approche de moi et me glisse :

— Je m'en occupe.

Il monte à bord du bateau-hôtel avec le propriétaire, décidément patibulaire. Au bout de cinq minutes, il en ressort. Avec le sourire.

— Vous pouvez payer avec votre carte bancaire.

— Que lui avez-vous dit ?

— Je lui ai dit : si tu n'acceptes pas, demain, ton bateau, boum !

Hureau, imper' et repasse

J'ai un train à prendre et la réunion à la Ligue s'éternise. Le prochain TGV n'est que dans trois heures. Je n'ai pas envie de rentrer chez moi à point d'heure. Tant pis, ils termineront sans moi. Je me lève, prends ma veste sur le portemanteau et quitte la salle. Une fois rentré chez moi, le téléphone sonne. C'est Jean-Pierre Hureau. Le président du Havre n'a pas l'air content.

— Qu'est-ce qu'il se passe, Jean-Pierre ?

— Il se passe que tu es parti de la Ligue avec mon manteau ! On a le même.

— Ah bon !?

— Oui, et le problème, c'est qu'il y a les clés de ma bagnole dedans et que je ne peux pas rentrer au Havre.

— Tu ne peux pas prendre un hôtel ?

— Non ! Tu te démerdes comme tu veux, mais tu me rapportes mon manteau, avec mon trousseau de clés.

J'ai demandé à un jeune de prendre une voiture et d'aller le lui ramener à Paris. C'est fou comme je peux être distrait, parfois. Et pressé.

Laigle royal

Après six saisons passées chez nous, Pierre Laigle décide de prendre son envol. Il vient d'honorer ses deux premières sélections en équipe de France et le Paris-SG le veut, en cette fin de saison 1995-1996. Mais Michel Denisot, le président parisien, se trouve très accaparé par le festival de Cannes. Les négociations durent depuis de longues semaines et elles n'avancent pas.

C'est alors que les dirigeants de la Sampdoria Gênes me contactent, dans la journée du lundi 13 mai. À la recherche d'un milieu de terrain gaucher, ils sont allés superviser Laigle à plusieurs reprises dans la saison et se déclarent à leur tour très intéressés. Et visiblement très pressés, au point qu'un rendez-vous est fixé dès le mercredi suivant, à Paris. À 15 heures, les négociations commencent avec le directeur général de la Sampdoria. Son président, Enrico Montovani, prend un avion et vient en personne à Paris pour finaliser un contrat de quatre ans. En fin de soirée, soit quarante-huit heures plus tard, il est signé. Difficile d'aller plus vite.

La rapidité d'action des dirigeants italiens ne me surprend pas : ils ont agi de même avec leurs homologues du Sparta Prague, au sujet de Vladimir Smicer, alors que nous l'avions repéré avant eux, quand les Tchèques nous ont éliminés en 8e de finale de cette campagne de Coupe de l'UEFA. Cela faisait déjà huit jours que Smicer avait signé chez nous quand la Sampdoria a émis sa première offre concrète. Beau perdant, son président m'a tapé dans la main et m'a félicité.

Le samedi suivant, les supporters lensois complimentent à leur tour Laigle en déployant au Havre une grande banderole aux couleurs de la Sampdoria, en guise de remerciement. En plus des dix millions de francs, les Italiens ont aussi accepté de signer une clause prévoyant un match de gala entre les deux clubs, en août. C'est toujours ça de gagné.

Sauf que je n'encaisserai pas la recette de ce match. Après avoir tenu ma promesse en l'organisant au stade du Hainaut plutôt qu'à Bollaert, je l'ai laissée à Valenciennes. C'est ma façon à moi de soutenir financièrement le VAFC, après son dépôt de bilan. Les mots de Bernard Moreau, son président, résonnent encore dans ma tête : « C'est exceptionnel. Je suis terriblement touché. Ce n'est pas un match au rabais que nous ont offert les Lensois. C'est quelque chose pour le club et le public de Valenciennes. »

Eto'o prend un râteau

Gamin, j'avais l'habitude de passer mes vacances d'été à Vichy, avec mes parents. Je l'ai gardée. J'aime aller me ressourcer dans cette station thermale, où je me suis fait de très bons copains. L'un d'eux, Patrick Corrazzin, est un ancien professeur de tennis qui gère le Sporting Tennis de Vichy, le plus ancien club de tennis d'Auvergne. Ce complexe se trouve idéalement situé sur les bords de l'Allier, côté Bellerive.

Au cours de l'une de nos parties de tennis endiablées, Patrick me glisse :

— Une copine de ma femme a un fiston qui est un phénomène au football.

— Ah bon ? Il joue où ?

— Au Cameroun.

— Il a quel âge ?

— Une quinzaine d'années.

— Donne-moi son nom et ses coordonnées.

À la fin de notre match, que je n'ai bien sûr pas gagné, je rentre téléphoner au club. Les mecs me répondent : « C'est trop tard. On a déjà de bons joueurs dans son profil. On ne le prend pas. » Bon, très bien.

Sauf que le fiston en question s'appelle Samuel Eto'o. On l'a laissé filer à une époque où personne ne le connaissait encore. Quand j'y repense... Avec le recul, je me console en constatant que Lens n'a pas été le seul club français à être passé à côté d'Eto'o. Le Paris-SG n'en a également pas voulu. Le Havre, Saint-Étienne ou encore Cannes ne l'ont pas conservé, après un essai.

Je lui ai raconté cette anecdote bien plus tard, au sortir d'un match amical entre le Cameroun et le Mali, en région parisienne. Après avoir assisté à cette rencontre, Seydou Keita m'emmène dans le vestiaire saluer Samuel Eto'o. Quand je lui dis qu'il aurait dû être mon attaquant, pas celui du Real Madrid ou du FC Barcelone, il se met à rire. Je pense que sa mère lui a raconté sa venue ratée à Lens. Eto'o est bien le seul que cela fasse marrer.

Wallemme, c'est pas Sensas

Après une entame parfaite de la saison 1996-1997 – quatre victoires et une place de leader au soir de la 4e journée –, tout part soudain de travers. S'ensuivent huit matchs sans victoire et une dégringolade à la quatorzième place du classement. Les supporters sont mécontents. J'accepte de les recevoir dans une salle prêtée par Jean-Paul Dambrine, le roi de la frite Sensas, à Liévin. En poussant la porte, je me retrouve face à trois cents personnes en colère. L'un des supporters se lève en criant :

— C'est le bordel dans l'équipe car Meyrieu a une histoire avec la femme de Wallemme.

— T'es pas fou de dire ça ?!

— Je sais très bien ce que je dis.

— Eh bien, tu vas le lui dire en face.

Je prends mon smartphone et j'appelle aussitôt Jean-Guy Wallemme.

— Jean-Guy ? C'est Gervais. Il faut que tu viennes tout de suite.

Wallemme se pointe un quart d'heure plus tard dans la salle.

— Ah, tiens, Jean-Guy, tu tombes bien. Un monsieur a posé une question au sujet d'une embrouille entre Meyrieu et ta femme. Monsieur, vous pouvez répéter ce que vous venez de dire ?

— C'est que...

Wallemme le coupe aussitôt :

— Monsieur, moi, je ne fais pas courir de bruits sur votre famille. C'est quoi, cette histoire de merde ?

— Ce n'est pas moi, non. C'est ce que j'ai entendu.

J'interviens à mon tour.

— Non. C'est ce que tu viens de dire devant tout le monde.

Le type n'en mène pas large, car cette histoire entre Meyrieu et la femme de Wallemme est fausse. Sinon, Jean-Guy ne serait pas venu. La réunion se termine très bien. La moralité de cet incident, c'est que lorsque les résultats sont mauvais, toutes les rumeurs du monde peuvent être utilisées pour les justifier. C'est pire encore aujourd'hui, avec les réseaux sociaux. C'est tellement facile de diffamer les gens pour les salir. La vérité, c'est que les joueurs, l'entraîneur ou le président, voire tous en même temps, ne sont pas assez bons. Point barre.

Vairelles, le dragster

Le hasard du tirage au sort nous offre un joli clin d'œil de l'histoire. Lens hérite de la Lazio Rome, pour les 32e de finale de la Coupe de l'UEFA programmés les 10 et 24 septembre 1996. Tous les Lensois gardent en mémoire l'incroyable match retour face aux Italiens, vingt ans plus tôt. Après avoir perdu le match aller de ces 16e de finale de la Coupe de l'UEFA 2-0, l'équipe de Farès Bousdira, Daniel Leclercq et Didier Six avait réussi l'un des plus grands exploits d'un club français en Coupe d'Europe en battant les Italiens 6-0 au retour, à Bollaert !

Cette fois, nous sommes les premiers à recevoir. Et, une fois encore, cela débute mal. Alors que la Lazio se retrouve à dix après l'expulsion de Giuseppe Favalli dès la première demi-heure, nous encaissons un but à la 85e minute et perdons 1-0. Le scénario est encore pire au retour. Après avoir pris un but avant la mi-temps, Vladimir Smicer égalise après une heure de jeu mais Max-Vivien Foé tire sur le poteau à la dernière minute. Score final : 1-1. Lens est éliminé dès son entrée en Coupe d'Europe.

De plus, après s'être gravement blessé au Stadio Olimpico de Rome, Tony Vairelles a dû céder sa place à Sébastien Dallet dès la 22e minute. Fracture du tibia droit, trois mois dans le plâtre : il n'est pas près de revenir. Une catastrophe pour lui et pour le club. Les deux se retrouvent intimement liés depuis que je l'ai fait venir de Nancy, un an plus tôt. Sa première saison a confirmé ce que je pensais : il est fait pour effectuer toute sa carrière à Lens. D'ailleurs, il a plus stagné qu'autre chose quand il est parti à Lyon, en 1999. Tony est un homme de qualité et un joueur qui ne renonce jamais sur le terrain. Si Robbie Slater est une mobylette, Vairelles est un dragster. Son jeu, toujours porté vers l'avant, plaît au public. Il est promis à un grand avenir mais se retrouve gravement blessé.

Il fait preuve d'un courage remarquable, bien épaulé par sa famille – et quelle famille ! Six garçons et une fille, tous footballeurs, à commencer par Guy, le père, un phénomène. Il est toujours présent, aux entraînements comme aux matchs, avec sa petite moustache à la Zorro. Son omniprésence au club ne me dérange pas. Il a une connaissance approfondie du football et c'est un homme bien, qui a su inculquer des valeurs importantes à ses enfants, notamment celle du travail.

Quand les entraîneurs demandent à Tony de consacrer ses vacances de fin d'année à s'entraîner avec Georges Tournay, ainsi qu'avec les deux autres blessés, Sébastien Dallet et Cyrille Magnier, il accepte sans broncher. Il prend seulement deux jours pour aller fêter Noël chez lui, à Nancy. Je ne pars pas non plus en vacances. Je viens le voir tous les matins à l'entraînement, pour le soutenir.

Son acharnement paye. S'entraîner tous les jours lui permet de revenir plus vite que prévu, dès le 11 janvier 1997, lors d'un 8e de finale de la Coupe de la Ligue à Toulon. Son retour dans l'équipe va tout changer et nous aider à nous maintenir.

Fleur d'Arbaz

Après le football et le golf, me voilà à présent propriétaire d'un cheval de course. Et un propriétaire heureux depuis le 4 novembre 1996, date de ma première victoire sur un hippodrome. Fleur d'Arbaz remporte le prix de Pontoise, à Vincennes. Je partage la passion des chevaux avec Jean-Guy Wallemme et, plus tard, avec Cyril Rool. J'ai décidé d'acheter la carrière de courses de Fleur d'Arbaz, après que Jean-Guy m'a présenté Guy Verva, jockey puis entraîneur de trotteurs et grand supporter du RC Lens. Pendant la période où la jument court, le driver, l'entraîneur et le propriétaire se partagent les gains. Une fois remis au pâturage, je rends mes droits sur le cheval.

Je vais voir Fleur d'Arbaz courir à Vincennes, où elle gagne encore le prix Ostara au cours de ce mois de novembre. Puis le prix Pictor, deux ans plus tard. Mais ce dada me coûte très cher : il y a toujours des soins à apporter au cheval, et changer ses fers revient aussi cher qu'acheter des Weston. Je ne perds toutefois pas d'argent avec les chevaux. Car j'en ai eu d'autres : Kasino de Normal a gagné deux courses ; le troisième, Notre Fortune, une course en 2003. J'ai aussi eu un des fils de Ténor de Baune, vainqueur du prix d'Amérique en 1991, un véritable canasson, une catastrophe. Comme quoi, les origines…

Après neuf victoires en cent trente courses en tant que propriétaire, je décide d'arrêter. Pas seulement parce que cela coûte cher, très cher même, mais aussi parce qu'il est nécessaire de s'y connaître réellement. De plus, chaque fois que mes chevaux perdaient, je me faisais enguirlander par toutes mes relations du Pas-de-Calais qui avaient misé sur eux… Je suis donc sagement passé à autre chose.

Parentin, Gaston Lagaffe

J'ai connu toute sorte d'hommes, dans le football. Mais s'il y en a bien un qui vaut le détour, c'est Gérard Parentin. Gérard, je le considère comme mon frère. Que ce soit à la Ligue ou lors de tous les déplacements européens avec Lens au cours desquels il m'accompagnait, nous avons fait les quatre cents coups ensemble. Quand j'ai été désigné délégué de la Ligue auprès de l'équipe de France en remplacement de Jean-Pierre Hureau, Gérard l'a été auprès des Espoirs. Il reste d'ailleurs un grand espoir du football français.

Nous sommes amis bien qu'adversaires. Lui est à Nancy, et moi, à Lens. Son parcours est étonnant : avocat de formation, il s'est d'abord fait connaître en exerçant la fonction de speaker du stade Marcel-Picot. Avant chaque match, il criait : « Formidables supporters de l'ASNL, êtes-vous là ? » Trois ans plus tard, il s'est retrouvé président de Nancy, avant de former un duo de présidents avec Jacques Rousselot.

Quand je l'ai connu, Gérard faisait partie des nombreux avocats qui ont défendu Simone Weber. Surnommée « la diabolique de Nancy », cette femme était accusée d'avoir tronçonné le corps de son ancien amant à la meuleuse à béton. Après le procès, Gérard déclara d'un air satisfait :

— Je me suis bien débrouillé.

— Qu'est-ce qu'elle a eu ?

Il me répondit solennellement :

— Perpète.

J'éclatai de rire. Elle n'a pris *que* perpétuité. Sacré « Gégé »[1]. En plus d'être juriste, Gérard est également un grand passionné de sport. Mais il est tête-en-l'air. En novembre 1996, lors d'un match au stade Marcel-Picot,

1. En réalité, la cour d'assises de Meurthe-et-Moselle a suivi les réquisitions de l'avocat général en condamnant Simone Weber à une peine de vingt ans de réclusion criminelle le 28 février 1991, soit dix ans après l'abolition de la peine de mort en France.

David Régis ouvre le score dans le dernier quart d'heure. Nous menons. Tout va bien, jusqu'à ce corner concédé à la dernière minute. Cafouillage dans notre surface de réparation et but de Nancy. Je me lève du banc de touche pour rentrer au vestiaire quand je croise Gérard. Lui aussi semble énervé.

— Tu as vu ton gardien ? Il est fou ! Il a marqué contre son camp.

— Va chez Afflelou faire remplacer tes lunettes. Ce n'est pas le mien, de gardien, qui a égalisé, crâne d'œuf. C'est le tien.

— Ah bon ?!

Gérard ne s'est pas rendu compte que ce n'est pas Jean-Luc Nadon, mon gardien, mais Grégory Wimbée, le sien, qui est monté sur le dernier corner de la partie pour, fait rarissime dans l'histoire du football, marquer d'un tir en pivot du droit. Aujourd'hui encore, Gérard se marre en repensant à sa boulette.

Touche pas à mon kop

Le stade Bollaert a la particularité d'avoir le kop de ses supporters installé dans la tribune latérale Marek, qui fait face à l'entrée des joueurs sur le terrain, alors que dans la plupart des autres stades, le kop est situé derrière les buts. On me propose justement de le déplacer à cet endroit lors des travaux de rénovation de Bollaert en vue de la Coupe du monde 1998. Récupérer cette partie latérale des tribunes en déplaçant le kop permettrait de multiplier par quatre le prix des places.

Sauf que « la Marek » a toujours existé. Les musiciens du kop aussi. Les plus jeunes et les plus fervents de nos supporters s'y relaient de génération en génération. C'est là que bat le cœur de Lens, pas ailleurs. Le voir installé en tribune latérale correspond à mon club et à ma région. Enfin, s'il y a bien un élément impossible à quantifier financièrement, c'est l'image que l'on renvoie. On ne déplacera donc pas le kop, pas plus qu'on n'augmentera le prix de ces places dans le nouveau Bollaert, y compris pour les matchs de Ligue des champions. Certains me traitent de fou, après mon refus, mais peu m'importe : j'ai toujours privilégié l'aspect humain plutôt que l'aspect financier, ce qui est malheureusement de moins en moins le cas aujourd'hui. Cela va me coûter de l'argent mais j'ai toujours fonctionné ainsi. Je ne vais pas changer. Pas touche à mon kop.

Gervais Chirac

J'arrive à Bollaert et me gare comme d'habitude sur le parking. Des supporters font la queue aux guichets de la billetterie. À ma vue, l'un d'eux sort de la file en tirant son fils par le bras comme s'il faisait du ski nautique, et s'approche de moi. Il engage la conversation pour me soutirer des infos sur l'état des blessés, tenter de savoir qui va jouer le prochain match… Au bout d'un moment, il se tourne vers son *tiot*[1] et lui ordonne :

— Dis bonjour au Président.

1. *Tiot* ou *ch'tiot*, « petit » en langue ch'ti.

Le *tiot*, les yeux toujours écarquillés, me dit :
— Bonjour, M'sieur Chirac.

Meyrieu, triste adieu

Patrice Bergues nous a quittés pour rejoindre la DTN (Direction Technique Nationale) à l'issue de la saison 1995-1996. J'ai choisi Slavo Muslin pour lui succéder et mon nouvel entraîneur n'est pas content, mais alors pas content du tout, en cette fin de soirée du 20 décembre 1996. Comme je ne le suis pas non plus, je le comprends. Lens vient de terminer l'année en s'inclinant 3-1 devant Monaco, à Bollaert. Il s'agit de notre septième défaite lors des huit derniers matchs de championnat de cette année 1996. Quand Muslin demande à me voir sitôt après le coup de sifflet final, je devine de quoi il en retourne, d'autant plus qu'il exige que Frédéric Meyrieu et Sacha Rytchkov assistent à notre réunion. Muslin les a sortis dès la 47e minute, à 0-3. Il me prévient :
— J'ai appris que ces deux joueurs sont sortis, la veille du match. S'ils restent, je m'en vais.

Que puis-je faire, face à l'ultimatum de mon entraîneur ? Je réfléchis et me dis que je suis obligé de les virer. Meyrieu et Rytchkov se sont fait piquer à 4 heures du matin, avec deux jeunes du centre de formation. En tant que résident, je ne peux tolérer ce genre de comportement. De plus, le Russe vient également de se faire tester positif au cannabis, lors d'un contrôle antidopage passé un mois plus tôt pendant la réception de Strasbourg. Si je juge Rytchkov beaucoup plus coupable que Meyrieu, qui s'est retrouvé là au mauvais endroit et au mauvais moment, je dois me séparer des deux. Dans l'attente de la contre-expertise, je suspends donc provisoirement le contrat de Rytchkov et ne le paye plus jusqu'à nouvel ordre. Le 30 décembre, date de la reprise de l'entraînement, je convoque Meyrieu dans mon bureau pour lui confirmer sa mise à l'écart. Officiellement, je déclare que « Meyrieu ne nous apporte plus ce qu'il est censé amener à l'équipe. Il est écarté du groupe professionnel pour rendement insuffisant ».

Dans le même temps, je m'active pour trouver un autre meneur de jeu. Ce sera Philippe Vercruysse, qui, dix ans après, revient pour la seconde fois à Lens. Il arrive du FC Sion, où part finalement Meyrieu, fin janvier. Je l'ai prolongé la saison précédente et il sort par la petite porte, en m'attaquant aux prud'hommes pour contester son licenciement. Je le regrette, car tout est parti à vau-l'eau à cause de cette histoire. Nous débutons l'année 1997 en ne gagnant qu'un seul de nos cinq premiers matchs. Muslin est un type bien, un gentleman et un entraîneur sérieux. C'est aussi quelqu'un de très attachant, mais qui manque de charisme et qui se retrouve affaibli depuis l'incident avec Meyrieu et le manque de résultats. Après l'avoir confirmé dans ses fonctions à la reprise, je suis obligé de m'en séparer le 8 mars, après notre défaite à Bollaert devant Le Havre. Nous avons été mauvais et le seul but du match a été marqué par… Roger Boli. J'entends encore le public scander son nom. Pour en revenir à Muslin, il est temps que j'arrête avec lui. Sinon, le club retourne tout droit en D2.

Lemerre, le bataillon de Bollaert

Pour relancer l'équipe, j'ai besoin d'un mec qui lui redonne de la rigueur. Je vais le rencontrer le dimanche soir, au lendemain de la défaite contre Le Havre, avec Jean-Luc Lamarche. Après s'être planté sur Muslin, c'est lui qui m'a soufflé le nom de notre futur entraîneur. Comme ce dernier travaille sur Paris, le rendez-vous est fixé au Concorde Lafayette, près de la porte Maillot.

Quand je revois Roger Lemerre, puisque c'est lui dont il s'agit, je me dis qu'il n'a pas changé. Il dégage toujours autant de sérénité, avec son port de tête altier et son aplomb. C'est également quelqu'un avec qui on peut aller droit au but. Je lui explique donc d'entrée de jeu que le RC Lens, son ancien club, dont il a été le joueur et l'entraîneur[1], se retrouve dans une mauvaise passe et qu'on a besoin de lui de toute urgence. Je le sais à la tête de l'équipe de France militaire, où bon nombre de nos joueurs ont été sous ses ordres, au bataillon de Joinville. Mais je sais aussi que la Fédération Française de Football (FFF) acceptera de le libérer. À une heure du matin, il nous quitte en disant qu'il va réfléchir à notre proposition et qu'il nous donnera sa réponse dans la semaine. Un matin, à 7 heures tapantes, mon téléphone sonne dans ma chambre.

— Allô ?

— Bonjour, Gervais. C'est Roger Lemerre. C'est d'accord.

Lemerre incarne à lui seul le sens du devoir, le respect des couleurs et de la discipline. Les joueurs le comprennent

1. Roger Lemerre a été défenseur central de Lens de 1973 à 1975, puis son entraîneur lors de la saison 1978-1979.

dès leur première prise de contact, le mardi suivant. Il les réunit tous au stade Léo-Lagrange. Il fait tellement froid que certains d'entre eux ont les cheveux givrés. Lemerre les aligne sur la piste du stade et leur donne un temps pour effectuer un 400 mètres. Avant de déclencher le chronomètre, il leur précise que ceux qui ne parviendront pas à réaliser ce temps ne joueront pas. Le lendemain, un joueur entre dans le vestiaire avec une casquette sur la tête. Lemerre lui ordonne :

– Rentre chez toi. La prochaine fois, tu retireras ta casquette en entrant dans le vestiaire. À demain.

Bref, Lemerra donne le tempo d'emblée. Il affiche en toute circonstance sa rigueur et sa volonté de réussir. Même au tennis, c'est un accrocheur terrible. Il pense immédiatement à Daniel Leclercq pour le seconder. J'accepte. Daniel quitte la formation et les équipes réserves pour devenir l'adjoint de Lemerre. En attendant mieux.

Drobnjak-Ziani, l'amour à la machine

Au lendemain de notre retour de Strasbourg, où Lens a perdu son avant-dernier match de cette saison 1996-1997, je file passer ce qui reste de ce week-end de la Pentecôte en famille, au Touquet. L'opération sauvetage initiée avec le remplacement de Slavo Muslin par Roger Lemerre est un succès. Lens a définitivement assuré son maintien en D1 dès la 36e journée en battant Marseille grâce à deux buts de Titi Camara et de Tony Vairelles.

Je repense, à tête reposée, à la conversation que j'ai eue quelques jours plus tôt avec Daniel Leclercq. Il ne le sait pas encore, mais c'est lui que j'ai choisi pour succéder à Roger Lemerre. Daniel m'a expliqué que même en conservant la majeure partie de l'effectif – ce qui sera le cas –, il nous manquera un milieu de terrain et un attaquant, la saison prochaine. Pour l'attaquant, j'ai mon idée : Anto Drobnjak, l'international yougoslave du Sporting Club de Bastia. L'OM a beau avoir annoncé début mai qu'il va signer chez lui, je demeure convaincu de pouvoir le faire venir à Lens. Je téléphone à Milan Calasan, son agent.

— Ton buteur, Drobnjak, je le veux !

— C'est compliqué et cela va coûter une blinde.

— Je te dis que je le veux !

Calasan me rappelle le lundi matin pour me prévenir que les dirigeants bastiais se trouvent à Paris pour négocier avec un club allemand à l'hôtel de La Trémoille, dans le VIIIe arrondissement de la capitale. Je raccroche et j'appelle aussitôt Louis Plet.

— Louis, je vais à Paris pour faire signer Drobnjak. Prends ta machine à écrire et un pyjama. Tu viens avec moi.

Nous arrivons à Paris à 17 heures en ce lundi de Pentecôte. Calasan et Drobnjak nous attendent au bar du George-V. Nous réglons les derniers détails en prenant un verre et je file voir les Corses, accompagné par Louis Plet. En entrant dans l'hôtel de La Trémoille, nous tombons sur Jean Nicolaï, le trésorier de Bastia.

— Qu'est-ce que tu fais là, toi ?

— Je suis venu négocier le transfert de Drobnjak.

— On est déjà occupés.

Les dirigeants du Sporting négocient toujours avec leurs homologues marseillais, ceux des Espagnols de Gijón, des Italiens du Torino, et surtout avec ceux de Naples. Mais ces derniers sont repartis en Italie alors que moi, je suis sur place. Jean Nicolaï, qui attend toujours la confirmation de la proposition du Napoli, accepte finalement de s'asseoir avec moi à la table des négociations. Elles ne furent pas simples. Heureusement que j'ai demandé à Louis d'apporter sa machine à écrire, car nous avons été obligés de faire et de refaire le contrat jusqu'à 4 heures du matin. Mais quand nous quittons enfin l'hôtel de La Trémoille, au petit matin, c'est avec le contrat signé en poche.

Reste à boucler la venue du milieu de terrain. Ce dossier, lui, a été moins compliqué. Jean-Luc Lamarche est entré en contact au mois de mai avec Stéphane Ziani, de Bordeaux. L'affaire est vite conclue et Ziani signe officiellement chez nous pour quatre ans, le 18 juin 1997. Il a déjà joué une saison avec Drobnjak à Bastia, deux ans auparavant. Je suis sûr que leur duo va aussi bien fonctionner chez nous.

— Ça va, Gervais, ce n'est pas trop cher ? s'inquiète, comme d'habitude, André Delelis.

— Non, Monsieur le Maire.

Le transfert de Drobnjak a tout de même coûté 17 millions de francs, mais je suis convaincu qu'il les vaut. Et Drobnjak ne me déçoit pas. C'est la grande classe, un vrai renard des surfaces, bon partout, et une personnalité attachante. Mais il rentre moyennement dans les plans de Leclercq, même s'il joue. Daniel lui reproche de ne pas assez bouger. Il me rabâche sans cesse : « On peut trouver mieux. » C'est vrai que pour un avant-centre plus pivot que joueur d'espace comme lui, le jeu prôné par Daniel n'est pas idéal. Mais c'est un buteur, qui n'a pas besoin de tirer les penalties pour gonfler ses statistiques. J'aurais bien voulu le garder plus longtemps, mais il n'est finalement resté qu'un an, ce qui ne l'a pas empêché de marquer de son empreinte son passage au RC Lens.

Idem pour Ziani. Lui non plus, je n'aurais pas dû le céder au Deportivo La Corogne. Mais Ziani est un oiseau migrateur. Le titre de champion de France est arrivé alors que l'on ne s'y attendait pas et il a permis aux joueurs d'être très sollicités. Enfin, les Espagnols lui offraient de multiplier son salaire par trois. À ce tarif, je ne pouvais pas suivre. C'est un regret, car Ziani est un joueur qui reste toujours debout et qui est doté d'un gros abattage. C'est une forte tête, aussi, comme Drobnjak. Cela a été parfois un peu chaud entre eux et Leclercq. Mais surtout, c'est grâce à leurs arrivées conjuguées que Lens va parvenir à créer la surprise en devenant champion de France pour la toute première fois de son histoire, l'année suivante[1].

Leclercq : « C'est un ordre ! »

Lens étant assuré de rester en D1 dès le début du mois de mai, je peux déjà commencer à travailler sur la saison prochaine, notamment sur la composition du futur staff technique. À cet effet, je convie Roger Lemerre et Daniel Leclercq dans mon bureau du *Galibot*, situé dans la zone du Gard, à notre retour de Strasbourg. Cette réunion improvisée en pleine nuit dure un peu plus d'une heure. Son but consiste à convaincre Roger Lemerre de continuer à être

1. Lors de la saison 1997-1998, celle du titre, Drobnjak inscrira 14 buts en 31 matchs de D1 et Ziani 11 buts (plus 2 passes décisives) en 32 matchs.

notre entraîneur. Lui se voit également rester au club, mais dans une autre fonction. Il a envie de prendre un peu de hauteur en devenant directeur sportif, avec Daniel Leclercq comme entraîneur. Le problème, c'est que je ne le sens pas à ce poste. De plus, je possède déjà avec Jean-Luc Lamarche le meilleur directeur sportif de France. Comme c'est un homme intelligent et qu'il a compris que je n'allais pas lui donner le poste de directeur sportif, Roger a finalement tranché la question en venant me dire :

– Maintenant que le club est sauvé, je vais prendre une autre orientation.

– Cela va être difficile de te remplacer.

– Vous êtes prêts. Vous avez l'équipe et Daniel.

– Je suis d'accord.

Le dimanche 25 mai, au sortir du dernier match de la saison devant Caen, je téléphone à Daniel. La conversation dure cinq secondes.

– Daniel, c'est toi qui prends l'équipe pro.

– C'est un ordre ?

– Oui, c'est un ordre !

– Alors, c'est d'accord.

Galibot, ciao

À l'automne 1997, ma décision est prise : je vends *Le Galibot*. Je ne veux pas faire les choses à moitié. Ce ne serait ni honnête ni correct. Or, je ne peux plus jongler entre mon entreprise et le club. Présider le RC Lens me demande de plus en plus de temps. Je sens que le club est en train de changer de dimension et que cela va accaparer 100 % de mon temps.

Avec vingt-quatre éditions, deux millions huit cent mille exemplaires écoulés par semaine et huit cents personnes à son service, en comptant les distributeurs, *Le Galibot* se porte bien. Très bien, même. Mais nous sommes à l'aube de l'an 2000 et je pressens que le numérique va prendre le pas sur le papier. Alors, quand le groupe Ouest-France, notre partenaire et actionnaire minoritaire dès 1989, se propose de devenir majoritaire via son nouveau groupe, Spir Communication, Stéphane Desreumaux et moi décidons de vendre.

Je ne quitte toutefois pas tout de suite *Le Galibot*, qui a représenté un bon moment de ma vie. J'y suis resterai encore quatre ans, dont deux comme bénévole. Quand je quitte enfin pour de bon mon bureau, c'est désormais sur Internet que se font la plupart des transactions. *Le Galibot*, qui était une sacrée boîte, est mort et enterré.

Anton, à « gloche »-pied

Même si Tony Vairelles a inscrit le but de la victoire dans les cinq dernières minutes, je suis furieux au moment du coup de sifflet final lors de notre match à Rennes. Nous nous sommes fait inutilement peur face à un club qui est dorénavant avant-dernier de D1. Par deux fois, on s'est laissé rejoindre au score par les Bretons. Sur l'un de leurs deux buts, le ballon est soi-disant rentré dans la cage de Guillaume Warmuz. Bien sûr, la *goal line technology* n'existe pas encore[1]. Je me rue sur l'arbitre pour lui dire tout le bien que je pense de sa décision d'avoir accordé le but à Rennes.

— Il est rentré, le ballon, monsieur l'arbitre ? Hein ? Il est rentré ?

— Oui. S'il n'était pas rentré, je vous le dirais, Président.

— Monsieur Glochon, vous n'êtes qu'une « gloche » !

— Je ne suis pas monsieur Glochon, mais Patrick Anton.

— Je m'en fous ! Vous êtes quand même une « gloche » !

La prophétie du Druide

Dès l'intersaison, je sens que cette saison 1997-1998 va bien se passer. Le couperet a failli tomber lors de la précédente et les joueurs sont revanchards, comme animés par un sentiment de révolte. Il leur arrive encore, toutefois, de subir des baisses de moral. À cet égard, le match devant Cannes marque un premier tournant dans cette saison du titre. Il fait un temps vraiment pourri en ce 15 novembre 1997. Mais Anto Drobnjak réchauffe vite l'ambiance de Bollaert en inscrivant trois buts entre la 11e et la 22e minute. Stéphane Ziani marque également, si bien que Lens mène déjà 4-0 après seulement vingt-cinq minutes de jeu, puis 4-1 à la pause.

Mais Daniel Leclercq refroidit soudain l'atmosphère joyeuse qui règne dans le vestiaire :

— Vous êtes des ânes. Vous ne respectez rien. Vous voulez être champions de France ? Continuez comme ça, vous

1. La *goal line technology* est un dispositif électronique d'assistance à l'arbitrage permettant de déterminer avec certitude si un ballon a franchi entièrement ou non la ligne de but. Elle sera utilisée en France à compter de la saison 2015-2016.

allez perdre ce match et vous serez champions de district de la Ligue du Nord, en fin de saison. Et c'est tout. Démerdez-vous.

Et il quitte aussitôt le vestiaire pour retourner s'asseoir sur son banc. Un moment complètement dingue. Je me dis que ce type est incroyable. Tous les joueurs se regardent, aussi surpris que moi. Ils le sont encore davantage une fois revenus sur le terrain. Déjà auteur de la réduction du score avant la mi-temps, Marco Grassi réussit à son tour un triplé, avant que Jean-Guy Wallemme ne marque… contre son camp : 4-4 à la 77e minute. Heureusement, Vladimir Smicer obtient un penalty deux minutes plus tard. Ziani le transforme et Lens gagne finalement 5-4. Record de buts marqués dans un même match pour cette saison 1997-1998. Au-delà de l'anecdote, les joueurs vont retenir la leçon. Mais nous terminons les matchs aller à la sixième place, à six points du leader messin.

Eloi du plus fort

Jean-Guy Wallemme m'appelle, au lendemain de notre victoire à Monaco grâce à un nouveau but de Ziani. Je lui demande :

— Qu'est-ce qui se passe ?

— Va voir ton entraîneur. Et vite. Il m'a téléphoné de son bureau pour que j'aille chercher Wagneau et Tony *(Vairelles)*. Ça chauffe entre le « le Grand » et eux.

— Et ce n'est pas pour régler ce genre de problème que je t'ai choisi comme capitaine ?

— Si. Et je n'ai que des emmerdes depuis. Je passe presque tous les jours dans son bureau et « le Grand » me téléphone encore le soir. J'en ai tellement marre que je t'annonce que je vais partir à la fin de la saison[1].

J'arrive en catastrophe. Je retrouve Daniel – « le Grand », comme le surnomme Wallemme – dans son petit bureau situé à droite du tunnel conduisant à la pelouse de Bollaert. Il est rouge de colère. Il m'en explique la raison : la veille, Eloi et Vairelles sont partis s'échauffer à la mi-temps du match, alors qu'il passait ses consignes aux joueurs. Cela l'a visiblement vexé. Et quand il les a convoqués pour leur demander si son briefing ne les intéressait pas, le ton est monté. Après leur avoir reproché d'être sortis sur la pelouse du stade Louis-II pour faire les cons, Vairelles lui a répondu : « Je vous emmerde ! Si on est deuxième, c'est grâce à nous. » Daniel les a aussitôt virés du vestiaire.

J'essaye d'étouffer l'affaire. Pas moyen. Leclercq ne veut rien entendre, à juste titre. S'il prend Eloi dans le groupe, il écarte Vairelles pour la demi-finale de la Coupe de la Ligue, au Parc des Princes. Après avoir ouvert le score, toujours grâce à Ziani, nous perdons cette demi-finale contre le Paris-SG en laissant Marco Simone nous mettre deux buts en quatre minutes, au début de la seconde période. Pendant ce temps, cela continue également de chauffer avec le père de Tony. Daniel peut parfois se montrer excessif, mais je ne connais pas de grands professionnels du sport qui ne soient pas intransigeants : c'est une condition de la réussite. Moi, je fais le tampon entre les joueurs et lui, sans lui enlever son pouvoir décisionnel. Sinon, c'est le bordel complet dans le vestiaire. Les choses finissent par s'arranger. Hasard du

1. Au club depuis 1982, Wallemme est effectivement parti en fin de saison à Coventry City, en Angleterre.

calendrier, Lens rejoue le Paris-SG trois jours plus tard, mais en championnat, et à Bollaert cette fois-ci. Et avec Vairelles dès le coup d'envoi. Après avoir ouvert le score dès la 8e minute, Vairelles réussit un grand match et Lens bat le PSG trois buts à zéro. Il mettra encore un triplé devant Bastia, un mois plus tard. Affaire classée.

Metz de l'huile

Daniel Leclercq a préféré Philippe Brunel à Anto Drobnjak pour débuter ce match au sommet entre le premier, le FC Metz, et son dauphin, Lens. Daniel est loin de porter le Yougoslave dans son cœur. Mais lorsque Brunel se blesse durant l'échauffement, Daniel n'a pas d'autre choix que de faire jouer d'emblée Drobnjak, qui réalise un excellent match ! Après avoir ouvert le score de la tête sur un centre de Ziani, il double la mise six minutes plus tard. Nous dominons largement les Messins et finissons par les battre par deux buts à zéro. Notre victoire est indiscutable ; l'équipe a été forte et sereine. Ce match constitue un nouveau tournant dans cette saison : ce soir-là, nous prenons réellement conscience qu'il est possible d'aller au bout. À cinq journées de la fin, Lens se retrouve leader, comme au soir de la première journée. Et on ne va plus la lâcher, cette première place.

Lido, K.-O.

Je n'ai pas commis la même bêtise que pour la demi-finale de la Coupe de la Ligue. Je n'ai pas oublié le petit briquet blanc tout simple qui me sert de porte-bonheur depuis sept matchs. Je me dis alors : « Jamais deux sans trois. » Après avoir perdu les finales de 1948 et de 1975, avec notamment Daniel Leclercq comme joueur et Arnold Sowinski comme entraîneur, Lens va enfin gagner sa première Coupe de France face au Paris-SG. Encore lui ! C'est également la première fois que la finale se dispute au Stade de France, en ce 2 mai 1998.

Mais elle débute mal pour nous. On n'est pas dans le match. Le Brésilien Rai en profite pour ouvrir le score, et Marco Simone pour inscrire le second but parisien après le repos. C'est à ce moment-là que Lens se met vraiment à jouer. Vladimir Smicer réduit le score à dix minutes de la fin. Si on en joue cinq de plus, on égalise, car on a baladé les Parisiens en seconde période.

Au coup de sifflet final, même si je regrette d'avoir perdu, je me sens paradoxalement plus confiant encore pour le titre de champion. Le match décisif est programmé dans sept jours, à Auxerre. Certes, il s'agit d'une grosse déception, mais on ne va pas pleurer pendant une semaine. Cette finale perdue, je l'ai déjà oubliée. Nous nous rendons au Lido, sur les Champs-Élysées, où nous avions prévu d'aller fêter notre victoire. L'ambiance risque d'être morose. Je vais y remédier.

Arrêt Buffet, « Chirac n'était pas là ! »

Dès notre retour à Lens, le lendemain de cette finale, je demande à Daniel Leclercq de réunir tous les joueurs : j'ai un cadeau à leur offrir. J'ai demandé à Pascal Ganaye de me faire un dessin représentant un chien « Sang et Or » sous les traits de la mascotte « Ch'ti Lens » tenant la Coupe de France. Sous ce dessin, on peut lire la légende suivante : « La Coupe, ça ne compte pas. Chirac n'était pas là ! » En effet, retenu à l'étranger, le président de la République n'a pas pu assister à la finale. C'est Marie-George Buffet, l'un des meilleurs ministres de la Jeunesse et des Sports que j'aie connus, qui l'a remplacé et à qui j'ai présenté, un à un, les joueurs.

Cette fois, je passe parmi eux pour leur remettre à chacun un dessin. Il fait marrer tout le monde, même Daniel. Je sens alors les joueurs déçus d'avoir perdu en finale, mais pas abattus. Ils ont leur graal à aller chercher dans six jours, en Bourgogne. Le mardi, je déclare dans une interview publiée dans *France Football* : « Nous serons champions de France ! » Il y a des certitudes qu'on ne peut expliquer.

« Médo, fais quelque chose ! »

La donne est simple au coup d'envoi de ce match historique au stade de l'Abbé-Deschamps : Lens possède deux points d'avance sur Metz, qui reçoit Lyon. Autrement dit, dans un championnat où la victoire vaut encore seulement deux points, si l'on obtient le même résultat que les Messins, Lens sera sacré champion. Même s'ils battent les

Lyonnais, un nul à Auxerre peut nous suffire. Lens possède une meilleure différence de buts que les Lorrains.

Frédéric Meyrieu, qui évolue désormais à Metz, peut jouer avec une oreillette ou un écouteur s'il le veut. Je m'en fiche. Pas la peine d'écouter la retransmission de son match face à Lyon : il suffit de guetter les réactions de nos supporters présents au stade auxerrois. Et les ondes ne sont pas bonnes. Bruno Rodriguez ouvre le score pour Metz dès la 4e minute. Lens est toujours virtuellement champion, et l'est même un peu plus encore quand Vladimir Smicer ouvre à son tour le score à Auxerre, à la 10e minute. Mais Marc Batta, l'arbitre, refuse le but pour hors-jeu. Quatre minutes plus tard, Sabri Lamouchi marque à son tour. Cette fois, le but est validé : 1-0 pour Auxerre et pour Metz. Les Lorrains sont virtuellement champions de France.

L'équipe reste étonnamment sereine, comme elle l'a été tout au long de cette semaine. Malgré le chronomètre qui tourne désormais en notre défaveur, elle continue à jouer sans stress. Même Daniel Leclercq est détendu : il encourage de plus belle les joueurs, qui se jettent sur tous les ballons comme des morts de faim. Ils sont appliqués, très sérieux et ne manifestent aucun énervement. Rien à voir avec le match du même genre que l'on jouera quatre ans plus tard à Lyon *(voir page 194)*.

Assis à côté de Leclercq sur le banc de touche, je pense à tous, notamment à « Médo ». « Médo », c'est Ahmed Oudjani, le père de Chérif, le meilleur buteur de l'histoire du RC Lens. Il nous a quittés à soixante ans, victime d'un arrêt cardiaque, dans la nuit du 14 au 15 janvier. Je lève les yeux au ciel et je le supplie : « Médo, aide-nous. Fais quelque chose ! » Il doit m'entendre, puisque Lionel

Charbonnier se blesse sur le premier corner. Il est contraint de céder sa place à Fabien Cool, dans la cage auxerroise, à la demi-heure de jeu. Monsieur Batta siffle la mi-temps. Nous sommes toujours menés et Leclercq se montre toujours aussi relax. Il passe ses consignes aux joueurs :

— Ne vous inquiétez pas. On va égaliser. Et ce n'est pas parce que l'on va revenir à un partout que ce sera fini. Il faut ensuite mettre le deuxième but.

Signe de leur détermination, les joueurs reviennent sur la pelouse cinq minutes avant les Auxerrois. Et la première prophétie du « Druide » se réalise à la 53e minute quand, depuis le rond central, Frédéric Déhu lance Yoann Lachor sur le côté gauche. Lachor va au bout de son effort et égalise en plaçant son ballon sous les bras de Cool. À présent, c'est de nouveau Lens qui est virtuellement champion de France. Les minutes peinent à s'écouler. Mais pourquoi Batta ne siffle-t-il toujours pas la fin du match ? J'ai envie d'entrer sur le terrain pour lui arracher le sifflet de la bouche. À cinq minutes de la fin, Jean-Guy Wallemme lui crie : « Monsieur Batta, c'est fini ! C'est fini ! »

Coup de sifflet final. Enfin. 1-1. Dans le même temps, Metz a battu Lyon, 1-0. Les deux équipes terminent à égalité de points. Je reste prostré sur le banc pendant une minute ou deux. Les images défilent dans ma tête. Je vois mes parents, ma femme et ma fille. Nous sommes le 9 mai 1998, il est 21 heures et Lens devient champion de France pour la première fois de son histoire. Pour cinq buts. Ceux d'une vie de président.

Le sentier lumineux

Ça y est. Je bondis de mon banc et cours sur le terrain. J'enlace longuement Daniel Leclercq et tous ceux qui le veulent bien. Après, je me retrouve embarqué par l'avalanche. Une lessiveuse a été installée dans notre vestiaire, remplie de bouteilles calées dans de la glace pilée. On fait péter le champagne !

Les joueurs m'ont jeté dans l'eau de la baignoire. Prévoyant, j'ai apporté un tee-shirt de rechange avec moi, mais je me changerai après. Dégoulinant d'eau et de champagne mêlé de larmes, je me présente, la chemise détrempée et la cravate de travers, face aux médias. Je rappelle : « Pas un mec n'aurait osé parier un kopeck sur nous au mois d'août. Le titre, c'est une grande revanche. » Puis j'ajoute : « On a réussi à franchir les 6 mètres à la perche. Ce qui est intéressant, maintenant, c'est d'essayer de passer les 6,03 mètres. Si l'on revenait demain à 5,40 mètres, il n'y aurait aucun intérêt à être champion de France. » Enfin, si, il y en aurait un. Et un grand. Jusqu'ici, le RC Lens véhiculait l'image d'un club sympathique et familial. À compter de ce 9 mai 1998, après avoir terminé trois fois deuxième du championnat et perdu trois finales de Coupe de France[1], il renverra désormais celle d'un club qui gagne. Les joueurs offrent également au public un sentiment de fierté et une joie qui dépassent l'entendement. Ce titre représente une revanche sociale ; grâce à lui, c'est toute une région qui éclate en pleine lumière. Lens, avec ses

1. Lens a terminé deuxième du championnat en 1956, 1957 et 1977, et a perdu les finales de la Coupe de France en 1948, 1975 et 1998.

18 % de chômeurs, est devenu meilleur que Paris. Il l'a toujours été, d'ailleurs.

J'éprouve ensuite le besoin de m'isoler quelque temps. Je retourne sur le terrain du stade de l'Abbé-Deschamps, désormais plongé dans la pénombre. Jean-Guy Wallemme me rejoint, torse nu, un large sourire aux lèvres. Nous nous regardons en silence et, gagnés par l'émotion, nous nous étreignons longuement. Avant de retourner auprès des autres, mon si fidèle capitaine m'offre son maillot de champion. Quinze années au RC Lens. Ça, c'est un mec.

Il nous faut maintenant penser à rentrer sur Lens. Le voyage de retour s'annonce aussi joyeux que fastidieux. Notre avion ne peut pas décoller de l'aéroport d'Auxerre : une panne de balisage nous oblige à rejoindre en bus celui de Troyes. Serge Doré le savait depuis cet après-midi, alors que nous nous trouvions encore au Mercure de Poigny, mais il n'a rien dit aux joueurs. Inutile de les contrarier. Les quatre-vingts kilomètres de route séparant Auxerre de Troyes ressemblent à une joyeuse marche triomphale. Mais j'accuse le coup de ce trop-plein d'émotion. Je fais un malaise, sans gravité, dans l'autocar.

Après être venu faire la fête avec nous dans le vestiaire, André Delelis repart de son côté en voiture, avec son épouse ; il n'assistera pas au fabuleux spectacle qui s'offre à moi derrière le hublot, au moment d'atterrir à Lesquin. Une file lumineuse de plusieurs kilomètres éclaire la nuit, formée par les phares de centaines de voitures qui se pressent à l'aéroport pour nous accueillir en formant un bouchon gigantesque. Le retour sur terre s'annonce tout aussi inoubliable.

Le titre, c'est dans la benne

1 h 35 du matin. À peine notre avion a-t-il atterri sur une piste à l'écart que policiers et douaniers nous avertissent : « N'allez surtout pas à l'aérogare. Il y a un monde fou. Tout est bloqué. » J'aperçois effectivement, au loin, des colonnes de supporters qui se dirigent à pied vers les bâtiments de l'aéroport de Lille-Lesquin. Que faire ? Le maire a demandé à son directeur de cabinet de faire fermer le stade en son absence. Mais des milliers de personnes s'y trouvent déjà, essayant d'y pénétrer par tous les moyens. André Delelis se ravise, et décide sagement d'ouvrir le stade. Il a également autorisé l'accès aux vestiaires pour entrer sur le terrain. Il est 3 h 15 du matin et trente mille supporters sont là pour nous accueillir.

À 5 heures, nous nous retrouvons tous, joueurs et dirigeants, pour manger la pizza du titre au White Horse. J'ai juste le temps de repasser chez moi pour me changer. *Télé-Foot*, le célèbre rendez-vous dominical de TF1, a délocalisé son émission à Bollaert. Le stade est de nouveau plein. Je pose mon vieux Nokia à côté de moi pour répondre en direct aux questions de Vincent Hardy, à partir de 10 h 40, lorsque quelqu'un en profite pour me le voler. Merci de renvoyer mon téléphone à mon éditeur José, pour que je puisse enfin récupérer toutes mes photos souvenirs.

En attendant, j'ai encore la tête pleine des images de cette journée, qui se poursuit par un déjeuner au golf d'Arras. Le club-house servira de décor lors de notre passage en direct dans l'émission *Stade 2* sur France 2 et dans le journal régional de France 3. Nous y recevrons également le trophée du titre de champion de France en direct sur Canal

+, ce soir, avant de retourner faire la java. Cette journée est donc loin d'être terminée et cette pause ensoleillée nous fait le plus grand bien. Arrêt bowling. On décompresse.

Un autre grand moment est prévu, à partir de 14 h 30 : le défilé dans les rues de la ville jusqu'à la mairie, où nous attend monsieur le Maire. Il y a un mois, Alain Huret, un ami fabricant de bennes, m'en a offert une, peinte en rouge et jaune. Elle se trouve garée sur le parking de Bollaert. Nous décidons d'y faire monter tous les joueurs pour parader à travers la ville. Seul problème : personne ne veut conduire le tracteur ! Je m'y colle, avec Daniel assis à mes côtés, comme sur le banc de touche.

Qu'est-ce que je regrette de m'être obligé à conduire ce tracteur ! Il y a tellement de monde dans les rues et j'ai si peur de renverser quelqu'un que je garde les yeux rivés sur la route. Du coup, je ne peux pas vraiment profiter de la fête. Nous mettons plus de deux heures à parcourir le kilomètre nous menant à l'hôtel de ville. Daniel, mon copilote improvisé, marmonne dans la cabine.

— Heureusement que tu n'as jamais été agriculteur.

— Pourquoi tu me dis ça ?

— Tu aurais mis trois ans pour faucher un champ de maïs.

Nous finissons par arriver à destination. Soulagé, je gare la benne et le tracteur juste à côté de la mairie, dans la rue de Metz. Cela ne s'invente pas.

Chapitre V

Consolidation
(1998-2002)

C'est décidé, je n'irai plus m'asseoir sur le banc des remplaçants. D'abord, parce que je fume et que j'intoxique tout le monde avec mes cigarettes. De plus, je me suis rendu compte que la place d'un président était dans les tribunes. Il faut laisser les techniciens faire tranquillement leur boulot et ne surtout pas les gêner. Idem pour les joueurs : ils ont besoin de leur intimité. En ma présence, ils risquent de s'exprimer moins librement ; or un président doit être là pour leur apporter de la confiance, pas pour leur casser les pieds en se montrant envahissant. Et puis, après ce titre de champion de France, mon boulot consiste avant tout à consolider les fondations du club et à les développer. Ce à quoi je vais immédiatement m'atteler.

Forts de France

Sitôt passées les festivités du titre, place au travail. Du 12 au 26 mai, les joueurs partent en stage de fin de saison en Martinique. Sans moi : j'ai décidé de rester à La Gaillette pour travailler sur la saison prochaine en compagnie de Jean-Luc Lamarche. Mais Jean-Guy Wallemme ne tarde pas à me donner des nouvelles de Fort-de-France. Il me téléphone, furieux :

— Gervais, c'est quoi ce bordel ?

— Comment ça ?

— La saison est terminée et « le Grand » nous oblige à nous entraîner encore tous les jours.

— Démerdez-vous avec lui !

Contrairement à Auxerre, Chelsea, Metz et une sélection des Antilles, Lens ne participe pas au Tournoi des Antilles, dont l'OM assure le lever de rideau en jouant contre une sélection des Caraïbes. Les joueurs se pensaient donc en vacances. Mais le titre et la fin du championnat ne changent rien aux yeux de Leclercq. Fidèle à ses principes, il garde ses joueurs sous pression. Ils sont également mécontents de leurs conditions de logement. Alors que les Marseillais ont pris leurs quartiers dans un palace de l'île, eux logent dans de petits bungalows à Tartane, sur la presqu'île de la Caravelle, dans le nord-est. Wallemme applique mes consignes à la lettre. Les joueurs déménagent, tandis que Leclercq reste seul à Tartane. L'été sera chaud.

Sikora, Reds de bonheur

Le titre de champion attise forcément des convoitises. Plusieurs de nos joueurs se retrouvent courtisés, en ce mois de juin. Comme il me l'a annoncé au printemps, Jean-Guy Wallemme nous quitte pour tenter l'aventure en Angleterre, avec Coventry. Ce n'est pas le seul de nos cadres historiques qui ait tenté de franchir la Manche. Gérard Houllier, un des anciens entraîneurs du RC Lens, veut faire venir Éric Sikora à Liverpool, où il vient d'arriver. Moi, je ne veux pas qu'il parte. Éric a débuté en équipe première quand je suis devenu président. Mon refus n'est pas seulement sentimental ; j'ai besoin de lui. Sinon, je serais capable de l'emmener en solex jusqu'à Liverpool. Ou au Paris-SG, qui le voulait également, avec Jean-Guy Wallemme, il y a un an.

Le problème, c'est qu'à trente ans il ne reste à Éric qu'un an de contrat chez nous, et il a envie de découvrir autre chose. Il a déjà rencontré les dirigeants de Liverpool à Paris et il est même allé passer sa visite médicale dans le nord de l'Angleterre, où l'attend un contrat de deux ou trois ans. Coup de chance pour moi, un problème d'agent bloque le transfert. Éric en a changé deux fois en deux mois avec l'entame des négociations avec les Reds. Son ancien agent a envoyé un fax à Liverpool pour avertir ses dirigeants qu'il était le seul habilité à négocier le transfert. L'affaire traîne et s'enlise, au point qu'Éric est contraint de revenir à Lens. Je lui propose aussitôt une prolongation de deux ans, avec une augmentation de salaire et une clause de reconversion au club. Il la signe début juillet. Cela me coûte un peu d'argent, mais aujourd'hui je n'ai aucun regret. Sikora non plus, visiblement, puisqu'il va finalement réaliser toute sa carrière chez nous.

Darmon et le Blue Bar

L'argent devient une composante de plus en plus importante dans le football professionnel en cette fin de millénaire et le RC Lens doit s'y adapter, y compris au niveau de sa structure juridique. La loi nous impose d'ailleurs cette transformation : à l'avenir, l'argent public ne pourra plus servir à financer les clubs professionnels. De plus, ces derniers devront être dirigés par des sociétés par actions au sein desquelles les actionnaires seront responsables de leur fonctionnement.

Homme profondément ancré à gauche, André Delelis voit forcément d'un mauvais œil cette évolution inéluctable du club en « société par l'argent », comme il dit. Le club étant encore régi sous le mode d'une association « loi 1901 », en tant que maire il en est le président d'honneur. Je profite d'un dîner au Blue Bar, un restaurant de Cannes tenu par Stephan Ziemczak, ancien milieu de terrain lensois des années cinquante, pour lui en parler, le 30 juin 1998.

Le passage en SAOS, Société Anonyme à Objet Sportif, est prévu pour début juillet. Delelis me demande de patienter jusqu'en septembre. J'accepte, me demandant s'il n'a pas prévu de rendre les clefs de la mairie à cette date. Reste à attirer des actionnaires qui acceptent d'investir dans un club de football, où le retour sur investissement n'est pas garanti. Comme je ne veux pas voir arriver un entrepreneur extérieur à la région, j'ai du mal à en trouver. Je décide alors d'investir tout mon argent personnel dans la nouvelle SAOS RCL. Désormais, en plus de gérer le club, je gère également mon propre argent à travers lui.

Passer d'un club associatif à une société privée implique une contrepartie : à l'avenir, je ne pourrai plus compter sur les subventions publiques. Il me faut donc trouver de l'argent ailleurs. Les transferts – le fameux « trading joueurs », comme on dit aujourd'hui – sont une solution, mais elle est loin d'être suffisante. Surnommé « le grand argentier du football français », Jean-Claude Darmon m'est alors d'un précieux secours. C'est un phénomène. Il y a un problème ? Il a toujours une solution et se montre extrêmement doué pour remonter le moral des troupes. Une vraie pile électrique. Darmon est capable de vendre ses chaussures et de repartir avec, voire même de monnayer des choses qui n'existent pas encore. Il m'a déjà branché, plusieurs années auparavant, sur le sponsoring, le marketing, le merchandising...

Il est vrai, aussi, que le contexte est favorable à Lens en cet été 1998. Le titre de champion de France nous propulse soudain dans une autre dimension, entraînant des conséquences importantes. Il permet la construction de La Gaillette – j'en reparlerai – et, surtout, nous fait accéder à la cour des grands. Désormais, nous pouvons signer des contrats de sponsoring national. C'est ce qui se produit en marge du quart de finale de la Coupe du monde entre la France et le Paraguay, à Bollaert, le 28 juin 1998. Après le match, Didier Quillot, directeur France de France Telecom, qui deviendra Orange en 2013, nous rejoint, Serge Doré et moi, au golf d'Arras. Ola, l'une de ses marques, devient notre sponsor maillot principal. Le budget passe de 135 à 185 millions de francs. De quoi bâtir une équipe compétitive pour défendre notre titre de champion.

Dalmat-Moreira, dans la cour des grands

Cette nouvelle manne financière nous permet de viser l'excellence pour remplacer le duo Drobnjak-Ziani. Notre choix se porte sur Stéphane Dalmat, alors plus grand espoir du football français, et sur Daniel Moreira, un joueur exceptionnel que je voulais absolument. Pour les faire venir, Lens réalise le plus gros investissement de toute son histoire, en cet été 1998 : 7,6 M€, soit 3,8 M€ chacun. Mais pas pour plus de 50 000 € de salaire par mois. J'ai fait en sorte de ne pas dépasser cette rémunération moyenne durant ma carrière de président. À une exception près : Aruna Dindane. En 2005, pour le convaincre de ne pas signer à Marseille, au PSV Eindhoven ou au Celtic de Glasgow, j'ai offert 150 000 € par mois à l'attaquant ivoirien. Il est vrai que les salaires payés aux footballeurs étaient alors totalement différents.

Dalmat n'est resté qu'un an chez nous. Mais quelle classe ! Il est passé à côté d'une plus grande carrière encore. Après l'avoir acheté pour moins de 4 M€ à Châteauroux, je ne pouvais pas refuser la proposition conséquente de l'OM : près de 11 M€. Moreira, lui, est resté six ans. C'est ce que l'on appelle un attaquant toute zone, capable de tout faire. Il correspondait bien au public lensois : il était généreux, très bon techniquement et il courait partout. Cela a été un crève-cœur quand il est parti à Toulouse. Mais une fois de plus, le club avait besoin d'argent.

Coup de boule contre Arsenal

Le 16 septembre 1998 constitue une autre grande date de l'histoire du RC Lens : il s'agit de notre premier match en Ligue des champions. Qui plus est, à Bollaert. Et pas contre n'importe qui. Notre adversaire est le FC Arsenal, d'Arsène Wenger et de ses deux Français tout juste sacrés champions du monde, Emmanuel Petit et Patrick Vieira. Ce match marque aussi la dernière apparition d'André Delelis en tant que maire de Lens.

Si la soirée promet d'être riche en émotions, elle commence mal avec l'ouverture du score par Marc Overmars. Mais alors que nous croyons avoir perdu, Daniel Moreira tire un corner au premier poteau. À la lutte avec Martin Keown, Tony Vairelles égalise à la 93e minute ! Je m'attends dès lors à trouver une bonne ambiance en rejoignant les joueurs dans le vestiaire, au coup de sifflet final. C'est tout le contraire. Avant d'égaliser, Vairelles a reproché sur le terrain à Stéphane Dalmat de ne pas lui donner suffisamment le ballon. Le second a insulté le premier, qui n'a pas apprécié. Et les choses ont vite dégénéré. Quand Vairelles a tenté de s'expliquer, Dalmat en est aussitôt venu aux mains. Je les convoque tous les deux dans mon bureau, dès le lendemain, pour les sanctionner. À partir de ce moment-là, Vairelles et Dalmat ne s'adresseront plus la parole.

Stop car à Athènes

Après notre victoire sur le Panathinaïkós à l'aller grâce à un but de Wagneau Eloi, le match retour s'annonce bouillant au Stade olympique d'Athènes, où soixante-cinq mille supporters nous attendent. À condition de pouvoir s'y rendre, ce qui n'est pas gagné : une voiture barre le passage de notre bus, garé devant l'hôtel. Nous demandons aux policiers grecs chargés de notre escorte de bien vouloir la déplacer. Ils refusent. Nous insistons. Rien à faire. L'heure tourne et le bus est toujours coincé.

Ni une ni deux, je réquisitionne les joueurs. Nous prenons tous la voiture en poids et la déplaçons de quelques mètres, sous le regard visiblement contrarié des policiers. L'autobus peut partir pour le stade, où il se fait caillasser dès notre arrivée avec des pièces de monnaie. Bien que nous restions invaincus après les trois premières journées de Ligue des champions, ce match est mentalement très difficile à gérer. Nous finissons par le perdre sur un coup franc.

Coup de canon chez les Gunners

Aussi incroyable que cela puisse paraître, je fais la grimace au coup de sifflet final de cette victoire historique de Lens à Wembley, face à Arsenal. Jamais, dans toute l'histoire du football français, une équipe française n'était parvenue jusque-là à battre les Anglais dans leur stade mythique. Lens vient de réussir cet exploit, grâce à un but de Michaël Debève avant le dernier quart d'heure. Nous venons de grimper le plus bel escalier au monde et pouvons espérer atteindre le premier étage de cette Ligue des champions. Ce 25 novembre 1998 est donc à marquer d'une pierre blanche. Les chants des huit mille supporters lensois présents à Wembley ont été incroyables.

Et pourtant je suis loin d'être euphorique, parce que Tony Vairelles s'est fait expulser de façon anormale à la 90e minute, pour une soi-disant altercation avec Lee Dixon. L'arrière droit des Gunners est venu le pousser par-derrière et, quand Vairelles s'est retourné, Dixon a simulé un coup de poing imaginaire avant de se rouler par terre. Je deviens à ce moment-là pro VAR. Anders Frisk, l'arbitre suédois, s'est laissé avoir. C'est d'autant plus injuste que Vairelles est un joueur fair-play. C'est la première fois qu'il récolte un rouge direct. Je sais alors que cette erreur d'arbitrage va nous coûter la qualification.

Après avoir récupéré les images montrant la simulation de Dixon, nous envoyons un fax et une vidéo de l'action à l'UEFA dès le lendemain. Francis Collado, directeur administratif du RC Lens, en envoie également une copie à l'arbitre et lui téléphone pour s'assurer qu'il l'a bien reçue. Dans son rapport, monsieur Frisk maintient avoir vu un coup de coude de Vairelles sur Dixon. En plus de la preuve par la vidéo, je demande à Arsène Wenger d'intervenir en notre faveur, en vain. Je comprends très bien son refus : Arsène est l'entraîneur d'Arsenal, en concurrence directe avec Lens dans notre groupe pour la qualification.

Coup de blues à Genève

Ayant pris un rouge d'entrée de jeu, Vairelles sera de toute façon automatiquement suspendu pour la réception du Dynamo Kiev, le 9 décembre. La commission de révision de l'instance européenne peut décider de s'en tenir là, en ne le suspendant que pour un match. C'est le tarif minimum pour une expulsion, en Coupe d'Europe. C'est d'ailleurs ce qu'elle fait. Sa décision du 2 décembre demeure tout de même surprenante. Elle suspend également Dixon pour un match. Autrement dit, l'UEFA sanctionne aussi bien la victime, Vairelles, que le tricheur, Dixon, reconnaissant donc implicitement que Vairelles n'est pas coupable.

Nous décidons d'aller jusqu'au bout dans cette affaire en forçant l'UEFA à nous recevoir en appel, et je me rends en Suisse, accompagné de Francis Collado, mon nouveau directeur administratif et financier depuis un an, de Simon Tahar, l'avocat du club, et de Tony. Nous ne nous faisons guère d'illusions. Le jury d'appel de l'UEFA va nous auditionner dans la Chamoisine, l'une des salles de conférence de l'hôtel de Genève, situé à proximité de l'aéroport, où il nous a donné rendez-vous dans l'après-midi de ce lundi 7 décembre, soit deux jours seulement avant la venue des Ukrainiens du Dynamo. Mais le président du jury, l'Allemand Wilhelm Hennes, a quarante-cinq minutes de retard. J'en profite pour lire tous les fax de soutien reçus à l'hôtel, lorsque je découvre qu'un courrier, qui ne m'était pas destiné, a été glissé par erreur dans la pile. Il s'agit d'un troisième rapport de Frisk, l'arbitre suédois, rédigé cette fois-ci en allemand. Je fonce à la réception. L'audience débute dans cinq minutes. Je demande à une hôtesse d'accueil de me le traduire à la va-vite. Dans ce rapport, Anders Frisk reconnaît que la vidéo apporte un éclairage nouveau qui place le RC Lens dans son bon droit. Je retourne dans la salle, confiant.

Pas pour longtemps. Maître Tahar plaide pendant une heure. Vairelles fait une intervention brève, mais remarquable et émouvante. Après plus d'une heure et demie de délibération, les trois membres du jury d'appel nous annoncent en quatre minutes que notre appel demeure irrecevable sur la forme. Pour justifier leur décision, ils se réfugient derrière des arguments juridiques sans jamais tenir compte du fond, c'est-à-dire de la bonne foi de Vairelles, ni même la reconnaître. Pour couronner le tout, Lens doit dédommager l'UEFA. Dans le procès-verbal de trois pages, il est précisé que « l'instance d'appel juge équitable de remettre les frais entièrement à la partie plaignante ». C'est scandaleux, mais on ne peut rien y faire. Tout le cynisme de l'UEFA tient en cette phrase glissée dans le PV de notre appel : « En vue d'un déroulement correct des compétitions, les joueurs et clubs concernés doivent en accepter quelques inconvénients. »

Notamment celui d'être éliminé lors du sixième et dernier match de cette phase de groupes. Après l'expulsion de Frédéric Déhu dès la 6e minute, nous finissons par craquer dans la dernière demi-heure. Si Vladimir Smicer a marqué, le Dynamo d'Andriy Chevtchenko nous a mis trois buts. Bien que deuxième, devant Arsenal et le Panathinaïkós, Lens est rayé de la carte de l'Europe. Ce n'est qu'à partir de l'an prochain que les deux premiers de chaque groupe seront qualifiés pour les quarts de finale de la Ligue des champions.

Pour la petite histoire, monsieur Frisk arbitrera la finale de l'Euro 2000 entre la France et l'Italie, deux ans plus tard. Avant de mettre fin à sa carrière en 2005, à la suite de menaces de mort contre lui-même et sa famille.

Club Europe

Face à la concurrence et à l'écart qui se creuse, au cours de ces années quatre-vingt-dix, entre les ressources financières des autres clubs européens, qui sont détenteurs de leurs droits de diffusion, et les clubs français, dont les droits télévisés sont gérés par la LNF, Jean-Claude Darmon a une nouvelle idée géniale : créer un Club Europe. L'objectif consiste à récupérer les droits d'exploitation des clubs et à développer les sources de revenus des plus grands clubs français, dont le RC Lens fait désormais partie.

Avec le Lyonnais Jean-Michel Aulas, le Monégasque Jean-Louis Campora et le Marseillais Robert Louis-Dreyfus, nous décidons de l'accompagner dans son projet. Après avoir plaidé auprès de la Commission européenne pour pouvoir récupérer ces droits, Darmon contacte les principales chaînes de télévision française – Canal +, France 2 et TF1 – dans le but de leur vendre un « droit d'option prioritaire », c'est-à-dire un droit d'exclusivité de retransmission des matchs européens des six grands clubs français que sont alors Bordeaux, Lens, Lyon, Marseille, Monaco et le Paris-SG.

Canal +, dont la ligne éditoriale repose sur le football et le cinéma, remporte l'appel d'offre. La chaîne cryptée signe un contrat d'exclusivité de sept ans et de plusieurs centaines de millions de francs, le 15 avril 1999. Les douze autres clubs de D1 gueulent et nous font la gueule. Tous veulent en être. Darmon et les six équipes du Club Europe acceptent, par solidarité. Nous obtenons de Canal + qu'une clause supplémentaire soit ajoutée dans le contrat : en cas de qualification européenne, les douze autres clubs de D1 pourront accéder au Club Europe.

Darmon mérite décidément son surnom de « grand argentier du football français ». Il vient de réussir un véritable coup de maître en assurant une sécurité financière à l'ensemble des clubs de première division. D'autant plus qu'il propose le même type de contrat aux groupes de téléphonie mobile. En concurrence avec Bouygues et SFR, Orange décroche le marché et signe un contrat similaire à celui de Canal +, mais cette fois pour une durée de quatre ans.

En raison de la lenteur administrative européenne et en vertu de la loi française qui attribue l'obtention et la négociation des droits audiovisuels à la Ligue et non aux clubs, les contrats seront toutefois rompus, à l'amiable et avec l'accord des clubs, en 2003. En l'espace de ces quatre ans, le RC Lens a empoché 30 M€ grâce au Club Europe. Sans réelle contrepartie, donc. Pour une idée de génie, ce fut vraiment une idée de génie.

Déhu, l'embrouille

L'ambiance est tendue en ce 7 mai 1999, veille de finale de la Coupe de la Ligue contre le FC Metz. Tout particulièrement entre Frédéric Déhu et Daniel Leclerc. L'entraînement sur la pelouse du Stade de France se passe mal ; Déhu n'est pas dans le coup et rate deux ou trois ballons faciles. Leclerc s'en agace et lui lance :

— Si c'est pour faire ça, ce n'était pas la peine de venir.

— Je ferai le bilan de ta carrière d'entraîneur quand je serai au Barça.

L'entraînement se termine. Daniel vient aussitôt me voir et me balance :

— Demain, je n'assisterai pas à la finale. C'est toi qui seras assis sur le banc.

— Mais qu'est-ce que tu racontes, Daniel !?

— Tu m'as bien entendu : je rentre à la maison.

— Déconne pas.

Et il monte dans le bus. Il tombe des cordes et, malgré les warnings et les motards, j'ai du mal à le suivre au volant de ma voiture. Dès notre arrivée à l'hôtel parisien, j'improvise une réunion de crise avec Daniel, François Brisson, son adjoint, et André Lannoy, l'entraîneur des gardiens. Leclerc maintient sa décision.

— Déhu me casse les couilles. Je n'irai pas.

— Daniel, tu ne peux pas faire ça.

— S'il ne s'excuse pas, je pars.

Le problème, c'est que Déhu possède également un fort caractère. Il refuse de retirer les paroles prononcées contre son entraîneur et de lui présenter ses excuses. Brisson va le trouver dans sa chambre, à une heure du matin, et finit par le convaincre de s'excuser. Tout rentre dans l'ordre. Enfin, pas tout à fait. Au cours du déjeuner de jour de match pris avec le staff technique, Daniel me tend une feuille de papier.

— Fais ta composition d'équipe.

— Je ne suis pas entraîneur, ni au cours moyen.

— Je ne mets pas Moreira, Dalmat ni Déhu, ce soir.

Leclerc m'a soudain coupé l'appétit. Il va falloir de nouveau le ramener à la raison. Il annonce son onze de départ lors de la collation. Stéphane Dalmat, Daniel Moreira et Frédéric Déhu débutent finalement. Je suis soulagé, et plus encore lorsque Moreira enchaîne contrôle de la poitrine et frappe croisée du gauche en pleine lucarne, dans un angle impossible. Il vient de marquer l'unique but de cette finale, juste avant l'heure de jeu. Je me trouve assis à côté de Daniel, sur le banc de touche. Quand je me rassois, après le but, je lui mets un coup de genou affectueux :

— Tu vois que tu as bien fait de faire jouer Dalmat et Moreira.

Toujours aussi boudeur, il monte ensuite à la tribune présidentielle regarder Frédéric Déhu devenir le premier capitaine du RC Lens à soulever la coupe de la Ligue. Puis il brandit à son tour le trophée en pointant mystérieusement le doigt en direction de nos supporters. Ce geste signifie-t-il qu'il vient de remporter la première coupe pour les supporters de Lens, et non pour ses joueurs ? Peu importe. L'image est belle et restera gravée dans les mémoires. Jamais le RC Lens n'a déplacé autant de supporters : pas moins de vingt trains et une centaine de bus, sans parler des voitures particulières, ont été nécessaires pour tous les acheminer au Stade de France. Et encore, ils auraient pu être vingt mille de plus.

En fin de soirée, nous nous retrouvons tous, joueurs, partenaires et membres du club, au Duplex, une boîte de nuit de l'avenue Foch, dans le XVIe arrondissement de Paris. Cette fois, comparée à celle du Lido un an plus tôt, la fête est belle. Sauf pour Daniel, qui continue de bouder dans son coin. Je lui lance :

— Arrête, bordel ! On a gagné la Coupe de la Ligue et on est qualifiés pour la Coupe d'Europe !

Il est comme ça, Daniel. Il ne lâche rien. Il a le caractère des grands champions. Et il en faut, pour arriver au plus haut niveau. Daniel est entier. Il a son 4-3-3, sa philosophie de jeu vers l'avant, ses principes de vie, et il n'en déroge pas quel que soit l'adversaire. Quand il effectue un changement, il n'a pas besoin de paperboard ni de schémas tactiques entrés sur une tablette pour expliquer au joueur ce qu'il doit faire. Il le sait. Et il n'oublie rien.

Molinari, Little Big Président

Mon bonheur contraste avec la peine de mon ami Carlo Molinari. Un grand monsieur, trois fois champion de France de motocross. Carlo est tellement charmant que j'ai toujours plaisir à le revoir, tous les ans.

Il a pourtant de quoi me maudire. Après le titre de champion de France en 1998, je viens de le battre pour la seconde fois en un an. Il s'agit pourtant des années les plus prolifiques du FC Metz, club à la présidence duquel Carlo a fait des miracles. Et je ne parle pas seulement de la victoire 4-1 des Grenats au Camp Nou du FC Barcelone[1]. Beaucoup de très grands joueurs, comme Robert Pirès, ont été formés dans ce club pourtant guère fortuné, ce qui prouve la qualité de sa formation. J'ai beaucoup d'estime pour Carlo. Sa seconde défaite est d'autant plus cruelle que, par rapport à celle de 1998, Metz avait son destin entre les mains au cours de cette finale. Mais il l'a laissé échapper. Un rien fataliste, Carlo me glisse : « Si l'on doit de nouveau jouer un match important l'un contre l'autre, je déclarerai forfait, la

1. Battu 2-4 à l'aller, le FC Metz a réussi l'un des plus grands exploits de l'histoire du football français en éliminant le Barça (4-1) sur sa pelouse, lors du match retour des 16e de finale de la Coupe des coupes 1984.

prochaine fois. Même si on avait tous les deux une équipe de baby-foot. Cela ne sert à rien. » De baby-foot, il en a justement été question, la saison suivante.

Baby-foot contre Sedan

Le match face à Sedan confirme mes inquiétudes, en ce début de saison 1999-2000. Malgré une augmentation conséquente de notre budget – il est passé de 185 à 280 millions de francs – et le recrutement de joueurs comme Olivier Dacourt d'Everton, Jocelyn Blanchard de la Juventus Turin et Charles-Édouard Coridon de Guingamp, quelque chose ne tourne pas rond dans l'équipe. Sedan en profite pour nous offrir une démonstration de football. Un véritable festival réussi par… les nôtres. Olivier Quint ouvre le score sur un penalty obtenu par Cédric Mionnet, qui a passé une saison chez nous (1996-1997). Puis Pierre Deblock, un autre gars du Pas-de-Calais qui a remporté la Coupe Gambardella avec Frédéric Déhu pour Lens en 1992, double la mise. Et, comme si cela ne suffisait pas, Mionnet nous en met un troisième à la dernière minute. Il ne manquait plus que Pius N'Diefi, également formé chez nous, marque aussi !

Au coup de sifflet final de ce 3-0, qui sera notre plus lourde défaite de cette saison à Bollaert, un supporter placé juste derrière le banc de touche me lance : « Oh, Gervais, ton baby-foot est parti à Sedan ou quoi ? »

Pieds Nickelés et pieds enflés

Delelis a son visage des mauvais jours, en cette matinée du 15 septembre 1999. Il fait pourtant beau à Tel-Aviv, où Lens s'apprête à démarrer sa campagne européenne face au Maccabi FC en Coupe de l'UEFA, le lendemain soir. Outre la visite du tombeau du Christ et du mur des Lamentations à Jérusalem, décision a été prise de profiter de la journée pour emmener toute la délégation lensoise voir l'Arbre de la Paix que le maire est venu planter en Israël il y a une dizaine d'années.

Je n'ai pas envie de les accompagner. Plutôt que de me taper des heures de bus, je préfère aller à la plage et faire un tour en bateau avec Gérard Parentin et Michel Benguigui. Nous avons prévu, ensuite, de boire un verre sur la terrasse de notre hôtel avant d'aller assister à l'entraînement. J'ai bien fait de ne pas y aller. Nous nous sommes bien amusés, tous les trois. Je ne peux pas en dire autant des autres membres de la délégation. Quand ils nous rejoignent en fin de journée, ils sont tous exténués, avec les pieds rougis et enflés. Accompagnateurs et VIP ont passé des heures et des heures à marcher pour retrouver l'Arbre de la Paix d'André Delelis. En vain. Monsieur le Maire a oublié d'y mettre un gyrophare.

Leclercq jette l'éponge

Sitôt la fin du match au Havre, où l'on vient de faire match nul, Daniel Leclercq réunit tout le monde dans les douches. Il annonce, en présence de ses joueurs et de moi-même :

— J'arrête.

Je lui réponds du tac au tac :

— Tu n'arrêtes rien du tout. C'est moi qui décide.

À notre retour sur Lens, je discute avec Daniel jusqu'à cinq heures du matin pour enfin parvenir à le convaincre de continuer. Le problème, c'est que Saint-Étienne et ses deux Brésiliens, Alex et Aloisio, viennent nous battre deux buts à zéro à Bollaert, le dimanche suivant. Après avoir obtenu le nul en Israël, nous éliminons le Maccabi Tel-Aviv lors du match retour des 64ᵉ de finale de la Coupe de l'UEFA, quatre jours plus tard. Ce 30 septembre 1999 marque le centième match de Daniel à la tête du RC Lens. Ce sera son dernier. Quatre défaites après huit journées de championnat, une qualification sans gloire face aux Israéliens, c'en est trop pour lui. Il revient à la charge :

— J'en ai marre. J'arrête.

— C'est bon. C'est la deuxième fois que tu me le dis. J'ai compris. Le problème, c'est que je viens de prolonger ton contrat jusqu'en juin 2011. Tu ne vas quand même pas démissionner ?

— Non.

— Réfléchis et on en reparle demain matin.

— Il faut que l'on s'arrange entre avocats.

Je m'entends tellement bien avec cet homme qu'il m'est impossible de le virer. D'un autre côté, je ne veux pas qu'il se retrouve lésé. Car s'il démissionne, il n'aura droit à aucune compensation financière. Du coup, nous nous arrangeons pour transformer sa démission en faux licenciement. Motif officiel : « Problèmes relationnels insolubles avec les joueurs ». François Brisson, jusque-là son adjoint, le remplace dès le 1ᵉʳ octobre. François a toujours été un second doté d'un potentiel de premier. Il m'apparaît dès lors logique qu'il devienne notre entraîneur principal. Didier Sénac reste adjoint et André Lannoy, entraîneur des gardiens. J'ai toujours eu des atomes crochus avec André. Lui aussi est un mec bien, et un fidèle serviteur du Racing depuis trente ans. Comme gardien, tout d'abord, puis comme entraîneur, jusqu'à son départ en 2001.

Il est facile d'imaginer la réaction des supporters lorsque je me sépare de l'entraîneur qui vient de nous permettre de gagner notre premier titre de champions de France et notre première Coupe de la Ligue ! Comme je m'y attendais, j'en prends plein la figure lors du retour de l'équipe à Bollaert. Surtout qu'entre-temps, Brisson a perdu ses deux premiers matchs, à Auxerre puis à Bastia. Malgré le but marqué par Olivier Bogaczyk face à Montpellier, les supporters sont furieux contre moi. Seule Louisette, notre plus fidèle supportrice, brandit une banderole de soutien : « Allez Gervais ! On est tous avec toi. » Louisette a attendu pendant deux heures sous une pluie battante que je sorte des vestiaires. J'encaisse les coups sans rien dire. Surtout pas la vérité. Je dois bien ça à Daniel.

La chasse à Dacourt

En dehors du nul ramené du Havre, Lens vient de perdre ses cinq autres derniers matchs de championnat. Autant dire que la situation devient réellement inquiétante, au point de pousser Olivier Dacourt à improviser une réunion dans les vestiaires. Il vient à peine d'arriver d'Everton, en Angleterre, mais il se comporte déjà comme l'un des leaders du groupe. Il me prévient :

— Je ne veux pas que le coach y assiste. Mais vous, président, soyez là !

J'accepte et je m'y rends. Et là, Dacourt interpelle Guillaume Warmuz devant tout le monde :

— Toi, je ne partirai jamais en vacances avec toi. Tu me casses les couilles, tu me fais chier, t'es un âne. Mais à partir de maintenant, je vais me mettre le cul par terre pour toi et je te demande de faire la même chose.

Warmuz se lève à son tour et lui répond :

— T'es un gros con, toi. Tu t'y crois. Mais ok, ça marche. Je vais faire pareil que toi.

Dacourt et Warmuz tiennent parole. Le dimanche 23 janvier 2000, Lens se fait sortir dès son entrée en 32e de finale de la Coupe de France par Besançon, un club de national. Après le match, des pseudo-supporters bourrés s'en prennent aux joueurs. Certains se trouvent au pied de l'autocar garé devant le stade. D'autres, comme Dacourt et Pascal Nouma, y sont déjà montés, mais en redescendent pour en découdre. Valérien Ismaël et Guillaume Warmuz m'aident à m'interposer afin d'éviter que les choses dégénèrent vraiment. En vain. Mes joueurs se battent dans la neige contre les fauteurs de trouble, et leur mettent une raclée avant de remonter dans le bus. Tous les joueurs semblent avoir adhéré au pacte de solidarité établi entre Dacourt et Warmuz. Et c'est parti comme ça.

Kaiser Gervais

Les Allemands ont des raisons de se montrer confiants, à la veille de notre 16e de finale retour de cette Coupe de l'UEFA 1999-2000. Le Kaiserslautern de Youri Djorkaeff est venu gagner l'aller à Bollaert, deux buts à un. Depuis, nous avons perdu à Monaco et devant Nantes, trouvant même le moyen de concéder le nul face à Bordeaux. Nous menions pourtant 3-1 mais Stéphane Ziani nous en a mis deux dans le dernier quart d'heure.

Il n'empêche : les discussions des dirigeants allemands durant le repas officiel me gonflent. Serge Doré, qui y assiste lui aussi, a comme moi fait allemand première langue, au lycée. Nos homologues allemands ne le savent pas, mais nous comprenons ce qu'ils disent :

— Qui va aller au tirage au sort des 8e de finale ? demande l'un d'eux.

— Après ce match de baltringues de demain ? rigole un autre.

— J'ai déjà réservé les billets pour le tirage, ajoute un troisième.

Après le dîner, je dis à Serge : « Ils nous prennent pour des pignoufs. On passe vraiment pour des truffes. Demain, après le déjeuner, je parle aux joueurs ! » Le lendemain, je raconte à l'équipe comment s'est déroulé le repas officiel de la veille et leur dis que c'est dans ce genre de situation, quand on est mal, qu'on peut réussir tous ensemble. Ce discours, prononcé avec mes tripes, le cœur serré, a sans doute été l'un de mes meilleurs discours en tant que président. Résultat : j'ai vécu une soirée fantastique. Cyril Rool réussit une partie inimaginable ; on a l'impression qu'il se trouve aux quatre coins du terrain. Quant à Joseph-Désiré Job, qui a déjà marqué à l'aller, il met un triplé. Nous menons trois buts à un, il reste cinq minutes à jouer, quand je m'aperçois que Michel Benguigui, un copain agent, est venu s'asseoir à côté de moi sur le banc de touche.

— Qu'est-ce que tu fais là ? Ne reste pas, on va prendre une amende.

— Je m'en fous.

Alex Nyarko en met un quatrième à la 88e minute, nous permettant de nous qualifier. Les Allemands n'en reviennent pas. Nous allons passer l'hiver au chaud en Coupe d'Europe. Une première, dans l'histoire du club.

Rugby Club de Lens

Quand on aime le sport, comme moi, on aime tous les sports. C'est pour cette raison que je décide de donner un coup de pouce au Rugby Club d'Arras pour l'aider à passer professionnel, en cette fin d'année 1999. Le RC Arras a toujours été un club de rugby très important dans le Nord de la France. Bernard Lapasset, le président de la Fédération Française de Rugby (FFR), veut désenclaver son sport du Sud-Ouest. Si le rugby n'est pas parvenu à s'implanter à Lille, je pense pouvoir y arriver sur Lens et sa région, sans crainte que ce sport ne fasse de l'ombre au football. Son public et ses partenaires sont différents.

Deux autres raisons me poussent à investir dans ce projet : Didier Quillot, directeur France de France Telecom, qui est notre sponsor maillot via Ola, est également un passionné de rugby. De plus, Lens envisage de créer sa propre chaîne de télévision, Onzeo, comparable à OL TV ou OM TV. Commenter nos matches sur notre site Internet fait déjà un carton, en nombre de clics. Mais remplir la grille des programmes d'une chaîne de télévision nécessite de diversifier les sports. À une condition : qu'ils soient de haut niveau. Voir le RC Lens se transformer en une sorte de club omnisports, avec le football et le rugby en tête d'affiche, me semble donc être une bonne idée, en termes d'image. Mon intention est de sortir le RC Arras de l'amateurisme marron. Je commence par arrêter de payer les frais de déplacement, de crainte de subir un contrôle de l'Urssaf à cause de toutes ces indemnités kilométriques servant à rémunérer les joueurs. Puis je fais venir des personnalités du monde de l'ovalie : Jo Maso, Fabien Galthié, Bernard Laporte, Pierre Villepreux viennent à la rencontre des joueurs et des sponsors pour leur transmettre leur passion du rugby. Le RC Arras réussit deux montées consécutives et attire près de sept cents spectateurs en moyenne lors de ses matchs en fédérale 1. Il se voit même offrir la possibilité de monter en pro D2, lors du dernier match de la saison 2001-2002. Son adversaire pour ce match de l'accession est le LOU, l'équipe de Lyon. Quand je vois les Lyonnais arriver avec le bus de l'OL, comme je suis superstitieux, je me dis que nous allons nous faire battre. Et c'est exactement ce qui se passe.

L'autre contrariété provient du stade Émile-Zola d'Arras. Avec sa main courante tout au long du terrain, il n'est pas adapté à la pratique du sport de haut niveau. Le maire d'Arras m'a promis un nouveau stade mais je n'en ai jamais vu la maquette. La mairie aurait dû me prévenir qu'elle ne comptait pas en construire un nouveau pour le rugby.

Impossible de faire jouer les rugbymen à Bollaert, qui est dépourvu de pelouse hybride. De plus, Quillot ne m'aide pas au niveau de ce que j'espérais. Enfin, l'idée de m'associer à l'AS Saint-Étienne pour amortir les coûts de financement de la création d'Onzeo tombe à l'eau. Les Verts sont descendus en ligue 2, à l'issue de la saison 2000-2001. Ils vont y rester trois ans. Après avoir perdu un fric fou à titre personnel, je décide de jeter l'éponge. Tout en restant amoureux du ballon ovale.

Blondeau, tête à claques

Le dernier match de cette année 1999 nous conduit au stade Vélodrome de Marseille, où nous gagnons à dix contre onze et dans une ambiance sulfureuse. Insurrectionnelle, même. Tout a pourtant mal débuté, pour nous. Marseille ouvre rapidement le score grâce à Daniel Montenegro. Cyril Rool se fait ensuite expulser avant la mi-temps. Mais William Gallas marque contre son camp, au retour des vestiaires. Puis monsieur Patrick Lhermite ne sanctionne pas un tacle dans la surface de Franck Queudrue sur Robert Pirès… qui nous met le but de la victoire à la dernière minute. Les CRS sont obligés d'intervenir pour faire évacuer le stade.

L'ambiance était déjà tendue avant le coup d'envoi : Patrick Blondeau avait mis une claque phénoménale à Guillaume Warmuz dans le tunnel du Vélodrome. Du style de celles de « Bébel » dans ses films. Invité le lendemain à passer en direct dans *Téléfoot*, l'émission dominicale de TF1, je dénonce le geste du défenseur marseillais. Les réactions ne se font pas attendre. Robert Louis-Dreyfus, le patron de l'OM, me téléphone dans l'après-midi, furieux :

– Mais tu es complètement taré de dire ça à la télévision !

– Je ne peux pas accepter que l'un de mes joueurs se fasse agresser avant un match, chez toi.

– T'as gagné, alors c'est quoi, le problème ?

– Tu n'as qu'à calmer tes joueurs.

Nouma, le coup de barre

Après les Allemands du Kaiserslautern en Coupe de l'UEFA, Lens élimine les Espagnols de l'Atlético Madrid, notamment grâce à deux buts de Pascal Nouma lors du match retour à Bollaert, puis ceux du Celta de Vigo. Nous voilà pour la première fois en demi-finale d'une Coupe d'Europe, en ce 6 avril 2000. L'affaire s'annonce compliquée. Nous nous rendons à Highbury sans notre charnière centrale. Avertis au tour précédent, Valérien Ismaël et José-Karl Pierre-Fanfan se trouvent suspendus ; nous encaissons un but dès la 2e minute par Dennis Bergkamp. Pascal Nouma a l'occasion d'égaliser en fin de match et de se faire ainsi définitivement adopter par nos supporters. En plus d'être un ancien Lillois, ils lui en veulent toujours d'avoir montré ses fesses à la tribune Marek, lors d'un match joué à Bollaert contre le Racing Club de Strasbourg. Quand je l'ai fait signer, après notre titre de champion de France, les supporters ont fait circuler une pétition pour protester contre sa venue. Si je signe un sourd-muet ou un aveugle et qu'il marque, pas de problème. Or, Nouma nous a déjà marqué cinq buts, en Coupe d'Europe. Même s'il fait la fête, c'est un grand professionnel qui n'a peur de rien. Il est capable de foncer la tête la première dans un autobus, si on le lui demande. Là, tout ce que j'attends de lui, c'est qu'il la mette au fond. Alors qu'il se trouve à six mètres de la cage, il se débrouille pour envoyer le ballon sur la barre ! Après avoir égalisé au retour, il perd son face-à-face avec David Seaman dans le dernier quart d'heure. Nous sommes éliminés.

Mais pour nous, c'est comme si on l'avait gagnée, cette Coupe de l'UEFA. Elle nous a conduits à disputer douze matchs européens. Jamais le RC Lens n'en avait joué autant dans une saison, et nous n'étions jamais allés si loin, à ce niveau. Notre dynamique européenne a été absolument dingue. Entre les mecs du club et les autres, nous avons finalement réussi à constituer une équipe terrible. Dans ma tête, cela reste une saison incroyable, qui m'a fait passer de la tristesse à l'accablement, puis à l'euphorie. Je la boucle sur une petite déception, tout de même. Contre toute attente, le Paris-SG, dauphin de Monaco et déjà qualifié pour la Ligue des champions, perd la finale de la Coupe de la Ligue face à Gueugnon, un club de ligue 2. Si les Parisiens l'avaient gagnée, Lens, qui vient de terminer cinquième du championnat, aurait récupéré leur place en Coupe de l'UEFA. Il faudra se contenter de jouer la Coupe Intertoto. Sans Nouma : je ne peux refuser l'offre de 4 M€ du Besiktas Istanbul pour le faire venir en Turquie, où il deviendra une star de la télévision, après avoir été, finalement, celle de Bollaert.

Courbis chez les « pingouins »

À trois semaines de la reprise de la saison 2000-2001, je me prends une grosse tuile sur la tête : François Brisson m'annonce qu'il souhaite prendre du recul. Il vient pourtant de réussir une super saison, en conservant les mêmes bases que Daniel Leclercq. C'est un bon entraîneur, un homme de qualité, mais aussi très anxieux. Il lui arrive de me téléphoner le soir pour discuter des joueurs, des compositions d'équipe, car il a des hésitations. Un jour, après deux heures de discussion, ma femme me crie : « Le repas est servi ! Tu viens, oui ou non ? » J'ai pincé mon chien pour qu'il aboie et dit à François : « Excuse-moi, j'ai des invités qui arrivent pour dîner. Je suis obligé de raccrocher. »

Brisson ne se sent pas en état de conserver son poste de numéro un chez les pros. Il est en situation de burn-out et, en son âme et conscience, il veut souffler. Sans doute, aussi, privilégier sa vie de famille. Je comprends et j'accepte sa décision. Mais elle me place dans l'embarras, car je ne m'y attendais vraiment pas. Je n'ai soudain plus d'entraîneur. Je n'en vois qu'un pour remplacer Brisson : Rolland Courbis. Je sais que mon choix va être très critiqué, mais je le choisis sans hésitation. Compte tenu de son expérience et de sa connaissance du football, c'est l'homme de la situation. Je sonde plusieurs cadres de l'équipe, ainsi que Didier Sénac. Tous sont d'accord avec ma décision. De plus, Courbis se retrouve libre depuis qu'il a donné sa démission à Marseille, fin novembre. Il est donc opérationnel immédiatement et disposé à venir dans le Nord. Affaire conclue. Le 31 mai 2000, Courbis devient l'entraîneur de Lens pour un an.

Comme je l'avais prévu, pas mal de supporters expriment leur mécontentement à l'annonce de sa venue. Ils ne pardonnent pas à Courbis sa sortie médiatique de l'automne dernier quand, avant de venir jouer un match à Bollaert avec l'OM, il avait déclaré : « La pelouse de Bollaert à cette époque doit tellement ressembler à une banquise que je ne serais pas surpris d'y voir des pingouins. » Lors des premiers matchs, certains de nos supporters viennent au stade avec des pingouins en peluche. D'autres sont carrément déguisés en pingouins. C'est marrant. Mais comme Rolland aime bien les gens, il se fond très vite dans le moule lensois. Surtout que ses débuts sont réussis : Lens est toujours invaincu après six journées. Forts de nos quatre victoires et deux nuls, nous sommes même leaders du championnat. Grâce à Rolland, je comprends aussi l'importance que va prendre le smartphone.

El-Hadji Diouf, chipé c'est posté

El-Hadji Diouf revient à Lens. Je dis « revient », car l'attaquant sénégalais est déjà passé chez nous, il y a cinq ans : il avait débarqué du Sénégal à l'âge de quatorze ans pour effectuer un stage d'une quinzaine de jours à Lens, avant de se voir recaler lors des tests de sélection pour les jeunes. Il était alors parti à Sochaux, pour être formé par Francis Gillot, avant d'être transféré à Rennes pour 5,35 M€, l'été dernier.

Quand je l'ai vu jouer en amical, lors d'un Rennes-Lens à Saint-Malo début juillet, je me suis dit que c'était l'attaquant qu'il nous fallait pour remplacer Pascal Nouma.

D'autant plus que Rennes veut le prêter et qu'il souhaite, quant à lui, quitter la Bretagne, où il ne se sent plus bien depuis qu'il a connu un problème extra-sportif, au printemps[1]. Rolland Courbis est aussi agréablement surpris par le niveau d'El-Hadji Diouf, qu'il suit depuis ses débuts avec Sochaux.

J'ai bon espoir de régler l'affaire, jusqu'à ce lundi 31 juillet. Il est un peu plus de 18 heures quand j'apprends qu'il vient à l'instant de donner son accord à Toulouse. Un peu plus tard, Rolland Courbis, qui est toujours au courant de tout, m'informe que la secrétaire du Stade Rennais a oublié de lui faire signer son contrat avant de quitter son bureau. Rolland et moi décidons aussitôt de l'appeler pour le convaincre de venir à Lens, en lui disant notamment : « On te paye le taxi et on te signe de suite. »

El-Hadji Diouf débarque à 23 h 30. Afin de ne pas me faire griller à mon tour, j'envoie dans la foulée quelqu'un à Paris, pour apporter son contrat au bureau de poste du Louvre, dans le IIe arrondissement, le seul de la capitale ouvert 24h/24. Je connais un employé des PTT qui y travaille ; d'ordinaire, je lui offre un maillot du RC Lens. Cette fois, il aura droit à la panoplie complète, car lorsque le contrat est posté, il est minuit passé, mais le tampon de la Poste, qui fait foi, indique 23 h 50. Rennes est incapable de rattraper son erreur et Toulouse ne peut plus rien faire. El Hadji-Diouf est désormais lensois.

1. Le 4 mars 2000, vers 5 h 15, alors qu'il se trouvait au volant d'un véhicule loué au nom de sa petite amie, El-Hadji Diouf, qui ne possède pas de permis de conduire, percute une voiture conduite par une étudiante venant en sens inverse sur la route de Rennes. Jugé en correctionnelle le 12 avril pour blessures involontaires, conduite sans permis et défaut de maîtrise, il a été condamné pour ces faits le 13 septembre de la même année.

Serge Doré et l'enfoiré

Il est 6 heures du matin quand on sonne à la porte de ma maison, en ce lendemain de Noël. Lorsque j'ouvre la porte, cinq policiers me font face sur le perron.

— Monsieur Gervais Martel ?

— C'est moi-même.

— Police judiciaire. Nous sommes venus perquisitionner votre domicile.

J'ai à peine le temps de réveiller ma femme et ma fille et de me préparer un café que les cinq policiers ont déjà commencé à fouiller mon domicile. J'apprends qu'ils agissent sur dénonciation anonyme. Il existerait une double billetterie à la boutique et au club. Première nouvelle.

— Qu'y a-t-il dans cet ordinateur ? me demande un policier.

— Tintin, Milou et le capitaine Haddock.

— Pardon ?

— Les dessins animés de ma fille de six ans.

— C'est ça…

Les policiers allument l'ordinateur et tombent effectivement sur les dessins animés de Camille. Ils repartent en emportant d'autres documents et diverses affaires. J'appelle aussitôt le club pour savoir de quoi il peut bien en retourner. Personne ne sait rien. Peut-être Serge Doré a-t-il fait imprimer des places d'invitation au lieu de places VIP, comme cela lui est déjà arrivé une fois. Je pense plutôt qu'un nouvel ami venu du côté de la mairie a voulu nous nuire. Lens étant une petite ville, la nouvelle se répand très vite. Mon père me téléphone :

— Gervais, tu n'as pas fait une connerie, au moins ?

— Mais non, papa. Ne t'inquiète pas. Ce n'est qu'un malentendu.

Ce n'est pas exactement ce que les gens ont pensé. Quelques jours plus tard, alors que nous faisions des courses en ville, Isabelle et moi avons eu la désagréable surprise de voir des personnes changer de trottoir en nous apercevant. C'est le revers de la médaille pour tout personnage public. Une fois l'erreur prouvée, l'affaire a vite été classée sans suite. J'attends avec impatience la fin de la prescription, en 2025, pour connaître le nom de celui qui a tenté de nous salir.

Pas roulé mais bourré

Je sors d'un dîner arrosé avec tout le club, en ce dimanche 14 janvier 2001. Comme j'ai arrêté de fumer, mais pas de boire un petit coup de temps à autre, je laisse sagement le volant à ma femme. Nous devons récupérer notre fille laissée chez une amie à Marcq-en-Barœul. Tandis que nous passons sous un petit tunnel du grand boulevard conduisant à Roubaix, je cherche en vain mon téléphone dans la voiture. Je profite du feu rouge pour aller voir s'il ne se trouve pas dans le coffre. Le feu passe au vert, au rouge, puis de nouveau au vert. Ma femme cale.

Des véhicules s'impatientent derrière nous. Des agents de sécurité de Transpole, la société chargée de l'exploitation du réseau de transports en commun de la métropole de Lille, se trouvent à bord de l'un d'eux. Ils en descendent pour demander à ma femme de redémarrer, car nous bloquons le passage. Le ton monte. Les agents me frappent et me plaquent au sol sans raison valable. Quand la police arrive, je suis fou de rage. Je me retrouve en garde à vue et placé en cellule de dégrisement au commissariat de Lille. J'en ressors à 3 h 30 du matin, poursuivi pour outrage et rébellion aux forces de l'ordre et conduite en état d'ivresse alors que c'est Isabelle qui conduisait. Le plus incroyable, c'est que le tribunal correctionnel de Lille m'a condamné à une amende, assortie d'un retrait de permis de six mois, bien que je me sois fait taper dessus. Je n'ai rien dit lors de l'audience, alors que j'avais des témoins visuels, notamment le kiné de l'équipe de France de handball de l'époque, qui a assisté à toute la scène. Je le sais car il m'a envoyé son témoignage par courrier. Je ne m'en suis pas servi à l'audience pour éviter des représailles éventuelles sur le club.

« Mauvaise touche » et Grozdić

Il a fallu un mauvais déclic et quelques changements un peu compliqués de sa part lors du derby perdu dans les dernières minutes à Lille, alors que nous menions 1-0, pour que l'idylle entre Courbis et Lens commence à se ternir, à partir de ce 24 septembre. Soudain, nous n'obtenons plus aucun résultat.

Cette situation me paraît incompréhensible car Rolland est un gars intéressant, un mec adorable, doté d'une connaissance incroyable du foot. C'est une encyclopédie vivante, une machine à histoires. Et puis, il me fait souvent rire. À chaque fois qu'un adversaire effectue une remise en touche près de son banc, il se met à crier à l'arbitre :

« Mauvaise touche ! Mauvaise touche ! » Cela marche une fois sur mille, mais il le fait constamment, comme si c'était un toc.

Il est vrai aussi que son management se révèle spécial, à l'ancienne. Courbis se comporte davantage comme un manager général que comme un entraîneur. Il laisse à Georges Tournay, son adjoint, le soin de s'occuper des séances d'entraînement. Quand il décide de ne pas faire jouer un joueur, il lui demande de se préparer pour la semaine suivante. Lors d'une séance vidéo, il a démontré à Philippe Brunel, preuves à l'appui, qu'il ressemblait davantage à une danseuse qu'à un footballeur sur un terrain. Au lieu d'aiguillonner les joueurs, cette façon de faire a tendance à les démobiliser.

Et puis, s'il a eu le mérite de m'amener El-Hadji Diouf, il m'a fait un recrutement de dernière minute en août, avec Didier Sénac. Nenad Grozdić est un échec total, certainement le plus grand de ma carrière. Il faut une pelouse bien tondue pour que le milieu international yougoslave puisse jouer, sinon on ne le voit plus. Quant au milieu international tchèque Radek Bejbl, il est arrivé blessé de l'Atlético Madrid. Lui aussi est une déception. Idem pour Franck Dumas, que Rolland a fait venir de Marseille : il se blesse, et la défense prend trop de buts.

Mais le gros point de friction concerne l'Argentin Esteban Fuertes. Nouveau directeur du club depuis le 2 décembre 1999, Jean-Luc Arribart a déniché ce super attaquant en Amérique du Sud, dans son petit club Atlético Colon de Santa Fé, où il vient d'être sacré meilleur buteur du championnat d'Argentine. Mais Rolland ne lui fait pas confiance à 100 %. Pire, il ne calcule pas Fuertes. Et puis, Arribart n'accroche pas du tout avec Courbis, c'est le moins qu'on puisse dire. Comme Rolland, Jean-Luc connaît pourtant le football et c'est un bon directeur sportif, même s'il est parfois un peu trop entier. Cela lui a valu de s'être mis des joueurs à dos et de quitter le club, en octobre. Le football est un sport collectif : lorsque les joueurs ne s'entendent pas, cela se ressent tout de suite dans l'équipe. C'est ce qui se passe depuis le début de cette saison 2000-2001. Et cela ne peut pas durer.

Tournay les hélicos

La vérité, dans le football, on ne sait jamais vraiment où elle est. Sauf à la fin du match. Et nous perdons pour la troisième fois de suite 1-0 à Strasbourg, pourtant dernier du championnat, le 7 février 2001. Bien que nous formions un groupe très fort, une équipe bâtie pour l'Europe, nous nous retrouvons désormais treizième. Après un début de saison tellement prometteur, Lens est obligé de jouer son maintien lors des huit derniers matchs. Ce sera sans Courbis. Son aventure dans le Nord s'arrête là. C'est d'ailleurs lui qui me le suggère, lorsque nous nous voyons le lendemain :

— Si tu penses qu'il faut faire quelque chose de fort pour redresser la situation, je suis prêt à me retirer.

— Oui, il faut essayer de créer un choc psychologique.

— Alors, il faut que tu changes d'entraîneur.

— Il n'y a pas d'autre solution.

C'est la mort dans l'âme que je me sépare de Rolland. Enfin, pas tout à fait, parce qu'à la fin de notre conversation, je comprends qu'il veut simplement rester au club, garder sa location jusqu'à la fin de la saison car sa fille se trouve scolarisée dans la région. Courbis est un gentleman. Alors que je lui dois encore quatre mois de salaire, il ne me demande rien d'autre.

Georges Tournay s'impose comme la solution la plus logique pour le remplacer à la tête de l'équipe. C'est un mec du cru et un bosseur. Le lundi matin, je l'appelle pour lui demander de prendre les pros. Georges accepte sans hésiter. Trois mois et demi plus tard, nous nous sauvons de trois points à l'issue d'une saison bizarre. C'est un miracle.

Trois hommes et un coup pas fin

Après l'expérience Courbis, je décide de revenir à quelque chose de plus stable. Le Racing Club de Lens vient d'être secoué et il est grand temps de renouer avec l'« esprit club ». Avec Georges Tournay, nous nous sommes aperçus que le staff technique se révélait beaucoup trop limité par rapport aux nouvelles exigences du football moderne. Patrice Bergues et Jean-Luc Lamarche n'ont jamais été remplacés.

Je décide donc de retourner les chercher, d'autant plus que j'ai appris qu'ils arrivaient tous deux en fin de contrat. Le premier à Liverpool, où il est l'adjoint de Gérard Houllier depuis trois ans ; le second au Paris-SG, où cela fait deux ans qu'il s'occupe du recrutement. Je contacte Jean-Luc Lamarche, qui accepte ma proposition de revenir avec des fonctions de recruteur et d'observateur. Son retour est officialisé en juin.

Quand j'appelle Patrice Bergues, il m'explique qu'il ne peut pas venir me voir à Lens : Liverpool joue pratiquement tous les trois jours. Je décide donc d'aller le rencontrer dans le nord de l'Angleterre avec Jean-Luc Lamarche, pour lui proposer de revenir au club dans un autre rôle que celui d'entraîneur. Je lui offre de manager l'ensemble du domaine sportif et de développer le centre de formation de La Gaillette, qui commence à sortir de terre. Bergues hésite. Pas facile pour lui de quitter un aussi grand club que Liverpool. Mais je sais que sa femme est nostalgique de la France, et plus particulièrement du Nord-Pas-de-Calais, où vivent ses parents et ses amis. Comme je l'espérais, Bergues finit par me donner son accord de principe.

Je travaille aussi en parallèle sur le futur entraîneur. Je sonde Joël Muller, dès le mois de mars. Nous décidons de réfléchir à la question, chacun de son côté. Je vais ensuite le voir chez lui, à Moulins-lès-Metz, où je lui propose clairement le poste d'entraîneur. Il a réussi une belle carrière au FC Metz, un club qui ressemble au RC Lens. La Lorraine et le Nord-Pas-de-Calais partagent également des valeurs communes. Muller est un grand professionnel, calme, sérieux et reconnu dans le monde du football. Malgré des moyens limités, il a obtenu de bons résultats à Metz, qui l'a pourtant remercié en décembre. Il est donc libre et il accepte. À une condition : pouvoir venir accompagné de Michel Ettorre, qui était son entraîneur des gardiens à Metz. Accordé. En échange, Muller accepte de garder Georges Tournay comme adjoint. Si l'on ajoute Daniel Krawczyk pour la remise à niveau des joueurs revenant de blessure, et Didier Sénac pour le recrutement, Lens peut désormais s'appuyer sur l'un des meilleurs staffs techniques de France.

Afin de ramener de la stabilité au niveau des dirigeants, Bergues, Lamarche et Muller signent tous trois un contrat de quatre ans. Ils vont notamment chercher trois Stéphanois : les milieux de terrain Stéphane Pédron et Pape Sarr, ainsi que... Jean-Guy Wallemme, pour encadrer le groupe. Le recrutement m'apparaît cohérent. Et en effet, il porte ses fruits au-delà de mes espérances. À la trêve, Lens est leader, avec deux points d'avance sur Lyon et trois sur Auxerre. Nous décrochons le titre honorifique de Champion d'automne.

Mais je vais peu à peu m'apercevoir qu'il est difficile de recréer l'histoire. Directeur sportif, ce n'est pas son truc, à Bergues. Il va laisser les discussions avec les managers des joueurs et les questions financières à Francis Collado, notre directeur administratif et financier depuis quatre ans. Lamarche est intrinsèquement l'un des plus forts au poste de recruteur, mais il va également rencontrer des problèmes relationnels avec Collado. La situation devient donc complexe. Faire du neuf avec du vieux, ce n'est pas une garantie de réussite. J'en avais déjà eu la preuve avec Daniel Leclercq. Je vais bientôt en recevoir la confirmation.

Campora, le gentleman

Jean-Louis Campora est un gentleman comme il en existe peu. Médecin de formation, il préside l'AS Monaco depuis 1975. C'est un gars charmant, qui en impose. On dit qu'il dirige le football français, ce qui n'est pas loin d'être vrai à cette époque. Il s'agit également d'un homme d'honneur : une tape dans la main et l'affaire est réglée.

C'est ce qui se passe au cours de cet été 2001, au sujet du transfert de José-Karl Pierre-Fanfan. Il sort de deux bonnes saisons chez nous, au point d'être devenu l'un des meilleurs défenseurs centraux français, à vingt-cinq ans. Comme il lui reste deux ans de contrat, je fixe son prix de vente à 12 M€. Arsenal et le Bayern Munich s'étaient intéressés à lui, l'été dernier, mais j'avais besoin de le garder. Cette année, je suis prêt à le vendre, mais aucun club ne veut payer ce prix.

Je sais que Monaco s'apprête à céder Philippe Christanval au FC Barcelone. Il cherche donc à le remplacer. Campora est d'accord pour prendre Pierre-Fanfan. Mais pas au prix que je souhaite. Il m'annonce :

— Je t'en propose 8 M€.

— Jean-Louis, il faut que tu m'aides. Rends-moi service : rajoute deux millions.

— D'accord.

Pierre-Fanfan signe à Monaco pour quatre ans et 10 M€, le 19 juin 2001. Je n'ai jamais oublié l'aide que Jean-Louis m'a apportée, cet été-là. C'est pour cette raison que je ne lui en veux pas de m'avoir conduit à emboutir ma voiture, début mai 2023. Venant d'apprendre le départ soudain et contraint de Jean-Michel Aulas de la présidence de l'Olympique Lyonnais, Campora m'appelle pour me demander son numéro de téléphone. Au volant de ma voiture, je me penche pour le chercher sur mon portable, posé sur le siège passager. Je n'ai pas vu que le camion qui roulait devant moi venait de s'arrêter à un rond-point. Je le connais pourtant par cœur, ce rond-point ; il se situe juste à côté de mon domicile. L'avant de ma voiture a fini encastré dans son pare-chocs arrière. Quand le conducteur du camion est descendu pour venir à ma rencontre, il m'a lancé :

— Ah c'est vous ? Je suis content de vous voir, monsieur Martel.

— Pas moi.

Le coup de CAN

Le 2 février, à dix journées de la fin du championnat, Lens possède désormais huit points d'avance sur Lyon. Mais plusieurs de nos joueurs partent au Mali pour y disputer la Coupe d'Afrique des Nations (CAN). Il en va ainsi des Sénégalais Ferdinand Coly, El-Hadji Diouf, Pape Sarr, Papa Bouba Diop, qui vient d'arriver du Grasshopper Zurich, en Suisse, et du Malien Adama Coulibaly. J'ai anticipé leur absence en recrutant le défenseur de Lyon Jacek Bak et l'attaquant Bruno Rodriguez.

Deux victoires, un nul et une défaite : nous parvenons à limiter la casse. Tous nos Africains, notamment les Sénégalais qui ont perdu la finale aux tirs au but contre le Cameroun, sont revenus à deux jours de la réception de Lorient, programmée le 16 février. Je vais donc de nouveau pouvoir compter sur des joueurs comme Ferdinand Coly. Lui, c'est une fusée sur son côté droit, un guerrier et un super mec. Didier Sénac m'a suggéré son nom, durant l'été 1999. Châteauroux me l'a cédé pour 50 000 €, plus des primes de résultats.

Les Sénégalais sont tous rentrés, sauf un : El-Hadji Diouf. Il a déjà perdu son grand-père et, deux fois, sa grand-mère. Bref, quand il part en sélection, il a pris l'habitude de rester au Sénégal, où il fait ce qu'il doit y faire. Cette fois, il vient de rencontrer sa femme et il a décidé de s'accorder une semaine de vacances à Dakar, après la CAN.

J'envoie Jean-Luc Lamarche le chercher au Sénégal, où El-Hadji lui promet de reprendre l'avion, le lendemain. Ce qu'il ne fait pas, bien entendu. Sans lui, nous perdons deux matchs a priori faciles. Il finit tout de même par nous rejoindre à Montpellier, où Joël Muller décide de le faire débuter à la place de Bruno Rodriguez. Malgré l'expulsion de Ferdinand Coly à la demi-heure de jeu, nous gagnons 2-1. Et qui ouvre le score ? Diouf.

Dugarry, mal m'en a pris

Il reste deux journées à disputer dans ce championnat 2001-2002. Si nous battons Guingamp et que Bordeaux fait de même devant Lyon, nous sommes champions. Comme les Girondins ne jouent plus rien et que j'entretiens de bonnes relations avec Christophe Dugarry, je l'appelle pour le motiver. Mon message est simple : « Bougez-vous le cul ! » Cela s'appelle un coup de téléphone à cent millions. Ou à deux balles, c'est selon, parce que Dugarry a tellement voulu me faire plaisir que son accès de bonne volonté lui a valu d'être expulsé dès la demi-heure de jeu, après s'être accroché avec Marc-Vivien Foé. Avant cela, Pedro Pauleta a trouvé la barre, puis le Portugais s'est vu refuser un but pour hors-jeu, dans le premier quart d'heure. Je me dis alors que la chance est en train de tourner. Surtout qu'en seconde période, lancé par Pierre Laigle, Sonny Anderson réussit un contrôle de fou et marque l'unique but de ce Bordeaux-Lyon. De notre côté, nous battons facilement Guingamp, 4-1. Mais nous ne sommes pas champions. Quand ça ne veut pas, ça ne veut pas.

Les larmes de Gerland

Malgré le retour de nos Africains, nous ne prenons que cinq points lors de nos cinq derniers matchs, si bien que notre avance sur Lyon fond de huit à un point, en neuf journées. Il en reste une dernière à disputer, le samedi 4 mai 2002. Et le hasard du calendrier nous envoie jouer le titre… à Lyon, où un match nul nous suffit. Lens étant la meilleure équipe à l'extérieur de cette saison 2001-2002, je suis confiant en arrivant à Gerland.

Je le suis moins, soudain, en voyant la gueule de mes joueurs. Un silence de mort règne dans le vestiaire. Inconsciemment ou non, certains commencent à se dire : « Si jamais on finit deuxième, ce sera bien, aussi. » Je sens les joueurs gagnés par beaucoup de fébrilité. Par un peu de fatigue, aussi. Dans la nuit, des supporters lyonnais sont venus mettre le bazar devant notre hôtel. L'alarme incendie s'est déclenchée et nous nous sommes tous retrouvés devant l'hôtel, à 4 heures du matin.

Et nous ne sommes visiblement pas encore réveillés lors du coup d'envoi. Sidney Govou en profite pour ouvrir le score, puis Philippe Violeau double la mise, avant le premier quart d'heure. Cela ne peut pas plus mal débuter. Heureusement,

Jacek Bak, que je peux faire jouer contre son ancienne équipe car je l'ai acheté, réduit la marque. Mais Pierre Laigle – encore lui ! – marque un troisième but pour Lyon.

C'est fini. Lyon est champion de France pour la première fois de son histoire. Cet échec marque beaucoup Joël Muller. Comme quatre ans plus tôt avec le FC Metz, il termine deuxième. Avec la Coupe de la Ligue perdue en 1999, c'est la troisième fois en quatre ans qu'il rate un titre. J'aurais dû être un peu plus superstitieux au moment de l'embaucher. Mais je ne regrette rien, car c'est un grand professionnel.

Sans le vouloir, nous venons de mettre le pied à l'étrier à l'Olympique Lyonnais. Après cela, il gagnera encore six titres d'affilée. Au coup de sifflet final, Jean-Michel vient me taper dans le dos. Hier encore, je l'invitais à assister à nos matchs de Ligue des champions, à Bollaert. Quand il a repris l'OL, en 1987, il galérait en D2, ne pouvant guère compter que sur Eugène Kabongo Ngoy, son meilleur buteur. Il a fait de Lyon, jusque-là ville secondaire du football, une place centrale du foot français. Quand je me retourne, Aulas me voit en pleurs. Je suis immensément triste, pour le club et pour nos deux mille cent supporters qui ont effectué le déplacement à Gerland afin de nous soutenir encore une fois.

On m'a reproché de n'avoir pas ouvert Bollaert dans la nuit. Si nous ne sommes pas champions, les supporters sont tout de même contents de notre saison. Ils avaient envie de fêter leur équipe. Avec le recul, je me dis qu'ils avaient raison et que j'ai certainement commis une erreur ; j'étais trop dépité pour leur ouvrir Bollaert. Je suis mauvais perdant.

Chapitre VI

Complications
(2002-2007)

Malgré une finale de Coupe de France perdue en 1998 et un second titre de champion manqué de peu en 2002, le RC Lens a réussi à prendre le virage de l'an 2000. Il est redevenu un club qui compte, dans le paysage du football français et européen. Mais la concurrence devient de plus en plus rude. Le club doit donc se battre avec ses moyens mais aussi, désormais, avec un nouvel outil : La Gaillette.

Escort Boy

Présider un club de football ne présente pas que des inconvénients. Je m'en rends compte sur le trajet vers Auxerre, où Lens joue dans la soirée. Je roule comme un fou sur l'autoroute lorsque j'entends une sirène de police. Un motard de la gendarmerie nationale se porte à la hauteur de mon véhicule et me fait signe de me ranger sur le bas-côté de la chaussée. Je m'exécute. Le gendarme n'a pas le temps de descendre de sa moto que je le préviens :

— Je suis le président du Racing Club de Lens. Vous n'allez pas m'arrêter. J'ai un match très important à Auxerre ce soir, et je suis en retard.

— On vous escorte.

Non seulement les deux motards ne m'ont pas verbalisé, mais ils m'ont gentiment ouvert la route jusqu'au stade de l'Abbé-Deschamps.

Seydoux, un projet de fou

Michel Seydoux m'a estomaqué. À peine nommé président du LOSC, voilà qu'il m'invite à déjeuner à Lille pour me faire son cinéma. De la part d'un producteur de films, ce n'est guère étonnant. Ce qui l'est davantage, c'est l'idée qu'il me soumet : prendre exemple sur Milan pour construire un grand stade dans le nord de la France, dont le LOSC et le RC Lens deviendraient les deux clubs résidents, à l'instar de l'Inter et du Milan AC dans la capitale lombarde. Je comprends immédiatement sa démarche : ne parvenant pas à trouver le financement de son nouveau stade censé remplacer le vieillissant Grimonprez-Jooris, il veut que j'en bâtisse un avec lui. Pour m'appâter, il me propose de le situer à mi-chemin entre Lens et Lille, quelque part entre Carvin et Hénin. Hors de question. Pas touche à Bollaert. Bollaert, c'est Bollaert, Lens c'est Lens, et le RCL ne peut jouer ailleurs qu'à Bollaert. Seydoux s'est fait des films. Je refuse sans hésitation.

El-Hadji Diouf fait sauter la banque

Je dois être l'un des rares Français satisfaits, pour ne pas dire le seul, en ce 31 mai 2002. Pour sa première participation à une phase finale de Coupe du monde, le Sénégal crée la surprise en battant les champions du monde français en titre. Et quatre des vingt-trois « Lions de la Teranga » jouent chez nous : Ferdinand Coly, Papa Bouba Diop, El-Hadji Diouf et Pape Sarr. Lens est même le club qui possède le plus d'internationaux sénégalais dans son effectif. Cela ne date pas de cette Coupe du monde ; tout au long de ma présidence, les Africains m'ont apporté beaucoup de satisfaction. Notamment El-Hadji Diouf. Sous le maillot lensois, il vient de décrocher le Ballon d'or africain, en 2001, et il remettra ça en 2002. Nous venons de terminer deuxième grâce à lui et avons perdu le titre de champion de France à cause de lui. Gérard Houllier me téléphone d'ailleurs à son sujet :

— On veut te voir à Londres, avec mon directeur général de Liverpool.

— Venez plutôt ici.

— D'accord. On se retrouve à l'hôtel Sheraton de Roissy-Charles-de-Gaulle.

Francis Collado m'accompagne au rendez-vous. C'est un collaborateur sans faille, un homme de devoir et d'une grande sincérité envers le RC Lens. Houllier m'explique l'objet de notre entrevue :

— On a une proposition d'enfer à te faire pour El-Hadji Diouf.

— Je ne suis pas vendeur.

— On te propose 15 M€.

— On va déjeuner, mais je veux 30 M€. *(Craignant que Francis Collado ne fasse un malaise, je lui donne un coup de pied sous la table.)* C'est son prix, après sa Coupe du monde et les quarts de finale du Sénégal.

— Je te rappelle qu'on l'avait déjà contacté avant la Coupe du monde. On peut monter notre offre à 18 M€, plus des bonus.

— Bon, vous n'avez visiblement pas compris. On va donc arrêter de parler de Diouf. Sinon, on va finir par se disputer.

— Je reviens...

Houllier quitte la table, sans doute pour aller téléphoner. Au bout d'un petit moment, il revient et se rassoit.

— 20 M€.

— Non, c'est 22 M€, plus des bonus. C'est à prendre ou à laisser.

— OK. Mais c'est bien parce que c'est toi, Gervais.

En signant pour cinq ans à Liverpool en cet été 2002, El-Hadji Diouf a permis à Lens de réaliser le plus gros transfert de son histoire[1].

En plus des 22 M€, les bonus comprennent notamment un match amical, qui n'aura jamais lieu, et une qualification des Reds en Ligue des champions. Quelque temps après, Gérard Houllier me rappelle :

— Tu sais si la grand-mère de Diouf vit encore ?

— Non. Elle est déjà morte au moins trois fois.

Diouf, c'est un dribbleur dans la vie et un enjôleur. C'est toujours un plaisir de le revoir quand je me rends

1. Il faudra attendre vingt et un ans pour voir Lens battre ce record avec la vente de l'Ivoirien Seko Fofana au club saoudien Al-Nassr pour 25M€ et, surtout, celle du Belge Loïs Openda au club allemand du RB Leipzig pour 43M€ (plus 6M€ de bonus et un pourcentage à la revente).

au Sénégal. Je ne manque toutefois pas de lui rappeler que c'est à cause de lui que Lens n'a pas été champion, en 2002. Je lui en veux encore, mais je l'adore. Après tout ce qu'il nous a fait pendant deux ans, j'ai compris que cette année de Coupe du monde tombait bien et qu'après la saison qu'il venait de réussir malgré tout, il fallait le vendre.

Gaillette, galette

Cinq années d'efforts se trouvent enfin récompensées en ce jeudi 10 octobre 2002, avec l'inauguration de La Gaillette devant le ministre des Sports, Jean-François Lamour et plus de mille invités. Dans le projet de développement du club élaboré en 1997 figurait la volonté de gagner enfin des titres et de se doter de nouvelles installations modernes. J'estime qu'il est nécessaire de compter dans l'équipe quatre à cinq joueurs formés au club et originaires de la région. Le club est d'ailleurs devenu Champion de France en 1998 avec Philippe Brunel et Cyrille Magnier, natifs de Boulogne-sur-Mer, Yoann Lachor, d'Aire-sur-la-Lys, Éric Sikora, de Courrières, Jean-Guy Wallemme, de Maubeuge...

Pour que cette politique perdure, le club passera un contrat de confiance avec les parents qui nous confient soixante à soixante-dix de leurs gosses, chaque saison. Nous nous engageons à les accompagner dans leur cursus scolaire jusqu'au baccalauréat. S'il s'agit aujourd'hui d'une obligation pour un centre de formation, ce n'était pas encore le cas à l'époque. Et cette démarche a constitué l'un de nos meilleurs arguments pour attirer les meilleurs jeunes. Comme

Raphaël Varane, venu d'Hellemmes, dans la périphérie de Lille. Après une préformation au centre de Liévin, il a intégré La Gaillette, où nous l'avons aidé à décrocher son bac.

Pouvoir rassembler toutes les composantes du club – les professionnels, les jeunes comme les administratifs – sur un seul et même site devenait également une obligation, afin de permettre au club de franchir une étape supplémentaire. Jusque-là, les pros s'entraînaient au stade municipal Léo-Lagrange, dans des installations devenues obsolètes, ou sur le terrain Tassette, à côté de Bollaert.

Encore fallait-il parvenir à trouver un endroit suffisamment grand pour accueillir les vingt-deux hectares de terrains et de locaux nécessaires. Dès le départ, André Delelis milite pour que le Racing reste à Lens, et propose d'agrandir les installations du stade Albert-Debeyre, mais ce site se trouve ceinturé par des poteaux électriques. Il est donc plutôt peiné d'apprendre que Gohelle, dans la communauté d'agglomération de Lens, a également été envisagé, mais le que le choix s'est porté sur Avion. Jacques Robitail, le maire de cette commune appartenant à la communauté d'agglomération de Lens-Liévin, est un fou de foot. Il donne tout de suite son accord. La possibilité de s'installer à Loos-en-Gohelle, dans la communauté d'agglomération de Lens, a également été étudiée. Mais le terrain est extrêmement venteux et lui aussi pourvu de nombreuses lignes électriques. À Avion, en revanche, le terrain se révèle immense et il est possible d'en faire ce que l'on veut. Clin d'œil au passé, il a abrité un carreau de mine[1]. Sur une idée de Serge

1. Un carreau de mine regroupe l'ensemble des installations de surface nécessaires au fonctionnement d'une mine.

Doré, une gaillette[1] de quatre cents kilos trône d'ailleurs dans le bâtiment d'entrée.

C'est lors de la construction de La Gaillette que je fais la connaissance de Didier Roudet. Il travaille pour un cabinet d'ingénierie lyonnais que nous avons sollicité pour la création du centre. Une fois sa mission terminée, je le garde au club afin de gérer La Gaillette. Au moment de l'inauguration, j'ai conscience de doter le Racing d'un potentiel supplémentaire et de le faire passer dans une autre dimension. Le club devient l'un des précurseurs des centres de formation modernes. Il en a inspiré bien d'autres, par la suite, notamment nos voisins du LOSC quand ils ont voulu construire le domaine de Luchin. Car la richesse de La Gaillette, c'est de servir de centre de vie commun à tous les services du club en supprimant les barrières intérieures qui les séparaient auparavant, ce qui facilite les relations entre tous ceux qui travaillent et font le RC Lens. Autre originalité de La Gaillette : tous les vestiaires donnent sur les terrains et plus on change de catégorie, plus on s'approche de celle des pros. Le RC Lens devient également le seul club en France à posséder un terrain couvert, le dôme, permettant de s'entraîner en hiver.

Après, ce n'est pas parce que l'on dispose des murs et des terrains que l'on accueille forcément trois Zidane par an. Mais grâce à La Gaillette, Lens va pouvoir rencontrer des joueurs exceptionnels, comme Raphaël Varane, futur Champion du monde avec la France en 2018, Thorgan Hazard, futur international belge comme son frère Eden,

1. Une gaillette est un gros bloc de charbon non taillé, extrait de la mine.

Serge Aurier, Benoît Assou-Ekotto, Geoffrey Kondogbia, tous devenus internationaux... et tant d'autres.

Bourgoin, la Grande Trouille

Parmi tous les dirigeants que je rencontre depuis mes débuts de président, Gérard Bourgoin est un véritable phénomène. Cet homme n'a peur de rien. Roi de la volaille avec son groupe La Chaillotine, longtemps sponsor maillot de l'AJ Auxerre, président éphémère de la Ligue pendant deux ans, ami de Fidel Castro comme de Gérard Depardieu, Bourgoin est aussi pilote d'avion. Avec Philippe Diallo, directeur général de l'UCPF, il propose de nous emmener assister à plusieurs réunions dans l'Hexagone avec des présidents de L1 et de L2, à bord de l'un de ses quatre Falcon 10. En plein vol en direction de Rennes, il se met à lire le journal dans le cockpit. Je me dis que c'est quand même un drôle de truc.

— Gérard, et si jamais tu fais un malaise ?

— T'es mort.

— Ah...

— T'as mal aux oreilles, en général ?

— Euh, non. Pourquoi ?

— On est vachement en retard. Je vais couper sous les nuages pour gagner du temps.

Bourgoin repose son journal et reprend les commandes de son jet pour manœuvrer. Après un piqué digne d'un avion kamikaze japonais plongeant sur Pearl Harbor – au passage, je n'ai jamais compris pourquoi les pilotes portent un casque, ça ne sert à rien –, nous atterrissons en dérapage contrôlé sur le tarmac. J'ai tressauté pendant un quart d'heure pour essayer de me déboucher les oreilles. À peine descendu de l'avion, Bourgoin, lui, lance les clés de son coucou à un membre du personnel de l'aérodrome :

— Rangez-le, démerdez-vous, on est en retard ! On revient tout à l'heure.

Nous sommes rentrés vivants. Mais Philippe Diallo n'a plus jamais voulu repartir avec lui.

Warmuz abuse

Bien que troisième de notre groupe de Ligue des champions – après avoir tout de même battu le Milan AC et tenu le Bayern Munich deux fois en échec –, Lens n'est pas éliminé de toutes les Coupes d'Europe. Contrairement à ce qui s'est passé quatre ans plus tôt, lorsque nous avions terminé deuxième, nous nous trouvons reversés en Coupe de l'UEFA.

Mais les 16e de finale aller se passent mal à Porto, futur vainqueur de cette compétition, le 28 novembre 2002. Guillaume Warmuz n'est pas dans un bon jour. Il commet deux grosses erreurs sur les deux premiers buts de Hélder Postiga, en première période. Au final, l'équipe de José Mourinho, un homme froid, très directif et organisé, nous met 3-0. Après le match, « Gus » – un type exceptionnel et un très bon gardien – se fait détruire par deux ou trois joueurs de l'équipe. Dans un groupe, on a toujours besoin de personnalités différentes, voire de caractériels – comme Olivier Dacourt, Valérien Ismaël, Pascal Nouma,

Cyril Rool, Jean-Guy Wallemme et d'autres. En contrepartie, cela promet des moments épiques.

Celui que Warmuz traverse durant cet automne 2002 est particulièrement difficile. De retour à notre hôtel, à Porto, j'en discute longuement avec lui, dans la nuit. Même si Joël Muller l'a rassuré dès le coup de sifflet final en lui promettant qu'il serait toujours titulaire pour le prochain match à Guingamp, je le sens profondément affecté par ce qui lui arrive. J'en ai la confirmation lors du petit déjeuner du lendemain. « Gus » vient me voir et me rend son brassard de capitaine, m'annonçant vouloir prendre du recul en mettant sa « carrière entre parenthèses jusqu'à la fin du mois de décembre ». Cela ne m'étonne pas. Il ne s'agit pas de la réaction d'un gamin ni de celle d'un sot. Il a toujours été un homme responsable, fier et d'une profonde honnêteté. Mais j'admets que sa décision nous met un peu dans l'embarras. En outre, je déteste voir un membre de ma famille souffrir ainsi. J'espère juste que notre capitaine emblématique va vite se remettre, revenir dans la cage et à son niveau.

En attendant, Joël Muller titularise Charles Itandje à la place de Warmuz, lors du match retour. Malgré notre victoire 1-0, Lens est éliminé. Le 27 décembre, je réunis les journalistes dans l'amphithéâtre de La Gaillette, où « Gus » annonce officiellement son départ, après dix ans passés au club et à six mois de la fin de son contrat. Une fois de plus, je le regrette mais je respecte sa décision ; je le connais suffisamment bien pour savoir qu'il l'a prise en son âme et conscience. Je n'oublie pas que nos résultats sur la dernière décennie sont également les siens.

C'est pour cette raison que je suis heureux de constater que sa carrière ne s'est pas arrêtée subitement à trente-deux ans, et sur ce mauvais match de sa part à Porto. Aussi étonnant que cela puisse paraître, il lui a même permis d'exaucer un autre de ses rêves en allant jouer à l'étranger. Arsène Wenger l'a en effet choisi pour devenir la doublure de David Seaman à Arsenal, fin janvier. Puis « Gus » est allé jouer deux saisons en Allemagne, au Borussia Dortmund, puis deux autres encore à Monaco. Il le méritait. Guillaume est l'un des gars qui m'ont le plus fortement marqué, au même titre que Roger Boli, El Haddaoui, Laigle, Sikora, Slater ou encore Wallemme. Comme eux, Warmuz incarnait le club.

La Coupe de l'UEFA, c'est fair-play

Ayant terminé la saison 2002-2003 à la huitième place, Lens se retrouve qualifié pour le troisième tour de la Coupe Intertoto, avec malgré tout une petite chance de pouvoir continuer à disputer la Coupe de l'UEFA la saison prochaine. L'UEFA délivre trois places en C3 aux pays arrivés en tête au classement du fair-play européen. Première, l'Angleterre s'en voit attribuer une d'office. Manchester City en profite. Les deux dernières seront distribuées lors d'un tirage au sort effectué entre ses huit suivants au classement. La France, quatrième, participera à ce tirage. Et si elle sort, ce sera bon pour Lens. Je me montre confiant, car j'ai fait mes calculs. Bien que Cyril Rool joue encore chez nous, nous n'avons pas pris beaucoup d'avertissements au cours de la saison écoulée. Bien moins, en tout cas, que

Guingamp, qui vient de finir septième de ligue 1. Or, l'UEFA a décidé que les clubs les mieux placés au challenge du fair-play de leur championnat domestique seraient retenus. Lens ayant terminé quatrième du challenge du fair-play derrière Lyon, Auxerre et Sochaux, tous déjà qualifiés pour la Ligue des champions ou la Coupe de l'UEFA, cette invitation nous reviendra de droit.

Et sur ce coup-là, nous sommes bénis des dieux du football : le 6 juin, le Danemark et la France sont tirés au sort ! Alors que l'issue de notre saison était scellée, nous avons décidément bien fait de remporter nos trois derniers matchs de championnat, car ceux-ci nous ont permis de terminer à une huitième place qui a finalement tout changé. Protégés par l'indice UEFA des clubs français, nous bénéficierons même d'un tirage au sort de nouveau clément.

Omar Sharif et l'affaire Dreyfus

Ma vie de président du RC Lens m'offre également de bons moments extra-sportifs. Comme cette soirée, ou plutôt, cette nuit, passée au Royal Monceau. En arrivant, je croise Robert Louis-Dreyfus. Le président de l'OM m'invite à boire un verre pour fêter le beaujolais nouveau. Une petite digression à son sujet : je regrette qu'après avoir tant apporté à l'OM, Robert Louis-Dreyfus n'ait pas connu le bonheur de voir Marseille sacré Champion de France, en 2010. Alors qu'il méritait de vivre ces moments, il est malheureusement décédé, un an auparavant. C'est d'ailleurs lui qui m'a expliqué la boxe, une de ses autres passions avec le poker et le football.

Le président de l'OM se trouve avec Omar Sharif. Le célèbre acteur égyptien possède une chambre attitrée dans ce palace parisien de l'avenue Foch.

Cigare au bec, Louis-Dreyfus nous propose de goûter quelques grands crus de beaujolais et, au bout d'un moment, de pousser la chansonnette. Je me mets au piano - merci, finalement, Madame Bertin - tandis que Robert et Omar entonnent des tubes américains tels que *New York, New York*, standard de jazz américain, ou *My Way*, l'adaptation anglaise de *Comme d'habitude,* de notre Claude François national, reprise par Frank Sinatra.

Omar Sharif ne le sait pas encore, mais en plus de la musique, je partage avec lui d'autres passions. Les chevaux, les courses et le bridge, dont il est Première Série Pique. Pour les non-initiés, cela signifie qu'il est l'un des meilleurs joueurs au monde. Je le sais parce que mon père jouait également au bridge et qu'il en était l'un des meilleurs joueurs en France et en Europe. La soirée et les verres aidant, je finis par lui dire que nous nous sommes déjà rencontrés par le passé, chez mes parents, où il était venu faire des parties libres de bridge. Omar Sharif masquant mal sa surprise, je file dans ma chambre d'hôtel, d'où je rapporte la photo immortalisant sa venue chez nous, à Évin-Malmaison, qui ne quitte jamais mon portefeuille. Je redescends au bar de l'hôtel et la montre à Sharif.

— Il s'appelle comment, déjà, ton père ?

— Georges Martel.

Omar Sharif me regarde longuement puis me prend dans ses bras, ému presque aux larmes de ces retrouvailles impromptues. Peut-être un peu à cause du beaujolais, aussi. Et il se remet à chanter à tue-tête avec Robert Louis-Dreyfus, tandis que je retourne m'asseoir derrière le piano.

Belmondo, le Magnifique

Jean-Paul Belmondo a toujours été pour moi, comme pour beaucoup, un gars exceptionnel. En juin 2004, Jean-Claude Darmon m'appelle et me propose d'assister au match de l'Euro entre la France et l'Angleterre, au stade de la Luz de Lisbonne. Je décolle du Bourget, en compagnie de Jean-Paul Belmondo, son épouse Natty, Gérard Lanvin, Patrick Bruel, Claude Lelouch et Jean-Claude Darmon.

« Bébel » se remet de son AVC. Nous déjeunons en ville avant le match et j'ai la chance de passer un long moment avec lui. C'est un passionné de foot, qui connaît bien notre club et me témoigne une gentillesse naturelle, malgré la maladie. Le reste est un peu plus compliqué. Nous ne parvenons pas à rejoindre nos places de parking et essayons de l'aider avec ses béquilles, mais il souhaite absolument se débrouiller seul. Nous parcourons deux kilomètres à pied avant d'assister au match.

Nous achetons des maillots de l'équipe de France. Un véritable sketch, car personne ne veut porter le numéro 13. Jean-Claude Darmon se dévoue ; bien lui en prend, car il porte chance à la France : nous gagnons 2-1, grâce à un doublé de Zizou dans le temps additionnel. Il s'agit là d'une de mes premières rencontres avec Monsieur Belmondo. J'ai eu, par la suite, l'occasion de le revoir, toujours avec un immense plaisir. Quelle belle personne !

Gillot de sauvetage

L'année 2005 débute mal. Je sens Joël Muller fatigué. Les résultats le confirment. Après un nul et trois défaites d'affilée, je sonne la fin de son aventure chez nous, à six mois du terme de son contrat. Pour le remplacer, je décide logiquement de lancer Francis Gillot, car il entre dans mon ADN de promouvoir des gars du cru. Je garde un bon souvenir de lui en tant que joueur. Francis est un ancien Lensois, de la grande époque du RC Lens, natif de la région, à la tête bien faite.

Il se trouvait à Al-Aïn, aux Émirats arabes unis, où il a rejoint Bruno Metsu pour s'occuper du centre de formation, quand je l'ai contacté six mois plus tôt. Nous nous sommes rencontrés et il a accepté de revenir en France pour devenir l'adjoint de Joël Muller. Le voir lui succéder m'apparaît donc cohérent. Didier Sénac et Éric Sikora, qui ont porté le maillot ensemble avec Francis, ainsi que Gérard Krawczyk, promu préparateur physique, le secondent. Bien que Gillot débute sa carrière d'entraîneur numéro un par une courte défaite contre Caen à Bollaert, deux jours plus tard, je sens que je suis dans le vrai.

À Bollaert, ce sera les corons

Quatre jours après le décès de Pierre Bachelet, Dominique Regia-Corte, tout à la fois speaker et responsable des relations entre le club et les supporters, propose de lui rendre hommage à l'occasion de la réception de Nantes, le 19 février 2005. Je ne suis pas contre cette idée, bien au contraire. Même s'il est né à Paris, Bachelet est originaire de Calais ; il a immortalisé la vie des gens du Nord dans l'une de ses chansons, *Les Corons*. Au lieu d'observer une minute de silence pendant que sa photo est affichée sur les écrans géants de Bollaert, nous décidons de diffuser cette chanson sur notre sono. Je me souviens encore de cette banderole déployée dans la Marek : « Une mine d'or s'est éteinte. Au revoir Pierre. » Ce qui se passe alors est incroyable : tout le stade se met à reprendre naturellement les paroles en chœur. C'est fabuleux, à tel point que cette communion spontanée de tout un public fait le buzz au niveau national, et même international.

L'émotion est telle que certains proposent de remplacer *La Lensoise*, l'hymne des supporters Sang et Or, par *Les Corons*. Le Collectif Tony-Marek, qui regroupe toutes les associations de supporters de la tribune latérale Marek et du kop, se réunit. À l'issue d'un vote, il est décidé à la majorité que *La Lensoise* sera conservée pour l'entrée des joueurs sur le terrain et que *Les Corons* sera chantée à leur retour du vestiaire.

C'est toujours le cas, et j'ai toujours la chair de poule quand j'entends cette chanson. Parce que *Les Corons*, c'est nous. Ce rituel est devenu incontournable dans la culture lensoise et dans tout le Nord-Pas-de-Calais. Il figure même dans une scène de *Bienvenue chez les Ch'tis* de Dany Boon. C'est grâce à ce film que le grand violoniste André Rieu a découvert *Les Corons* ; un an après sa sortie, il est venu sur la pelouse de Bollaert jouer *Les Corons* au violon, à la mi-temps de Lens-Troyes, en 2009. Cela reste également un autre souvenir mémorable pour moi, comme pour les 32 000 supporters présents, ce soir-là, pour un match de D2.

Quelques mois après le décès de Pierre Bachelet, j'ai invité Fanfan, son épouse, à venir donner le coup d'envoi contre Toulouse. Elle m'a offert le disque d'or des *Corons.*

Cognac Martel(l) 1954

De tous les présidents, le plus dur en affaires est Jean-Michel Aulas. En quête d'un attaquant en vue de la saison 2005-2006, je lui demande de me prêter Pierre-Alain Frau. Le joueur veut venir à Lens et je propose à Jean-Mimi 500 000 € en échange du prêt de son joueur pour un an. Nous discutons. L'été se passe et l'affaire ne se conclut pas. La saison débute et Gérard Houllier, devenu entraîneur de Lyon, ne fait guère jouer Frau, qui passe le plus clair de son temps avec la réserve de l'OL.

Je relance Jean-Michel. Cette fois, il accepte de me le prêter pour les six derniers mois de la saison. Frau signe le 5 décembre 2005. En contrepartie, Aulas me demande de ne pas le faire jouer contre lui, lors du prochain Lens-Lyon. Arrive le 17 février 2006, date de ce match à Bollaert. Jean-Michel est assis à côté de moi, dans la tribune présidentielle. Il regarde vaguement les Lensois quand, soudain, il bondit de son siège :

— Je rêve. Frau joue ! C'est quoi, ce bordel ?

— Je ne comprends pas. Tu sais, je ne m'occupe pas de la composition d'équipe.

C'est vrai qu'à la réflexion, Jean-Michel m'avait demandé de ne pas aligner Frau contre Lyon. J'avais oublié. Cela peut arriver. Après tout, c'est Francis Gillot, mon entraîneur, qui fait la composition d'équipe, pas moi. Et puis, surtout, Jean-Michel n'a pas fait écrire dans le contrat de prêt que Frau n'a pas le droit de jouer contre l'OL, auquel il appartient toujours.

Du coup, il joue. Et Jussiê ouvre le score à l'heure de jeu. À côté de moi, Jean-Michel est furax. Lyon n'a pas encore perdu de la saison. Nous menons et je pense que l'on va gagner, jusqu'à ce que Sylvain Wiltord égalise à la dernière minute. Aulas a toujours eu beaucoup de chance, contre Lens. Au coup de sifflet final, il se lève et me balance des noms d'oiseau, me traitant notamment d'escroc.

Je n'accepte pas de me faire insulter, pas même par un ami. Comme je suis, moi aussi, un peu sanguin, ça chauffe vite entre dirigeants lyonnais et lensois, en sortant de la tribune présidentielle et jusqu'à notre arrivée devant l'ascenseur que nous empruntons, Jean-Michel, Bernard Lacombe, Didier Roudet, mon directeur général, et moi, pour descendre aux vestiaires. À peine la porte s'est-elle refermée que je prends Jean-Mimi au collet. Nous continuons à nous bousculer jusqu'à ce que l'ascenseur arrive en bas, et nous quittons vraiment fâchés, pour ne pas dire plus.

Si je suis mal en point après cette soirée, ce n'est pas seulement à cause de ma dispute avec Jean-Michel, mais aussi parce que je dois entrer à l'hôpital pour me faire opérer de la hanche immédiatement après ce match. Un jour ou deux après mon opération, mon épouse me prévient :

— Il y a un colis qui est arrivé pour toi, à la maison.

— Ouvre-le. Je suis sûr qu'il vient de Lyon. C'est Aulas.

C'est le cas. Jean-Michel m'a envoyé une bouteille de cognac, de la marque Martell, datée de 1954. Mon année de naissance. C'est une vraie, car il y a deux « l » à Martell. Il a également glissé un mot dans le colis : « Gervais, qu'est-ce qu'on est cons de s'engueuler comme ça. Le football ne mérite pas de s'accrocher ainsi après un match. Bon rétablissement. Jean-Michel. » Il a dû sortir pas mal de tickets restaurant pour me payer cette bouteille. Je l'ai toujours dans ma cave. Je n'aime pas le cognac. Mais Aulas, oui. Car c'est la grande classe.

Dans les cuisines de Berlin

Jean-Michel me l'a encore prouvé lors de la Coupe du monde 2006. Après mon opération de la hanche et du canal lombaire étroit de la colonne vertébrale, le chirurgien se montre formel : hors de question de se déplacer, et surtout pas pour aller assister à la Coupe du monde en Allemagne. Mais cela fait désormais plus de quatre mois que je suis en convalescence et j'ai déjà raté toute la phase de groupes, alors que je suis délégué de la Ligue auprès de l'équipe de France.

Je téléphone à Aulas avant les 8e de finale de la France contre l'Espagne, à Hanovre. Il accepte de venir me chercher en avion à Lille, comme si on se déplaçait en Vélib'. Il agira de même pour les quarts de finale, les demis et, bien sûr, pour la finale des Bleus à Berlin.

Je me déplace toujours à l'aide de béquilles, mais ça va. Du moins, jusqu'au coup de sifflet final. Mon dos continuant à me faire terriblement souffrir, je n'arrive plus, cette fois-ci, à marcher, même appuyé sur mes deux béquilles. Heureusement, nous dénichons un fauteuil roulant dans le stade olympique. Je m'y installe et

Jean-Michel me pousse dans les couloirs, direction le vestiaire de l'équipe de France. Mais nous nous perdons dans les dédales du stade et finissons par nous retrouver dans les cuisines. Demi-tour. Nous rejoignons enfin les vestiaires au moment où le président Jacques Chirac est en pleine discussion avec les joueurs. Un des fanions de la finale traîne dans le vestiaire. Je le récupère en souvenir. Tout le monde pleure. On ne peut tout de même pas mettre sur le compte du coup de tête de Zidane le fait qu'on se soit perdus, ce soir-là.

Platini, le Roi-Soleil

Cette année 2007 ne peut pas mieux débuter. Le 26 janvier, Michel Platini est élu président de l'UEFA. Quand il a déposé sa candidature pour succéder au Suédois Lennart Johansson, en place depuis 1990, je l'ai aidé sur le plan logistique avec quelques copains, dont Louis Nicollin. Après une carrière de joueur exceptionnelle, sa reconversion professionnelle en tant que dirigeant l'est tout autant. Il avait naturellement l'étoffe pour devenir, ensuite, un grand président de la FIFA. Lui, il n'habite pas au Qatar[1]... Malheureusement, les Suisses l'en ont empêché.

Et malgré son extraordinaire parcours, il reste d'une grande simplicité. En fait, Platini ressemble à Louis XIV, le Roi-Soleil : même ceux qui ne sont pas de sa génération

1. Gianni Infantino a finalement été élu à la place de Sepp Blatter et de Michel Platini, tous deux empêchés par la justice sportive de se présenter à la présidence de la FIFA le 26 février 2016. Infantino est ensuite allé s'installer au Qatar, désigné pays hôte de la Coupe du monde 2022.

savent qui il est. C'est pour cette raison qu'il est toujours autant sollicité pour participer à des événements, bien qu'il se soit désormais retiré des affaires. C'est notamment le cas en mai 2023, lorsqu'il est invité à souffler les dix premières bougies des Business Clubs de la région des Hauts-de-France. Platini a parlé devant 1 240 patrons réunis au Palais des congrès de Lille. Et il leur a fait forte impression. Le lendemain, nous sommes allés jouer au golf à Arras. Une fois Platini reparti, je reçois un appel provenant d'un numéro inconnu.

— Monsieur Martel ?

— Oui ?

— Bonjour, je suis l'organisateur du débat lors du déjeuner d'hier. Je voudrais savoir : le chèque, je le mets à quel ordre ?

— Comment ça ?

— J'aurais également besoin de connaître l'adresse de votre association pour vous envoyer l'argent.

Ça, c'est Michel. Sans rien me dire, il a demandé à ce que son cachet soit versé au profit de mon association, « La Chance aux Enfants » *(voir page 349).* On peut penser de lui ce qu'on veut, mais Platini, en deux mots, c'est un super mec.

Piquionne, cloué au lit

Deux ans après son arrivée, Jussiê veut partir, pour raisons personnelles. Bordeaux se montre prêt à mettre le prix pour l'accueillir, durant ce mercato d'hiver : 6 M€. Il n'entre pas dans mes habitudes de garder un joueur contre sa volonté. De plus, Lens réalise une bonne affaire en revendant l'attaquant brésilien trois fois plus cher qu'il ne l'a acheté.

L'affaire conclue, il nous faut maintenant un autre attaquant. Je me mets alors en relation avec Frédéric Piquionne, qui va quitter Saint-Étienne. Je mène toutes les négociations par téléphone, je le maintiens sous pression et il me donne son accord. Le 30 janvier 2007, je rentre à l'hôpital. Le lendemain, jour de la fermeture du mercato d'hiver, je subis une seconde opération de la hanche. À mon réveil, j'ai une hanche toute neuve, et je suis également persuadé d'avoir un nouvel attaquant. Dans ma tête, c'est fait. Je demande au club :

— Piquionne est arrivé ?

— Non. Il est parti à Monaco. On a pris Olivier Monterrubio.

— Mais c'est un ailier gauche ! C'est d'une pointe que nous avons besoin.

Piquionne, je serais allé le chercher en trottinette. Mais pas cloué sur mon lit d'hôpital. Plus jamais je ne choisirai le dernier jour du mercato pour me faire opérer.

La bataille de Poitiers

En tant que président d'un club aussi populaire que le RC Lens, je reçois beaucoup de sollicitations et de courriers. Ma secrétaire attire mon attention sur une lettre envoyée par une institutrice de CM2 d'une école de la région. Un petit mot et la photocopie de l'interrogation écrite de l'un de ses élèves se trouvent glissés à l'intérieur de l'enveloppe. À la question : « Qui a arrêté les Arabes à la célèbre bataille de Poitiers, en 732 ? », le *tiot* a répondu : « Gervais Martel et son équipe », et sa maîtresse lui a mis la note de 18/20. Après avoir beaucoup ri, je décide de lui téléphoner.

— Madame, vous avez beaucoup d'humour. Permettez-moi de vous inviter à un match, en compagnie du gamin et de son père. Ce ne sera pas à Poitiers, mais à Bollaert.

Sir Alex Pétrus

Le fait que le seul 8e de finale de Ligue des champions qu'ait connu Bollaert au moment où j'écris ces lignes soit le Lille-Manchester United du 20 février 2007 me reste en travers de la gorge. Ce match m'a pourtant permis de faire une rencontre inattendue : celle de Sir Alex Ferguson. Quand Georges Tournay m'annonce sa présence à La Gaillette, je ne cache pas ma surprise. Son équipe ne jouant que le soir, Ferguson profite de sa journée pour venir voir évoluer les jeunes de Manchester United. Ils disputent un match amical contre ceux de Lens.

Comme je le sais grand amateur de vins français, tout particulièrement de bordeaux, je fonce chez moi pour lui dégoter une bonne bouteille de ma cave personnelle. Quand je viens le saluer, je lui offre une bouteille de Château-Pétrus. Il n'est pas le seul à se réjouir de mon geste car avant de quitter La Gaillette, en guise de remerciement, Sir Alex Ferguson est allé chercher dans le bus de ManU toutes les affaires qui s'y trouvaient, pour les offrir aux gamins de Lens.

Il n'y a pas que moi qui aie été sympa avec l'entraîneur mancunien, ce jour-là. Après lui avoir accordé un coup franc à huit minutes de la fin, l'arbitre néerlandais Eric Braamhaar a permis à Ryan Giggs de le tirer avant qu'il ne siffle. Le Gallois a marqué le seul but de ce match alors que le gardien Tony Sylva était en train de placer son mur. Ce Lille-Manchester United a finalement été un grand cru.

Le cheval de Troyes

Tous les espoirs restent permis pour le dernier match de cette saison 2006-2007. Si Marseille nous a définitivement piqué la deuxième place, Lens demeure seul maître de son destin pour la troisième, synonyme de barrage à la Ligue des champions. Pour la décrocher, il nous suffit d'aller gagner à Troyes, déjà relégué. Même un nul peut nous permettre de terminer sur le podium.

Mais ce match tourne vite au cauchemar. Nous encaissons un but d'entrée de jeu. Puis Marco Ramos se fait expulser à la demi-heure, et nous prenons deux buts supplémentaires en deux minutes en seconde période. Score final : 3-0 pour Troyes. Au coup de sifflet final de ce funeste 26 mai 2007, pour un point, un tout petit point, Lens termine la saison à la cinquième place et ne disputera même pas la Coupe de l'UEFA. Tout juste la « Coupe à toto », l'Intertoto.

Le coup est terrible à encaisser, notamment pour Francis Gillot. Profondément meurtri par cette énorme désillusion, il démissionne dans la nuit. Sa décision est officialisée deux jours après. Si je n'ai pas cherché à le retenir, c'est que je connais son caractère entier. Francis ne parle pas pour ne rien dire et quand il prend une décision, il s'y tient. Je n'ai pas réussi à le convaincre de rester et je perds un excellent entraîneur. Je me remets à fumer.

Chapitre VII

Relégations (2007-2012)

Après avoir figuré sur le podium pendant vingt-six journées, Lens échoue donc à la cinquième place, à l'issue de cette saison 2006-2007. Depuis le 28 mai, je n'ai plus d'entraîneur. De plus, Seydou Keita nous quitte au bout de cinq ans et plus de deux cents matchs sous le maillot Sang et Or, direction l'Espagne et le FC Séville. Je lui avais donné ma parole de le laisser partir, et je la tiens. Le milieu de terrain malien va nous manquer, je le sais. En plus d'être beau à voir jouer, Seydou Keita est d'une efficacité terrible. Il récupère, donne ou marque de son pied gauche exceptionnel. Je n'ai pas été étonné qu'il rejoigne ensuite un club aussi prestigieux que le FC Barcelone.

Même sans lui, je veux jouer une qualification en Ligue des champions. Je ne peux donc pas me permettre de me tromper dans mes choix. Le problème, c'est que Francis Gillot n'est plus mon entraîneur. Je le garde tout de même au club pour s'occuper du recrutement, jusqu'à ce qu'il reçoive une proposition pour aller entraîner Sochaux, à la lutte avec nous pour ne pas descendre. Je le laisse partir en décembre 2007. Et c'est à partir de là que tout commence à s'effilocher.

Lewandowski, mission impossible

Après avoir été joueur (1975-1979) puis entraîneur (1985-1988) du RC Lens, Joachim Marx travaille désormais depuis un an à la cellule de recrutement. Il tourne dans les pays de l'Est, et notamment en Pologne, où il est né et a gardé des attaches. Grâce à lui, nous sommes toujours bien informés sur le championnat polonais. Il me parle ainsi d'un attaquant de dix-neuf ans qui vient de faire monter son club de Znicz Pruszków en terminant meilleur buteur de troisième division. Marx m'explique qu'il possède un sens du déplacement et du but hors normes. Je demande à mon ami Joachim Marx de garder un œil sur son jeune compatriote. On ne sait jamais. Je note son nom dans un coin de ma tête : Robert Lewandowski.

Ai-je commis une erreur en ne le prenant pas tout de suite ? C'est facile à dire, aujourd'hui. Mais en cet été 2007, Lewandowski n'a que dix-neuf ans et il joue encore en D3. Or, il me faut des joueurs confirmés si je veux rejouer la Ligue des champions l'année prochaine. Je n'ai donc aucun regret.

Deux ans après, c'est différent. Lewandowski a confirmé en D1 polonaise, avec Lech Poznán. Je dis alors à Marx : « Il faut le prendre. » Mais son nouveau club demande désormais près de 5 M€ de transfert. À ce prix, comment faire ? Nous sommes en concurrence avec les Allemands du Borussia Dortmund et moi, je ne peux pas me payer Lewandowski. D'accord, Lens a toujours su faire venir des Polonais. Mais à l'époque de Joachim Marx, joueur puis entraîneur, la donne n'était pas la même. La Pologne laissait passer ses joueurs en Europe de l'Ouest uniquement à la fin de leur carrière. Et encore, il a fallu l'intervention du président Valéry Giscard d'Estaing lors d'un voyage officiel en Pologne, en juin 1975, pour que Marx puisse signer à Lens, à trente et un ans. Il est descendu d'avion et a mis trois buts contre Lyon. Henri Trannin était un recruteur hors pair. C'est lui qui a fait venir Eugeniusz Faber et Ryszard Grzegorczyk. Eux aussi étaient des joueurs extraordinaires, mais pas chers. Sowinski me racontait qu'avec deux cents billets de dix euros, Trannin avait réussi à faire venir un Polonais.

Tout le contraire des joueurs à partir des années 2000, donc. En 2022, Lens a dû sortir 10 M€ pour faire venir Adam Buksa. Mais en cet été 2007, je le répète, nous n'avons pas les moyens de nous payer Lewandowski. C'est mission impossible.

Idem pour Thibaut Courtois. Je demande à Michel Ettorre, entraîneur des gardiens, de nous en trouver un. Ettore m'annonce avoir trouvé un « phénomène », qui a débuté à seize ans dans le championnat belge. Le problème, c'est que le KRC Genk, le club de Courtois, en demande beaucoup d'argent, et finit par le vendre à Chelsea, pour 9 M€, en 2011. Autant pour Eto'o c'était jouable *(voir page 122)*, autant pour Lewandowski, comme pour Courtois, l'obstacle financier demeure insurmontable.

La clé Deschamps

Après l'avoir fait remonter en série A, Didier Deschamps choisit de ne pas rester à la Juventus Turin. J'en profite pour le contacter par l'intermédiaire de Jeannot Werth, son manager. Bien que de nouveau libre, Deschamps refuse de venir à Lens, tout comme Frédéric Hantz, qui part à Sochaux. Sachant que Deschamps sort d'une année difficile à la Juventus, où cela ne s'est pas très bien passé au niveau relationnel malgré sa réussite sportive, j'insiste lourdement, d'autant plus que Guy Roux, que j'ai démarché en premier lieu, me fait tourner en bourrique. À force, l'idée commence à rentrer dans la tête de Deschamps. Je le sens désormais tout près d'accepter, au téléphone, à tel point qu'il consent à me rencontrer. Rendez-vous est pris à Paris, au George-V, le lundi 4 juin 2007 à 20 heures. Quand il entre dans la chambre, je suis bien obligé de lui annoncer la nouvelle :

— Didier, je suis désolé. Guy Roux, que j'ai contacté avant toi, vient de me donner son accord il y a une heure.

Deschamps a compris. Mieux, il ne m'en a pas voulu. Nous sommes restés ensemble, à discuter de tout et de rien, jusque tard dans la soirée.

Roux de l'infortune

Si j'ai également pensé à Didier Deschamps, c'est parce que je n'étais pas sûr d'obtenir l'accord de Guy Roux. Après deux ans sans entraîner, je sais que l'envie de revenir sur un banc le titille. Mais quand je l'ai appelé, il m'a affirmé que Monaco et Bordeaux le voulaient aussi. Je n'ai jamais su s'il disait vrai. Toujours est-il que les discussions ont traîné jusqu'à ce qu'il m'appelle à 19 heures, en ce début du mois de juin, au moment où je me mettais en route pour aller voir Didier Deschamps. À l'autre bout du téléphone, il m'annonce :

— Je viens.

— C'est toi le premier sur la liste. Ce sera donc toi, le nouvel entraîneur du RC Lens.

Ai-je été stupide de le prendre ? Quand la nouvelle s'est propagée, 90 % des gens ont fait la ola à l'idée du jeu que Lens allait produire et des jeunes qu'on allait sortir. L'annonce de la venue de Guy nous a même permis de battre notre record d'abonnés : 26 000. Du jamais vu. Il est vrai que cela s'est vite mal passé avec Guy. J'aurais dû sentir qu'il était l'homme d'un club – l'AJ Auxerre – et qu'il se retrouverait en position délicate dans un club davantage structuré comme le RC Lens, où il ne pouvait plus faire ce qu'il voulait, notamment continuer à porter des marcels et se changer dans le vestiaire avec les joueurs.

Quand il signe son contrat de deux ans, le 5 juin 2007, il est prévu qu'il s'occupera de l'entraînement, mais aussi du recrutement. Et Guy effectue un recrutement catastrophique, en faisant venir d'anciens joueurs d'Auxerre qui étaient usés, les Ivoiriens Bonaventure Kalou et Kanga Akalé, ou le Belge Luigi Pieroni. À sa décharge, Seydou Keita est parti. Et malgré l'arrivée de Julien Sablé de Saint-Étienne, nous ne parvenons pas à le remplacer.

J'ai également du mal à faire valider le contrat de Guy. La commission juridique de la Ligue le rejette dans un premier temps, le 27 juin. L'article 653 de la charte du football professionnel précise que « l'âge limite pour l'exercice de la profession d'éducateur de football est fixé à soixante-cinq ans ». Or, Guy en a soixante-huit. Nous sommes obligés de saisir le Comité national olympique et sportif français pour que la Ligue, suivant la proposition de conciliation du CNOSF, finisse par le valider à titre dérogatoire, le 11 juillet. Nicolas Sarkozy, le président de la République en personne, nous a notamment donné un coup de pouce en déclarant que « ce n'est pas Guy Roux qui est trop vieux, c'est la règle qui est trop vieille ». Cette histoire a d'ailleurs fait la Une de *L'Équipe* du vendredi 29 juin 2007, avec Nicolas Sarkozy, Christine Lagarde, sa ministre de l'Économie, Thiriez, Roux et moi en photo, sous le titre : « Une affaire d'État ». Cette page est encadrée dans mon bureau.

Peu importe, en réalité. Malgré notre qualification pour la Coupe de l'UEFA, après avoir battu le Tchornomorets Odessa 3-1 lors du troisième tour retour de la Coupe Intertoto, cela n'a pas fonctionné entre Lens et lui. Le mercredi précédant notre match à Strasbourg, Guy vient me voir et m'annonce :

— On s'est trompés, tous les deux. Je n'ai plus la force physique, ni la *grinta*, pour continuer à entraîner. On va arrêter là. Je vais annoncer ma démission sur Canal +, avec qui je suis sous contrat, dimanche, après le match à Strasbourg.

— Non. On fera une conférence de presse à deux.

Sitôt après notre défaite à Strasbourg, Guy et moi-même officialisons finalement son départ dans les couloirs de la Meinau, le 25 août 2007. Il a gagné un seul de ses sept matchs, et aucun à l'issue de la cinquième journée de championnat. À défaut de conférence de presse, nous nous revoyons le lundi suivant dans mon bureau, pour régler les conditions de son départ. Guy se montre très classe. Alors que je lui dois vingt mois de contrat, plus six mois de précarité au regard de la loi, il prend son contrat et le déchire. En guise de remerciement, je lui paye son mois de septembre. Quoi qu'on puisse en penser, je ne regrette pas de l'avoir fait venir à Lens, où je lui ai donné les clés du camion. J'ai horreur d'être critiqué par des gens qui n'ont jamais pris aucune décision dans leur vie. Après, on peut toujours se demander si c'était un choix judicieux. Non, ça ne l'était pas. Guy nous a mis dans une position difficile et nous allons avoir du mal à nous en remettre.

Papin, pas bien

Guy m'ayant fait part de sa décision le mercredi, je file dès le lendemain du côté du bassin d'Arcachon pour rencontrer Jean-Pierre Papin. Didier Sénac m'a soufflé son nom lors de l'intersaison, car il vient de faire remonter Strasbourg en D1. Je l'avais également déjà croisé, de façon plus ou moins informelle, avant de me concentrer sur Didier Deschamps et Guy Roux, ce qui me fait gagner du temps lorsque nous nous revoyons le jeudi soir, dans sa maison du Pyla. Nous discutons tout de même pendant trois ou quatre heures, le temps de faire un tour d'horizon de la situation du club, de l'effectif et de la façon dont il compte travailler.

Quand Jean-Pierre débarque à Lens, le lundi 27 août 2007, il n'accoste pas en terre inconnue. C'est un gars de la région, né à Boulogne-sur-Mer. Il arrive avec sa générosité et son entrain, et se veut très pédagogue avec les joueurs, leur montrant comment marquer de volée des vingt-cinq mètres. Je constate qu'il est très apprécié. Ses débuts à la tête de l'équipe sont réussis, le jeudi suivant. Avoir été tenus en échec avec Guy Roux en Suisse, nous battons les Young

Boys de Berne 5-1, lors du match retour du deuxième tour de qualification à la Coupe de l'UEFA. Le problème, c'est que ce succès reste sans lendemain. Le FC Copenhague nous élimine au tour suivant. Après avoir terminé l'année 2007 sur deux défaites – devant Le Mans et à Monaco –, nous débutons 2008 en nous laissant éliminer à Bollaert, dès les 32e de finale de la Coupe de France, par Niort, une équipe de ligue 2. À ce rythme, on y retourne tout droit, en ligue 2.

Le retour du Grand Blond

Pour tenter d'enrayer notre descente, je veux créer un binôme au niveau des entraîneurs. Afin d'apporter du soutien à Jean-Pierre, je rappelle Daniel Leclercq, l'un des meilleurs entraîneurs que j'aie jamais eus. Il n'a pas changé en huit ans et son retour m'offre une sécurité. Cela a déjà marché avec lui, il n'y a aucune raison pour que cela ne fonctionne pas de nouveau. Encore faut-il que les deux hommes s'entendent. Je les invite chez moi, où ils discutent ensemble pendant deux heures. Puis ils me rassurent :

— Ça va coller.

Leclercq revient donc officiellement au club en tant que directeur technique, le 9 janvier 2008, pour épauler Papin, qui demeure l'entraîneur numéro un. Je n'aurais pas dû les associer, car ce sont deux personnalités très fortes. Papin ne donne pas sa langue au chat. Leclercq, non plus, et leurs relations se dégradent vite. Daniel prend l'ascendant sur Jean-Pierre, qui se retrouve contraint et forcé d'agir. À la fin, c'est plutôt chacun pour soi. Papin en a été profondément meurtri. Je crois qu'il aurait préféré travailler avec Jacques Santini, comme ce sera le cas plus tard, pour Jean-Guy Wallemme *(voir page 250)*. Ils parviennent tout de même à nous qualifier pour la finale de la Coupe de la Ligue face au Paris-SG. Revenir au Stade de France doit nous offrir une parenthèse enchantée dans cette saison de galère. Mais là aussi, tout part de travers, ce samedi 29 mars 2008.

Une banderole, tout de traviole

La banderole[1], je ne l'ai pas vue. J'étais concentré sur mes joueurs quand elle a été déployée en tribunes par des supporters parisiens. Mais j'en ai entendu parler. Trop. Au coup de sifflet final, je ne retiens que la terrible erreur d'arbitrage de Laurent Duhamel. L'arbitre s'est montré en dessous de tout. Dès le début de la seconde période, Éric Carrière a répondu à la rapide ouverture du score par Pedro Miguel Pauleta. Olivier Monterrubio ayant ensuite vu son tir repoussé par la barre transversale, alors que Mickaël Landreau était battu, nous nous retrouvons donc à 1-1 et nous apprêtons à jouer la prolongation quand l'arbitre oublie de nous accorder un corner indiscutable. Landreau dégage le ballon. Vitorino Hilton se retrouve épaule contre épaule avec Peguy Luyindula dans la surface et l'arbitre siffle le penalty. À la 4e minute du temps additionnel. S'il

1. « Pédophiles, chômeurs, consanguins : bienvenue chez les Ch'tis », en référence au film de Dany Boon sorti un mois plus tôt.

a un doute, il n'a pas le droit de faire ça. Surtout qu'il n'y a jamais eu penalty. Jamais ! Mais Bernard Mendy le transforme et, comme en 1998 face à ces mêmes Parisiens *(voir page 144)*, nous perdons cette finale.

C'est pire que cela, même. Car en plus d'avoir vécu l'un des moments les plus cruels de ma carrière de président, cette affaire de la banderole nous fait perdre le fil du sportif. Le discours dévie par la suite du terrain à l'extra-sportif. Guy Delcourt, maire de Lens depuis 1998, ne parle plus que de cela. Delcourt, Papin et moi sommes reçus par Nicolas Sarkozy. Et Delcourt ne trouve rien de mieux que de demander que cette finale de la Coupe de la Ligue soit rejouée ! Après cette affaire de la banderole, rien n'a plus jamais été pareil.

Clifford malchance

Un mois avant la fin du championnat, je m'interroge sur le propriétaire de Grenoble. Je trouve plutôt suspect l'actionnariat du GF38. Pour en avoir le cœur net, je commande sur mon argent personnel une étude à Clifford Chance, un cabinet international d'avocats d'affaires. Son rapport m'apprend que l'origine des fonds de la multinationale japonaise Index Corporation, devenue actionnaire majoritaire de Grenoble en novembre 2004, est assez obscure. Pour ne pas dire douteuse.

J'en parle à mes amis Jean-Michel Aulas et Frédéric Thiriez, président de la Ligue, ainsi qu'à Philippe Piat, à la tête de l'UNFP, le syndicat des joueurs. Ils me répondent qu'il n'y a rien de concret, que Grenoble vient tout juste d'inaugurer le Stade des Alpes et qu'en tant que président de l'UCPF, le syndicat des clubs professionnels, je ne peux me permettre de mettre en doute l'intégrité de dirigeants d'un autre club. Je décide donc de me taire.

En fin de saison, Grenoble retrouve la première division après quarante-cinq ans d'absence. Mais le club en redescend deux ans plus tard, puis passe en national avant de déposer le bilan le 4 juillet 2011. Index Corporation a mis les voiles. Le liquidateur judiciaire nommé par le tribunal de commerce de Grenoble décidera la perte du statut professionnel du GF38 et sa relégation en CFA2, l'équivalent de la cinquième division. Moralité : pendant que Lens est descendu en respectant les règles, Grenoble n'aurait jamais dû monter.

Paris est tragique

Une autre question me taraude : que s'est-il véritablement passé, à la fin de cette saison 2007-2008 ? Au coup d'envoi de la 38e et dernière journée, le RC Lens demeure relégable pour une différence de deux buts de moins que Toulouse et à un point seulement du Paris-SG. Metz et Strasbourg sont, quant à eux, déjà relégués ; Auxerre et Sochaux, sauvés. Le maintien se joue donc entre Lens, Toulouse et le Paris-SG. Comme dans un bon polar, on connaît les ingrédients, mais on n'a pas encore le coupable. Il faut attendre la fin du film.

Et là, on nous sert un navet, avec Lens dans le mauvais rôle. Parce qu'au coup de sifflet final, Lens est en L2. Nous avons concédé le nul à Bollaert face à Bordeaux.

Dans le même temps, Toulouse, qui n'avait pas encore gagné un seul match de l'année au Stadium, a battu Valenciennes 2-1, tout comme le Paris-SG à Sochaux. Nous descendons pour deux points de moins que Toulouse et trois de moins que le Paris-SG, ceux-là même que les Parisiens ont pris trois journées plus tôt en battant Auxerre au Parc des Princes. Lors de ce match, un défenseur central de l'AJA, prêté pour la saison par… le Paris-SG, « a souvent manqué de mordant et été maladroit devant le but », pour reprendre les termes de *L'Équipe* du lendemain. C'est le moins que l'on puisse dire. Sa responsabilité, ou plutôt sa passivité, est impliquée sur les trois buts parisiens.

Au tout début de la semaine précédant ce match, le club de la capitale a nommé un nouveau conseiller sportif pour redynamiser un effectif à la faiblesse mentale déconcertante. Il aurait mieux fait d'aller à Auxerre. Surtout qu'il n'est pas resté longtemps au Paris-SG. Sébastien Bazin, son président, me l'a confirmé un soir, au Fouquet's :

— Je ne sais pas si tu as remarqué, Gervais, mais ce monsieur n'est déjà plus dans le club…

J'ai compris bien après ce que Bazin voulait insinuer, quand un autre de mes confrères présidents m'a appelé pour me dire :

— Quand tu es descendu, en 2008, tu t'es fait baiser.

À la réflexion, c'est fort possible.

Lloris, une fin de Lyon

Les joueurs, je ne les découvre pas dans des pochettes surprise. J'ai toujours regardé des matchs de football. C'est comme cela que le jeune gardien de l'OGC Nice m'a tapé dans l'œil. Il a vingt ans, il s'appelle Hugo Lloris et, le trouvant prometteur, je décide d'aller le rencontrer. J'emmène Jean-Pierre Papin avec moi à Paris. Au terme de la discussion, Lloris me donne son accord de principe pour venir jouer à Lens, la saison prochaine. Sa parole me suffit. Je repars sans lui faire signer de contrat. Si cela avait été le cas, il aurait peut-être demandé à rajouter une clause libératoire en cas de descente, en fin de saison. Et puis, Nice m'a également donné son accord.

Mais rien ne se passe comme prévu, par la suite. Au dernier moment, les dirigeants niçois me demandent beaucoup plus d'argent que ce que je peux leur donner. Lloris a confirmé son immense talent, décrochant le titre de « meilleur gardien de ligue 1 » aux trophées UNFP. Les Anglais de Tottenham, les Italiens du Milan AC puis le club de Lyon lui font une offre. De plus, Lens est relégué en ligue 2. Le 29 mai, Lloris annonce publiquement qu'il a choisi Lyon, où il prendra la succession de Grégory Coupet. Cette relégation nous coûte décidément cher.

17 mai 2008, année zéro

Cette saison 2007-2008 ressemble à un chapelet de défaites, au bout duquel se trouve une croix, que je vais devoir porter. Près de vingt ans après mon accession à la présidence, me revoilà en D2, au soir de ce 17 mai 2008. Je m'en veux beaucoup. Surtout que cette descente-là, comparée à celle de 1989, je ne l'ai pas vue arriver. Dans ce genre de situation, personne n'est blanc ou noir et tout le monde doit assumer et vite en tirer les leçons qui s'imposent. À commencer par moi-même. J'ai commis des erreurs, notamment celle de laisser à quelqu'un d'autre les clés du coffre-fort. Je ne le ferai plus. Je cesserai également de dire amen à propos d'un certain nombre de choses, comme lors du recrutement en début de saison. Mes deux opérations de la hanche, plus une du dos, m'ont empêché de me consacrer à 100 % à mon club ces deux dernières années.

Je décide donc de ne pas me représenter à la présidence de l'UCFP, un poste que j'occupe depuis 1993 et qui exige d'être crédible et représentatif. Je considère qu'à partir du moment où Lens n'évolue plus en D1, ces deux qualités me font défaut. Les clubs de D1 n'ont pas les mêmes soucis, et ne pas en tenir compte risque de mener droit dans le mur. C'est l'erreur qu'a commise Jean-Pierre Louvel, choisi pour me succéder à la tête de l'UCPF le jeudi 19 juin 2008 ; son club du Havre descendra à son tour, un an plus tard. Mais il va décider de rester à la présidence de l'UCPF, ce qui n'a pas été mon cas. Je veux désormais concentrer de nouveau toute mon énergie sur le Racing.

La première des priorités consiste à établir un nouveau budget et à trouver une solution pour garder la centaine d'employés du club. Entre l'opération de la paroi abdominale de Vitorino Hilton, la blessure d'Aruna Dindane et ce match que nous perdons 1-0 à Lorient après avoir tiré quatre fois sur les montants, c'est à croire que l'on nous a jeté un sort.

J'avais bâti un budget pour terminer dans les cinq premiers, comme d'habitude, pas pour finir dix-huitième. Ce n'est que quatre semaines avant la fin du championnat que je me suis mis à plancher sur un second budget, celui de la D2. Nous devions d'ailleurs apporter à la DNCG notre budget prévisionnel pour la saison 2008-2009 le jeudi précédant notre dernier match de la saison contre Bordeaux. J'ai dû expliquer à ses membres que ce n'était pas le bon jour, qu'il valait mieux attendre une semaine de plus. La différence est conséquente : rien qu'au niveau des droits télévisés, la cinquième place rapporte 32 M€ contre 7 M€ en L2, pour un relégable. L'écart donne chaud aux oreilles. En tant que président de l'UCPF, je demande une aide exceptionnelle à la relégation. Refusée. Elle ne sera mise en place que vingt ans plus tard.

D'un seul coup, le robinet des recettes est coupé. C'est terrible à vivre, dans une période où l'on commence seulement à parler du rachat des clubs par de gros groupes étrangers. Si le public continue à nous suivre, les recettes guichets, avec des prix restant volontairement bas, ne représentent que 6 à 7 % du budget. Je m'attaque donc aux dépenses. Avec une limite : si je baisse de 50 % le salaire des joueurs, ils se retrouvent libres de partir. Je l'ampute donc de seulement 30 %. En revanche, je refuse de toucher à la formation et aux 5 à 6 M€ consacrés chaque saison à La Gaillette. Bien m'en prend, car cela nous permet de continuer à sortir toute une ribambelle de joueurs. Je remets la main à la poche et sollicite les présidents amis pour passer devant la DNCG. Pape Diouf par exemple, devenu président de l'OM et pourtant dur en affaires, me rachète Hilton quasiment au double de son prix : au lieu des 3 M€ espérés, nous touchons 5 M€. Tout mis bout à bout, Lens peut repartir en D2. Si je sais que cela risque d'être compliqué, je suis loin de me douter que cette descente sera le début des emmerdes.

Wallemme, pas de blême

Dix jours après l'officialisation de notre relégation, je me sépare de Jean-Pierre Papin. Le 27 mai 2008, je nomme donc Jean-Guy Wallemme nouvel entraîneur. Il sera secondé par Christophe Delmotte, un autre ancien de la maison, et Daniel Leclercq comme directeur sportif. En tant que joueur, Jean-Guy a été mon capitaine. C'est un meneur d'hommes, qui souhaitait ardemment effectuer une carrière d'entraîneur. Cela fait maintenant plusieurs années qu'il en est devenu un. C'est le moment de lui confier l'équipe.

Avec un impératif : remonter tout de suite en ligue 1. Une entreprise peut perdre 40 % de son chiffre d'affaires, mais si elle le divise soudain par huit, elle n'a aucune chance de survivre. Il faut donc réaliser 40 M€ d'économies en allégeant la masse salariale, en vendant des joueurs et en réduisant les dépenses de fonctionnement. La vente d'une quinzaine de joueurs – dont Vitorino Hilton à Marseille, Lucien Aubey et Kader Mangane à Rennes, puis Nadir Belhadj à Portsmouth, en Angleterre – permet de faire rentrer plus de 20 M€ dans les caisses. Les déplacements, par exemple, seront désormais plus longs. Les avions privés resteront cloués sur le tarmac. S'il faut voyager en métro et même en trottinette, nous le ferons. C'est bien fait pour nous. On n'avait qu'à ne pas descendre. J'explique calmement les choses à Jean-Guy et lui résume la situation en une phrase : si on ne remonte pas, on est morts.

Wallemme, qui connaît parfaitement le club et la région, comprend très bien l'enjeu. Pour mettre toutes les chances de notre côté, j'organise une réunion avec les supporters et je tente d'adoucir la presse, remontée contre le club après les épisodes Guy Roux et Jean-Pierre Papin. Mi-juillet, seize mille supporters ont déjà renouvelé leur abonnement. Ça va le faire. Ça doit le faire.

Gignac tourne casaque

Victime d'une rupture des ligaments croisés dès le début du match devant Monaco le 3 mai, Aruna Dindane restera sur le flanc pendant plus de sept mois. En attendant son retour, qu'il effectuera le 19 décembre, il me faut un autre attaquant. Je le trouve en la personne d'André-Pierre Gignac. Barré par le Suédois Johan Elmander, il est en échec à Toulouse, où Élie Baup ne compte guère sur lui. Gignac accepte de venir se relancer au RC Lens, à vingt-trois ans. Il me donne sa parole et signe son contrat. Tout semble réglé, jusqu'à ce que mon téléphone sonne, en ce mois de juillet, alors que je suis en train de jouer au golf à Arras.

— Bonjour président, c'est « DD ». Écoutez, je suis embêté car ils changent de coach, à Toulouse. Élie Baup va être remplacé par Alain Casanova. Je vais jouer. Qu'est-ce qu'on fait ?

— Qu'est-ce que tu veux que je te dise ? Je ne suis pas con, je ne vais pas te forcer à venir jouer chez nous, en D2, avec un revolver sur la tempe. Dans la vie, ça ne fonctionne pas comme ça.

— Merci président. Je n'oublierai jamais ce que vous avez fait pour moi.

Gignac ne signera finalement jamais à Lens. Élie Baup se fait effectivement remercier le 29 mai. Alain Casanova, son adjoint, un coach qui viendra chez nous plus tard, le remplace[1]. Elmander parti en Angleterre, Gignac bat le record de buts inscrits par un avant-centre du TFC, celui de Yannick Stopyra et ses 17 buts marqués lors de la saison 1984-1985. Mieux, il termine même meilleur buteur de D1 avec 24 buts. Son efficacité retrouvée lui vaut d'être appelé en équipe de France par Raymond Domenech, ce qui me permet de le croiser assez souvent, lors des rassemblements des Bleus. Et à chaque fois il m'embrasse, en me disant : « Président, vous m'avez sauvé la vie. »

Coup de foudre à Ajaccio

À la différence de mon épouse, je n'entretiens pas une phobie viscérale de l'avion. Après tout ce que j'ai vécu en vol, il y aurait pourtant de quoi. Je me souviens encore de ce retour d'Ajaccio, où nous venons de gagner dans les dernières minutes, en octobre 2008. Je suis tranquillement en train de jouer aux cartes avec Louis Plet lorsque je vois une boule de feu longer notre petit avion d'une trentaine de places. Puis, soudain, l'électricité se coupe. La foudre vient de nous frapper en plein vol. Contrairement à Louis Plet,

1. Alain Casanova deviendra l'entraîneur du RC Lens lors de la saison 2016-2017.

je n'ai pas jeté mes cartes. J'ai un bon jeu. Je m'interroge à haute voix :

– Merde, qu'est-ce qui se passe ?

– Mais tu vois bien : on va tous mourir ! me répond Louis en hurlant.

J'entends l'hôtesse de l'air, qui passe devant nous, constater :

– Ça sent le brûlé...

Nous restons une minute, une très longue minute, dans le noir, à nous demander ce qu'il va nous arriver. Le commandant de bord nous annonce qu'il doit faire demi-tour et retourner se poser de toute urgence en Corse, car ses instruments de vol ne fonctionnent plus. À ce moment-là, je pose mes cartes. Puis les lumières se rallument et le pilote nous informe que nous pouvons finalement continuer notre voyage et rentrer à Lens.

Ce n'est pas la seule fois que je me suis fait peur, en avion. Pour un déplacement en Bretagne, nous décollons de l'aéroport de Valenciennes-Denain. En raison d'une histoire de taxes, il est désormais impossible d'utiliser celui de Lesquin. L'avion se présente sur la piste, prend de la vitesse, s'arrête soudain et fait demi-tour. Vingt minutes plus tard, il s'élance à nouveau, avant de freiner en bout de piste. La troisième tentative se révèle toujours aussi infructueuse. Une fois l'avion immobilisé pour de bon, j'en descends pour téléphoner à la compagnie : problème technique, il faut attendre. Ce sont des parents du côté de ma belle-famille qui tiennent le restaurant de l'aéroclub, et je leur demande de nous préparer des repas à peu près diététiques. À 15 heures, nous décollons enfin, dans un silence de cathédrale. On aurait pu atterrir sur le stade Nungesser de Valenciennes. Au lieu de cela, ça a plané pour nous en Bretagne, où nous avons gagné un but à zéro. Rebelote quelques années plus tard, à Troyes. Au moment d'atterrir, l'avion passe à deux mètres d'une ligne à haute tension. Les joueurs ont eu la peur de leur vie. Comme quoi, en matière d'aviation civile comme de football, il n'y a pas de vérité. Seul le résultat compte.

Boulogne, les boules

Donnés favoris, nous sommes attendus partout et par tout le monde : la montée est dans la poche, à deux journées de la fin. Malgré sa défaite à Brest, Lens ne peut plus être rejoint par Metz ni par Tours. Mon soulagement est immense, au soir de ce vendredi 15 mai 2009. Lens peut même être sacré champion de France de D2 pour la quatrième fois de son histoire, le vendredi suivant[1]. Frédéric Thiriez, président de la LFP, apporte en toute discrétion le trophée à Bollaert. Après avoir fait les cent pas dans les couloirs durant tout le match, il le gardera avec lui au moment du coup de sifflet final. Boulogne nous bat. Mon ami Jacques Wattez exulte : son équipe peut également monter en ligue 1, ce qui sera le cas au soir de la dernière journée, que nous bouclons sur une nouvelle défaite à Dijon. Mais nous conservons nos deux points d'avance sur Montpellier et Boulogne, donc, nos dauphins. Nous sommes champions de France et, surtout, de retour en ligue 1.

1. Après les titres déjà obtenus en 1937, 1949 et 1973.

Sarkozy, non merci

Le président de la République demande à me voir. À l'Élysée, Valérie Létard, sa secrétaire d'État chargée de la Solidarité, puis des Technologies vertes et des Négociations sur le climat, assiste à notre entrevue. Nicolas Sarkozy, que j'apprécie, pense à la fille de Francis Decourrière, native d'Orchies, dans le Nord, pour mener la liste UMP-Nouveau Centre Gauche aux élections régionales de 2010 dans le Nord-Pas-de-Calais. Il veut que je la soutienne et l'accompagne. Sarkozy est un homme intéressant et entier. Mais je décide que Valérie Létard ira sans moi[1]. Je préfère parler football que politique : le sport est universel, un stade est la représentation de tout un pays. Quelle que soit la couleur de la liste, je serais certainement décevant. Certains, comme Sarkozy ou Borloo avant lui, pensent que j'aurais pu réussir une belle carrière en politique. Je ne le crois pas, car je suis capable de m'énerver très rapidement. Et puis, la politique, c'est le début de la fin. On l'a vu avec Bernard Tapie.

Cela ne m'empêche pas d'avoir du respect pour les hommes politiques. Je les ai vus à l'œuvre dans leurs fonctions dans des endroits où le grand public n'a pas l'habitude de les voir. Même lorsqu'ils sont de grands bosseurs, les élus en prennent souvent plein la figure, notamment les maires de nos petites communes. Leurs administrés viennent les solliciter pour tout et pour rien. Je trouve regrettable que les gens aillent de moins en moins voter. Il faudrait trouver, comme en Belgique, un système capable

1. Officiellement désignée comme tête de liste par l'UMP et son secrétaire général Xavier Bertrand le 17 novembre 2009, Valérie Létard obtiendra 25,91 % des voix au second tour et 22 sièges, lors des régionales de 2010.

de limiter l'absentéisme. Car le droit de vote, c'est un droit de liberté.

Johnny, allumer Bollaert

Après avoir accueilli trois matchs de la Coupe du monde de rugby 2007, alors que le maire y était opposé car cela nécessitait la pose d'un panneau lumineux – finalement financé par la région – ainsi que la réfection de la pelouse, je décide d'organiser des concerts à Bollaert. Pour lancer ce projet, il me faut ce qu'il y a de mieux. Je téléphone à mon copain Jean-Claude Darmon :

— Il faut que Johnny Halliday vienne chanter à Lens.

— Il y a déjà beaucoup de dates arrêtées pour sa tournée, « Tour 66 ».

— Débrouille-toi avec Jean-Claude Camus, son manager.

— OK...

Le 9 juin 2009, Johnny Hallyday arrive à Bollaert. Il a fallu trois jours pour aménager la scène. Ce même jour, je vais le voir dans sa loge. Comme pour Sir Alex Ferguson *(voir page 219)*, je ne viens pas les mains vides : je lui apporte une bouteille de Château-Pétrus, la dernière de ma cave. Il regarde l'étiquette et me dit :

— Ça, c'est pas dégueulasse.

— Je m'en doute...

Ce que je n'ai pas prévu, en revanche, c'est le mauvais temps. Le stade est plein et il pleut à verse pendant dix minutes. Je m'en veux de ne pas être allé, en 2008, au bout de mon projet de couvrir et fermer Bollaert, comme au stade Pierre-Mauroy de Lille. Malheureusement, le RC Lens connaissait des résultats chaotiques et il est descendu, à l'issue de la saison 2007-2008. Après une ouverture un peu moyenne (peut-être en raison du mauvais temps), Johnny se révèle vite une véritable bête de scène. Et après déduction de tous les frais, il nous permet de dégager 250 000 € de bénéfice.

« Baffer » Gomis

Le rôle de président est tellement prenant qu'il empiète souvent sur la vie de famille. Heureusement, je peux compter sur la compréhension de mon épouse. Elle en fait preuve, en ce début du mois de juillet 2009. Alors que nous nous trouvons sur la route des vacances, je lui demande de faire une petite escale à Saint-Étienne, où je veux régler le transfert de Bafé Gomis. L'attaquant des Verts est déjà venu signer son contrat au golf d'Arras, mais le transfert bloque autour de l'indemnité réclamée par ses dirigeants : une fois sur place, Roland Romeyer, le président du directoire de l'AS Saint-Étienne, m'annonce qu'elle passe de 7 à 12 M€. Incompatible avec les finances de Lens.

Je décide donc de passer une nuit de plus dans cet hôtel de Saint-Étienne. Puis une autre, et encore une autre. Au bout de cinq jours, Isabelle me lance : « Super, les vacances… » Elles n'ont pas encore vraiment débuté qu'elles se terminent mal. Au bout de cinq jours, Romeyer m'informe que, finalement, il ne vend plus Bafé Gomis. Malgré le bras de fer entamé avec ses dirigeants, Gomis ne rejoindra jamais Lens. Son contrat est resté dans le tiroir de mon bureau. Un an plus tard, il signera à Lyon pour 15 M€. Je le revois encore de temps en temps. C'est un excellent joueur et un homme remarquable, que j'aurais tant voulu avoir chez les Sang et Or. Une fois encore, pourtant, aucun regret : à ce prix, Lens n'avait absolument pas les moyens de se l'offrir.

Train de sénateur

À la fin de l'année 2009, un ami me téléphone dans la semaine de notre match à Boulogne.

— Salut Gervais. Où es-tu ?

— Je suis à Paris, pour une réunion à la Ligue.

— Il faut que je te voie. C'est urgent.

— Je peux être chez toi ce soir, à 21 heures.

— Je t'attends.

À la fin de la réunion, je rentre sur Lens et file chez mon ami.

— Que se passe-t-il ?

— J'ai des relations dans le milieu politique, des gens bien intentionnés qui sont prêts à t'aider à résoudre tes difficultés financières. Si tu te présentes aux sénatoriales, ils s'engagent à ce que tu sois élu et à intervenir auprès du Crédit Agricole pour régler tous tes problèmes.

— Et en contrepartie ?

— Tu quittes la présidence du RC Lens.

— Tu es fou ! J'ai un match très important, dimanche. On se voit à Boulogne ?

— Bien sûr. En attendant, réfléchis bien à leur proposition.

Je quitte le domicile de mon ami à une heure du matin. Sur la route pour rentrer enfin chez moi, je me dis que je n'appartiens à aucun parti politique ni à aucune confrérie.

Le dimanche après-midi, alors que Boulogne, relégable au coup d'envoi, se retrouve vite réduit à dix et mené au score, nous perdons 2-1. Au coup de sifflet final, mon ami vient me voir :

– Alors, Gervais, tu as bien réfléchi ?

– Oui.

– Et tu en es où, dans ta réflexion ?

– Ma priorité, c'est le RC Lens. Le reste, ça ne m'intéresse pas.

– D'accord. Comme tu veux.

Je ne deviendrai jamais sénateur. Mais des « gens bien intentionnés » vont me faire payer très cher le fait d'avoir refusé leur proposition.

New York, New York

En vingt-neuf ans de présidence, je n'ai pratiquement pas raté un match du Racing, excepté le jour de la naissance de ma fille Camille, le 9 août 1993, lorsque nous avons perdu à Rennes. Sinon, je suis toujours allé au stade, même quand mes hanches me faisaient terriblement souffrir, au point que les joueurs devaient parfois me porter en sortant de l'avion. Pour calmer les douleurs dues à l'ostéoporose, Géry, mon frère pharmacien, me donnait de la cortisone, jusqu'à ce que je me résigne à subir la première de mes deux opérations de la hanche. J'ai suivi ma rééducation chez moi, et me rendais à Bollaert à béquilles. En l'apprenant, le chirurgien m'a passé un sacré savon. Mais c'était plus fort que moi. Je me devais d'être présent ; pour soutenir les joueurs, j'ai sans doute assisté à plus de 1 500 matchs des Sang et Or, dont 72 en Coupe d'Europe.

Je dois tout de même avouer qu'il m'est arrivé, une fois, de louper volontairement un match. J'en avais assez d'aller manger chez mon ami Jacques Wattez, le président de l'équipe de Boulogne-sur-Mer, et de me faire battre ensuite. La première fois, c'était en janvier 2009, en D2. Lens n'avait jamais joué contre Boulogne en match de compétition et a trouvé le moyen de perdre 3-1. Dans la tribune présidentielle, Wattez a passé son temps à me charrier. Revenu dans le vestiaire, j'ai piqué une crise : j'ai balancé un tabouret contre la table qui se trouvait au milieu de la pièce. J'ai également défoncé une armoire du vestiaire visiteurs.

Quelques jours après, Jacques me téléphone :

— On fait comment, pour les dégâts causés dans mon vestiaire visiteurs ?

— Débrouille-toi.

Pour se débrouiller, Jacques s'est bien débrouillé, quatre mois plus tard. Comme je l'ai déjà évoqué, Boulogne est venu nous battre à Bollaert, le jour où Thiriez devait nous remettre le trophée du titre de Champion de France de ligue 2. Et une fois en ligue 1, Boulogne nous a encore battus 2-1 chez lui, en décembre ! J'en étais donc déjà à trois défaites en trois matchs. Hors de question pour moi d'assister au retour, à Bollaert. Quand j'ai su qu'il était programmé le 10 avril 2010, j'ai proposé à des amis de passer quelques jours à New York. Comme je suis un peu superstitieux, je me suis dit qu'en n'assistant pas au match, il y avait des chances que nous puissions le remporter. Mais j'ai tout de même trouvé un stratagème pour le regarder depuis les États-Unis. En déjeunant dans le quartier de Little Italy, j'ai croisé des Lensois devant un restaurant et nous nous sommes, fatalement, mis à parler du match du lendemain. Ils m'ont conseillé de me rendre sur la 3e Avenue, près d'Union Square dans le sud de Manhattan, au Nevada Smiths. Ce pub improbable diffuse tous les matchs européens dans des espaces de 10 m². Des expatriés anglais, allemands, italiens viennent les regarder, vêtus du maillot de leur club favori. Je sympathise avec le président des supporters new-yorkais de l'OM pour qu'il m'arrange le coup avec le patron. Je le rappelle le soir et il m'explique que tous les espaces du rez-de-chaussée sont déjà réservés mais que je pourrai peut-être suivre le derby du Nord au sous-sol.

C'est ce que nous avons fait. Comme il y avait trente à quarante secondes de décalage entre le match et sa diffusion à New-York et qu'un autre copain m'envoyait des textos en direct de Bollaert, je disais à mes amis :

— On domine trop. On va marquer.

Et Lens a ouvert le score.

— Je sens qu'on va mettre un deuxième but.

Et Toifilou Maoulida en a mis un deuxième. Puis un troisième.

— Ce n'est pas possible ! Tu es un fakir, toi !

J'ai bien rigolé quand j'ai fini par leur avouer que j'étais au courant avant eux de l'évolution du score. Sans moi, Lens a finalement gagné 3-0. Et n'a, ensuite, plus jamais perdu contre Boulogne-sur-Mer[1].

1. Lors de la saison 2011-2012 en D2, Lens a battu Boulogne-sur-Mer 2-0 à deux reprises.

Une boulette, deux enterrements

Cette journée s'annonce difficile. Je dois me rendre aux obsèques du père d'un copain à Calonne-Ricouart, près de Béthune. Il est 14 h 20 quand je pénètre dans l'église, ponctuel pour une fois. Je m'avance pour saluer le corps près de l'autel. En traversant la nef, je jette un coup d'œil dans l'assistance, à la recherche de mon ami. À ma grande surprise, je n'y reconnais personne. Je croise en sortant, par hasard, le maire de Calonne-Ricouart, qui semble tout aussi étonné de me voir là. Je lui demande :

– Vous avez combien d'églises, dans votre commune ?

– Deux : l'église Saint-Pierre et l'église Saint-Stanislas.

– Mince. Je me suis trompé d'église.

– Suivez-moi en voiture. Je vous y conduis.

Dix minutes plus tard, j'arrive au « bon » enterrement. Je pensais m'en être finalement pas trop mal tiré, mais quinze jours plus tard, je reçois un courrier du fils de la première défunte. Dans sa lettre, il m'écrit : « Vous êtes venu saluer le corps de ma maman et je vous en remercie. Mais je pense que vous vous êtes trompé. Ce n'est pas grave. Ma maman était une supportrice du RC Lens et je pense qu'elle a dû être contente de vous voir à son enterrement. » Incroyable. Je lui ai aussitôt répondu : « Je suis désolé. Mes sincères condoléances. »

Jacquot, le pas croquant

Bien que la DNCG nous ait placés sous recrutement contrôlé, notre retour en ligue 1 se déroule sans accroc.

Avec sept internationaux et neuf joueurs formés au club dans un groupe de vingt-six joueurs, Lens termine la saison 2009-2010 en milieu de tableau. À l'issue de celle-ci, Dominique Cuperly, l'ancien fidèle adjoint de Guy Roux arrivé un an plus tôt, quitte ses fonctions. Je m'étais habitué à voir Jean-Guy Wallemme le chambrer tous les matins en lui disant :

— Ça va, Guy ?

— M'emmerde pas avec ça...

Cuperly a décidé de démissionner pour rejoindre Eric Gerets à Marseille. Je crois aussi qu'il a le sentiment que Lens vient de réussir un miracle en se maintenant avec aussi peu de moyens et qu'il craint pour la suite. L'avenir lui donnera raison. En attendant, je dois le remplacer par un autre entraîneur d'expérience. J'apprends que Jacques Santini veut revenir dans le sérail mais qu'il a finalement refusé un poste de conseiller du président à l'AS Saint-Étienne. Je connais bien Jacques pour l'avoir côtoyé lorsque nous étions en équipe de France. Je le contacte et il accepte de nous rejoindre en tant qu'entraîneur adjoint, sous contrat de deux ans. C'est bien pour Jean-Guy et pour le club.

Le 25 juin 2010, je dévoile le nouvel organigramme. Avec Daniel Leclercq, toujours directeur sportif, et le tandem Wallemme-Santini, il a plutôt fière allure. Mais au cours de cette conférence de presse, alors que Wallemme et Santini se trouvent à mes côtés sur l'estrade, Leclercq reste dix mètres derrière nous. Je me rends vite compte que c'est loin d'être l'amour fou entre Leclercq et Santini. J'ai l'impression que Daniel craint pour son poste de directeur sportif et que Jacques pense peut-être qu'il va l'y remplacer.

Knysna, sans moi

Mon septennat en tant que délégué de la LFP auprès de l'équipe de France prend fin avant la Coupe du monde 2010. La Ligue de Football Professionnel (LFP) a demandé à la Fédération Française de Football (FFF) que Gérard Houllier, le directeur technique national, puisse se rapprocher des Bleus et que j'occupe moi-même davantage de fonctions opérationnelles. Jean-Pierre Escalettes, président de la FFF, refuse : il ne veut pas que la LFP marche sur ses plates-bandes. Je me rends donc en Afrique du Sud pour assister au premier match des Bleus contre l'Uruguay. J'effectue un aller-retour en avion avec Frédéric Thiriez. Le président de la LFP rentre lui aussi. Raymond Domenech, le sélectionneur, se débrouillera avec Nicolas Anelka sans moi.

Bachelot, beau boulot

C'est fait. Le 28 mai 2010, la France devance la Turquie d'une voix au second tour de scrutin et se retrouve officiellement désignée par le comité exécutif de l'UEFA comme pays organisateur de l'Euro 2016. Après avoir accueilli l'édition de 1984 et la Coupe du monde 1998, Bollaert se doit d'en être. Il est important pour l'image de Lens en Europe de s'inscrire dans la durée. Cela permet à ma ville de marquer son territoire, et à mon club d'avoir une visibilité médiatique.

Peu de personnes partagent mon avis. Lille est déjà retenue comme ville hôte et on n'en souhaite pas d'autre dans la région. En Rhône-Alpes, Lyon et Saint-Étienne le sont également. Mais là, cela ne pose aucun problème. À vrai dire, Guy Delcourt, élu maire de Lens après la Coupe du monde 1998, ne veut pas de cet Euro. À la différence de Martine Aubry, maire de Lille, de Jean-Claude Gaudin à Marseille, ou encore d'Alain Juppé à Bordeaux, il n'a pas répondu présent à l'invitation de la ministre de la Santé et des Sports, pas plus qu'il n'a envoyé de représentant de la mairie de Lens. À la fin de la réunion à son ministère, alors que tout le monde s'est exprimé en faveur de sa ville, Roselyne Bachelot a la présence d'esprit de se tourner vers moi et de me demander :

— Gervais, vous n'avez rien à dire pour Lens ?

— Si, Madame la Ministre. Je vais vous expliquer…

Après avoir écouté mon plaidoyer pour ma ville, Martine Aubry vient me voir :

— Gervais, ce n'est pas possible que le Racing Club de Lens paye lui-même les travaux de rénovation du stade Bollaert.

— Comment faire autrement ?

— On doit et on va vous aider.

Aubry tient parole. Lors d'une délibération de son assemblée des 20 et 21 septembre 2012, le conseil régional du Nord-Pas-de-Calais décide de débloquer 25 M€ pour aider à la rénovation de Bollaert. Au total, 70 M€ de subventions publiques vont être mobilisés pour permettre à Lens d'accueillir quatre matchs de l'Euro 2016. Grâce, aussi, à la présence d'esprit de Roselyne Bachelot et à Daniel Percheron qui a fait voter les subventions.

Le Démont de Kovacević

Lens demeurant dans l'obligation absolue de ne pas descendre à l'issue de cette saison 2010-2011, l'enjeu prend vite le pas sur le reste. Tout le monde se retrouve à vif. Les tensions éclatent au grand jour le 3 octobre 2010, au stade Bonal de Sochaux. Juste avant la mi-temps, Yohan Démont reproche à Nenad Kovacević une perte de balle dans leur surface. Agacé par la remarque de son capitaine, le Serbe perd son sang-froid et vient bousculer Démont qui, en réaction, lui balance une patate en pleine figure. Il est comme ça, Démont. Il ne faut pas le chercher, ni le passer trois fois sur son côté. À la quatrième, il renvoie ton grand-père à sa communion. L'arbitre leur met un carton jaune à tous les deux, afin de les calmer. Après Cyril Rool à gauche, je suis bien servi à droite par Yohan Démont, en termes de cartons. Je passe mon temps à aller les défendre devant la commission de discipline, à Paris.

Au final, Lens perd 3-0 sur la pelouse de Sochaux. Kovacević et Démont sont très attachés au club mais ils ont pété un plomb, ce qui n'est pas tolérable dans le sport de haut niveau. Au coup de sifflet final, j'explique aux médias qu'ils seront convoqués dans mon bureau pour être sanctionnés. J'ajoute : « Il y aura, bien sûr, une retenue sur salaire. Je ne vais pas me contenter de les priver de dessert à midi ! » Avant de monter dans l'avion du retour, Wallemme me prend à part :

— Gervais, il faut que l'on se voie après, car ce qui vient de se passer n'est pas possible. Tu veux sauver le club, oui ou non ?

— Bien sûr !

— Dans ces conditions, soit tu vires trois joueurs et on recrute cet hiver, soit je pars et Santini prend ma place.

— Prends un peu de recul, Jean-Guy. On est à chaud.

— Non. Je t'aurai prévenu.

Après ces incidents, Wallemme prend deux jours de repos. Lens est devenu un grand club et ce qui vient de se passer à Sochaux est totalement inadmissible. À un moment donné, les acteurs sont responsables ; ils peuvent encore changer la fin du film, et je garde espoir qu'ils y parviennent. Suite à son accrochage avec Kovacević, Démont perd logiquement son brassard de capitaine. Wallemme le confie à Adil Hermach. Forcément, Démont ne le vit pas bien. Mais il peut compter sur des amis dans le vestiaire, dont Issam Jemâa. Après avoir gagné un petit jeu lors d'une séance d'entraînement, le Tunisien vient chambrer Démont, qui se trouve en pleine conversation avec Michel Ettore, l'entraîneur des gardiens : « T'as vu Yo, on t'a fait la misère. » Démont le prend mal, le ton monte vite. Plusieurs personnes sont obligées d'intervenir pour les séparer. Plutôt que de coller une patate à son copain Jemâa – comme il l'a fait trois semaines plus tôt avec Kovacević –, Démont, de rage, met un coup de poing dans le mur. Résultat de cette journée du 26 octobre 2010 : fracture des phalanges de la main droite. Obligé de se faire opérer, Démont manquera les cinq prochaines semaines.

Runje, « encu.. !»

La déception est encore grande, après le match à Lorient du 11 décembre 2010. Pour les joueurs, les entraîneurs, les dirigeants et les supporters. En remontant dans le bus, Vedran Runje se fait invectiver par certains d'entre eux qui ont effectué le déplacement dans le Morbihan. Ils ne décolèrent pas de l'avoir vu encaisser trois buts après la mi-temps. Les insultes fusent. Excellent gardien mais caractériel, Runje descend du bus pour leur répondre à son tour, grossièrement. Il se montre même prêt à en découdre physiquement. Il n'a heureusement pas à le faire. Quand on n'assure pas, on reste dans le bus et on la boucle. C'est ce que j'ai toujours fait.

Je me mets également à la place de ces supporters. Nous avons de la chance d'avoir un public comme le nôtre ; il demande seulement que les joueurs soient fidèles à nos valeurs de combativité. Depuis le début de cette saison, ils ne le sont que par intermittence. C'est insuffisant. La déception des supporters est compréhensible. Ce qui l'est moins, c'est que le FC Lorient ait fait poireauter notre bus pendant quarante-cinq minutes devant le stade, nous laissant à la merci de la vindicte populaire. Ce qui n'est pas non plus acceptable, ce sont de tels dérapages verbaux. Je le répète : Runje est un garçon entier, qui donnerait sa chemise pour le club. Mais il se montre parfois excessif, au point d'oublier qu'il est inutile de discuter avec des gens qui ne veulent rien entendre. Je suis prêt à les écouter me dire chaque semaine que je ne suis pas bon, voire incapable, mais pas que je dois aller me faire « encu... ». Comme Runje, les autres joueurs et le staff, je fais mon maximum.

Je ne peux pas faire beaucoup plus. Il est vrai que cela ne suffit pas, mais ça n'autorise pas tout.

À la sauce Bölöni

Au lendemain du dernier match de cette année 2010 à Bordeaux – où nous avons fait match nul alors que nous menions deux buts à zéro à la mi-temps –, Wallemme demande à nouveau à me voir. Il ressort de notre discussion que la situation est préoccupante. Il est vrai que Lens ne compte que trois victoires et a encaissé trente-deux buts, lors des matchs aller. Le club risque donc de descendre, mais le maintien est encore possible, à condition qu'il y ait un nouveau discours. Pour faire court, Wallemme me demande de le décharger de sa fonction d'entraîneur. Il m'a déjà posé la question de confiance dix jours plus tôt, après notre défaite trois buts à zéro, à Lorient. Après avoir consulté une douzaine de joueurs, je l'ai conforté à son poste. Cette fois-ci, j'accepte qu'il arrête.

De son côté, Santini ne veut pas reprendre le poste d'entraîneur et préfère quitter le club. Mon choix se porte sur Lázló Bölöni. Il me demande de venir accompagné de son adjoint portugais Joaquim Preto. Je lui explique que Lens possède déjà des hommes de qualité, parmi lesquels Georges Tournay. Le Roumain accepte finalement de venir seul et signe un contrat de deux ans et demi. Le remplacement par Bölöni de Wallemme, qui intègre la cellule de recrutement, est officialisé le dimanche 2 janvier 2011, jour de la reprise de l'entraînement.

Pourquoi Bölöni ? Comme d'autres avant lui, il a l'avantage d'être libre, donc disponible tout de suite, et d'avoir réalisé du bon boulot en France et à l'étranger. Après avoir effectué une impressionnante carrière de joueur, il a démontré une faculté d'adaptation très rapide en tant qu'entraîneur. Je le pense capable de résoudre les problèmes en dehors du terrain, mais je me trompe : Bölöni commet une erreur d'entrée en n'osant pas toucher à Runje. Or, si le Croate reste un grand gardien, la moitié de l'équipe ne le supporte plus. Il veut tellement gagner, il se montre parfois tellement agressif qu'il en devient un danger public, même à l'entraînement. Un jour, après qu'un équipier lui a marqué un but en lui glissant le ballon entre les jambes, il le prévient : « Tu me refais un petit pont, t'as plus de jambes. » Un autre jour, lors d'un spécifique pour les attaquants, Jemâa lui marque un but sur un piqué : « C'est la dernière fois que tu me fais ça. » Comme Jemâa est lui aussi un peu fou, il lui refait aussitôt un piqué, et Vedran se met à lui courir après pour lui casser la gueule. Quand il ne se prend pas la tête avec Kader Mangane, c'est avec Éric Chelle, son capitaine. Au moins, avec Runje, c'est cash et tout le monde sait ce qu'il pense. À défaut de toujours y trouver son compte. Hamdi Kasraoui, la doublure de Runje, est également un bon gardien. Mais l'international tunisien n'a jamais eu sa chance. De plus, si Bölöni se révèle très cartésien et bosseur, on n'entend que lui sur le banc de touche. Et sa nervosité continue de contaminer les joueurs.

Boukari, pour 5 M€ t'as plus rien

En plus des tensions dans le vestiaire, je me retrouve avec un autre problème à régler : Lens a une fois de plus besoin d'argent. Je n'ai pas le choix : je suis obligé de vendre des joueurs, durant ce mercato d'hiver 2011. Or, Rennes veut Razak Boukari. Je me souviens que Jean-Pierre Papin souhaitait le reconvertir comme arrière droit. Mais c'est un bon ailier, titulaire chez nous, et c'est à ce poste qu'il vient de devenir international togolais, l'an dernier, après avoir été international Espoirs français.

Le Stade Rennais est prêt à mettre 5 M€ sur la table. Si son départ en milieu de saison risque de nous handicaper sur le plan sportif, cette offre constitue une aubaine d'un point de vue financier. Il n'y a donc pas à hésiter. J'accepte. Le 3 janvier 2011, Boukari signe pour quatre ans et demi à Rennes. Où nous allons jouer un mois et demi plus tard. Et là, que se passe-t-il, dès le premier quart d'heure ? Depuis l'entrée de la surface, Boukari met une somptueuse frappe dans la lucarne opposée de Vedran Runje. Nous nous retrouvons menés, avant de perdre finalement 2-0. C'est notamment à cause du départ de Boukari en janvier que Lens descendra à l'issue de cette saison 2010-2011. Mais encore une fois, je n'avais pas le choix. Il fallait le vendre.

Akalé claqué, oublié

Quand on est dans les derniers, on est forcément à cran. Dans la difficulté, j'ai un truc pour moi : mon sang-froid.

Je crois toujours qu'il peut y avoir une deuxième ou une troisième vie. Je tiens à préciser que je ne suis pas un illuminé. Simplement, je crois aux cycles. Aujourd'hui, on a crevé dans Paris-Roubaix avant les pavés et on a pris quinze minutes dans la figure ? Demain, on essaiera de gagner Milan-San Remo.

Le problème, c'est que les joueurs ne parviennent pas à partager mon état d'esprit. Le matin de la réception de Sochaux, le 19 février 2011, Vedran Runje se met à chambrer Kanga Akalé après un contrôle raté, lors de la mise en place tactique. L'Ivoirien n'apprécie pas et le ton monte avec le Croate, au point que les deux hommes s'échangent une série de claques avant d'être séparés par leurs coéquipiers. Ce nouvel incident est intolérable. Et pas sans conséquence : le soir même, nous nous retrouvons menés deux buts à zéro, dès la première demi-heure de jeu. Et malgré notre égalisation en seconde période, nous finissons par perdre le match.

D'un autre côté, c'est formidable de savoir que même les pires ennemis peuvent se rassembler. Un mois après, jour pour jour, lorsque Akalé ouvre le score à Montpellier, il traverse tout le terrain en courant pour aller se jeter dans les bras de Runje. Scène impensable et victoire quatre buts à un. Je me dis alors que les joueurs ont enfin pris conscience d'appartenir à un collectif. Je me remets à espérer.

Caen ça ne veut pas

Le match à Caen se veut riche de symboles. Notre dernière victoire à Bollaert remonte au 22 janvier, face au Stade Malherbe. Une fois encore, nous nous devons de l'emporter, pour continuer à espérer le maintien. Malgré un match correct de notre part, nous ne parvenons pas à faire mieux qu'un nul. Au coup de sifflet final de cette 34e journée, le RC Lens se retrouve dix-neuvième, à neuf points de Nice, premier relégable.

Le retour dans notre vestiaire du stade d'Ornano est tendu. Il devient même explosif lorsque quand Kanga Akalé s'approche d'Issam Jemâa pour lui reprocher certains de ses choix sur le terrain, après son entrée en jeu. Henri Bedimo se mêle à leur conversation. Le ton monte entre les deux derniers. Je m'interpose :

— Vous vous croyez où ? Toi, tu la fermes ! Et toi, tais-toi aussi ! On se douche et on se casse !

L'embrouille s'arrête là, heureusement. Je préfère voir mes joueurs frustrés de la sorte que sans réaction. Et si cela a également chauffé entre les joueurs et moi, c'est que je suis profondément inquiet. Je sens notre chute proche. Malgré un sursaut devant Bordeaux le mercredi suivant, et une égalisation de Raphaël Varane à la toute dernière seconde à Monaco, le couperet tombe, le dimanche 15 mai 2011 : à deux journées de la fin du championnat, le RC Lens est officiellement relégué. La précédente descente, en 2008, nous a fait très mal. Nous avons gardé pratiquement la même équipe et des gars qui se trouvaient dans le dur, ce qui explique qu'ils aient pété les plombs à deux ou trois reprises, au cours de cette saison 2010-2011. Il convient désormais de tout mettre en œuvre pour permettre au club de revenir à un niveau qu'il n'aurait jamais dû quitter, après la saison 2006-2007. Tourner la page de ces trois années difficiles implique de profonds changements. Et des changements douloureux.

Leclercq, l'adieu au grand frère

Lens relégué, Leclercq décide de quitter définitivement le club. En plus de la descente, je le vis comme une déchirure personnelle. Pour moi, Daniel est comme un grand frère. Je l'admirais déjà quand il était joueur. C'était un milieu de terrain incroyable. De quarante ou cinquante mètres, avec lui, le ballon tombait toujours juste, au bon endroit, et du gauche. Il a ensuite reculé en défense. Certains ont eu le culot de prétendre qu'il était trop lent, alors que Daniel, c'était Franz Beckenbauer ! Je me demande d'ailleurs toujours pourquoi il n'a jamais été sélectionné en équipe de France. Il l'aurait tellement mérité.

Quand nous avons décidé de lui confier la succession de Roger Lemerre en 1997, je n'avais aucun doute sur ses compétences. Je sentais qu'il ne vivait que pour le football, du matin au soir. Ses causeries, auxquelles j'aimais assister, étaient toujours très bien préparées. Quel que soit l'adversaire, il ne parlait que de notre jeu. Son système en 4-3-3 était immuable, comme ses principes de jeu, qui consistaient à jouer vite vers l'avant, en effectuant un gros pressing sur l'adversaire dès la perte du ballon. Il donnait une confiance inébranlable à ses joueurs, en se montrant en même temps très exigeant. Il l'était tellement envers lui-même qu'il ne supportait pas qu'ils soient médiocres. C'est pour cette raison qu'il a démissionné, en 1999. Il était comme ça, Daniel. De la trempe des grands champions. Il pouvait bouder pendant des jours après une défaite. Même à la belote, quand il perdait, il râlait ! Cela me faisait marrer car je suis, moi aussi, mauvais joueur.

J'avais tellement confiance en lui que je l'ai rappelé en 2007, après le départ de Guy Roux, pour aider Jean-Pierre Papin. Le voir quitter le club n'a rien été à côté de son décès. Sa femme me téléphone depuis Sainte-Luce, en Martinique, où Daniel est parti encadrer des stages de football pour enfants, en ce 22 novembre 2019. Il est 6 heures du matin quand Patricia m'annonce :

— Il est parti.

— Il est parti où ?

— Définitivement. Daniel est mort.

Je m'assois. Le coup est terrible à encaisser. Je viens de perdre un frère, un monument, un membre de la famille lensoise.

Mbappé, c'est raté

Cette nouvelle relégation entraîne toute une série de conséquences fâcheuses. L'une d'elle concerne Kylian Mbappé. Il est venu effectuer un stage à La Gaillette en juin 2010. Il n'a encore que onze ans, ne mesure qu'1,47 mètres pour 39 kilos mais il tape tout de suite dans l'œil de Marc Westerloppe, directeur du centre de formation, et de Georges Tournay. Le rapport d'évaluation de Westerloppe ne laisse place à aucun doute : « Ce jeune a montré qu'il a un gros potentiel. C'est un joueur rare. Il provoque, il tente des choses mais il sent également les coups offensifs. Il lève la tête pour savoir quand il faut dribbler et quand il faut passer. Même s'il sait dribbler, il sait également jouer collectif. C'est une preuve d'une grande intelligence. Ce sont souvent les joueurs talentueux qui ont cette qualité. » Je décide donc de rencontrer ses parents. Beaucoup de clubs étant déjà sur lui, nous lui proposons un contrat. Mbappé sera un joueur du RC Lens.

Mais Wilfrid Mbappé, son père, m'appelle, en cette fin de saison 2011 pour m'annoncer : « Monsieur Martel, je ne peux pas mettre mon fils chez vous. Vous descendez en seconde division. Je vais le mettre dans un centre de formation de ligue 1. » Kylian est finalement parti à l'AS Monaco. Cinq ans plus tard, il nous a mis le turbin et marqué deux des trois buts de Monaco, en finale de la Coupe Gambardella. Il est ensuite devenu le joueur que nous connaissons tous.

Varane et Santo Pérez

Si Raphaël Varane a signé au Real Madrid en 2011, c'est parce que je lui en avais donné ma parole, ainsi qu'à Zizou. Un des deux frères Plancque, Stéphane, si je me souviens bien, est ami avec lui. J'ai personnellement eu la chance de croiser Zinédine Zidane à l'époque où j'étais délégué de la Ligue auprès de l'équipe de France. En cet été 2011, il est encore conseiller de Florentino Pérez, président du Real Madrid. Je me décide à lui téléphoner pour lui proposer un défenseur plein d'avenir. Zidane me demande :

— Il est comment, ce joueur ?
— Exceptionnel.
C'est le mot qu'a employé Georges Tournay, directeur du centre de formation, quand il m'a demandé de venir voir jouer un gamin à La Gaillette.
— Venez et vous verrez. Il est exceptionnel.
Raphaël Varane l'est effectivement. Il est arrivé chez nous à huit ans et demi et nous lui avons fait signer un premier contrat professionnel de trois ans, pour ses dix-sept ans. Comme Jean-Guy Wallemme l'a fait débuter en ligue 1 six mois après, nous l'avons prolongé de deux ans, en février 2011. L'équipe va alors très mal, elle est en train de descendre. À quatre ou cinq matchs de la fin du championnat, je vais lui parler :
— Raph', qu'est-ce que tu veux faire la saison prochaine ? Si on descend, tu restes et tu nous aides à remonter ?
— Prés', c'est vous qui allez décider. Mais je veux continuer à progresser. C'est important pour ma carrière. Si Lens descend et que vous trouvez un club pour moi, vous me laisserez partir ?
Je comprends. Lens est relégué à l'issue de cette saison 2010-2011. Après avoir envoyé quelqu'un superviser Varane sur un match ou deux, Zidane me rappelle et me dit :
— Gervais, on va y aller. Combien tu veux ?
— 10 M€, plus des bonus.
— Il a très peu joué en ligue 1[1]. C'est beaucoup.
Entre-temps, j'ai téléphoné au Paris-SG et à Arsenal. Aucune réponse. Zizou insiste. Je vais voir Varane, qui déjeune tout seul au réfectoire de La Gaillette.

1. 34 matchs et 2 buts.

— Salut Raph'. Dis donc, tu vas peut-être être contacté par des clubs.

— Je passe l'oral du bac, cet après-midi. Faites au mieux et on en reparle après.

Une fois l'intérêt du Real pour Varane connu, le Paris-SG se réveille. Ils se réveillent tous, en réalité, y compris Arsène Wenger, que j'avais appelé et qui a proposé beaucoup plus pour faire venir Varane à Arsenal. Mais je n'ai pas lâché. Quand je donne ma parole, je m'y tiens. Et je l'ai déjà donnée à Zizou. Varane va donc à Madrid visiter les installations du Real. Nous nous mettons d'accord avec les Espagnols, nous signons le contrat et Varane rejoint officiellement le Real pour six ans, le 27 juin 2011.

Je me souviens que je me suis accroché avec des journalistes et de grands spécialistes du football, dont Rolland Courbis. Pour eux, Varane ne jouerait jamais au Real Madrid. Je leur ai répondu qu'on en reparlerait dans six mois. On connaît la suite : au final, c'est allé encore plus vite que cela. Varane a joué quinze matchs dès sa première saison en Espagne, et trois cent soixante au total, pour le Real.

De mon côté, j'ai obtenu ce que je demandais : 10 M€ d'indemnité de transfert, plus 6 M€ de bonus, en fonction de toute une série de critères. L'un d'eux prévoit 500 000 € en cas de victoire en Ligue des champions sur les prochaines années. Or, il se trouve qu'il manque une saison, lors des quatre victoires de Varane en Ligue des champions. Ce bonus est donc hors délai du contrat. Didier Roudet, directeur général du RC Lens, me propose d'envoyer un courrier à Florentino Pérez pour le féliciter de sa victoire. Dans celui-ci, je glisse que c'est dommage pour nous, car à un an près on touchait le bonus. Et 500 000 €, ce n'est pas une paille.

Quelques jours plus tard, le Real Madrid nous fait un virement bancaire de 500 000 €. J'ai eu l'occasion de remercier le président Pérez lors de l'enterrement de Raymond Kopa[1]. Parce que, au regard de la réalité des chiffres de l'époque, les 16,17 M€ encaissés grâce à la vente de Varane nous ont sauvés de la faillite.

Les fleurs du mal

Je me trouve en réunion téléphonique avec Carlo Molinari lorsque Martine, désormais l'une de mes deux secrétaires au club, avec Juliette, m'informe de la triste nouvelle : Jacques Thouzery, ancien président de Sochaux de 1974 à 1994, est décédé, en ce mois de décembre 2011. J'interroge Carlo :

— Tu savais ?

— Non, mais je vais aller à son enterrement.

— Moi, je ne pourrai pas assister à ses obsèques. Est-ce que tu pourras mettre un mot pour moi sur le carnet de condoléances ?

Je demande ensuite à Martine d'envoyer une gerbe de fleurs à sa famille de la part de Gervais Martel et du RC Lens. Dix jours plus tard, ma secrétaire étouffe un rire nerveux, puis elle éclate franchement de rire en me disant :

— Quelqu'un tient absolument à vous parler.

— Vous voyez bien que je n'ai pas le temps. Qui est-ce ?

Aucune réponse. Agacé, je prends l'appel. Au bout du fil j'entends :

1. Ancien attaquant français du Real Madrid (1956-1959), Raymond Kopa est décédé le 3 mars 2017, à l'âge de quatre-vingt-cinq ans. Ballon d'Or 1958, ses obsèques se sont déroulées le 8 mars en la cathédrale Saint-Maurice d'Angers.

— Bonjour Gervais, c'est Jacques Thouzery. Comment vas-tu ?

Je me sens défaillir, mais je parviens à reprendre mes esprits en quelques secondes.

— Très bien, Jacques, merci. Et... toi ?

— Bien, également. Je tenais à t'appeler pour te remercier personnellement pour ce que tu as fait.

— Je t'assure, il n'y a pas de quoi...

— Si, si. Tu as été le seul président à envoyer des fleurs à l'occasion du décès de mon épouse.

— C'est normal. Tu penses bien, Jacques...

— Gervais, je ne suis pas près d'oublier ce que tu as fait.

La boulette. Je n'ai jamais osé lui avouer la vérité. Quand Jacques est décédé, cinq ans plus tard, le 18 février 2016, à quelques jours seulement de fêter ses quatre-vingt-neuf ans, j'ai vérifié plusieurs fois l'information avant d'envoyer une gerbe de fleurs à sa famille.

Passeport pour l'angoisse

Il me faut quitter La Gaillette au plus vite ; j'ai rendez-vous en ville et je suis encore en retard. Je grimpe dans ma voiture, je démarre et je file en trombe. En passant par un rond-point, j'entends un bruit. Je m'arrête, puis fais de nouveau le tour du rond-point, pour vérifier si je n'ai pas heurté ou fait tomber quelque chose. Rien. Je remonte dans mon véhicule et reprends la route. En arrivant à mon rendez-vous, je m'aperçois que le sac qui contenait tous mes documents a disparu. Pris de panique, j'appelle Damien Vanoise, le responsable de la sécurité du RC Lens, et demande également aux policiers de le rechercher. Toujours rien. À 19 heures, je reçois un appel.

— Monsieur Martel ?

— Oui ?

— Bonjour, je vous appelle car j'ai trouvé un sac au bord de la route. Je me suis permis d'ouvrir la première pochette et j'ai vu votre nom sur l'agenda.

— C'est bien à moi ! Merci, je le cherchais partout !

— Écoutez, je n'ai pas le temps de vous le rapporter tout de suite car je suis professeur de tennis et je dois donner un cours.

Dans la précipitation de mon départ, j'avais laissé mon sac sur le capot de ma voiture, et il est tombé pendant que je roulais. Il n'y avait pas de quoi appeler *France Dimanche* non plus, mais j'ai tout de même été soulagé lorsque le professeur de tennis me l'a rapporté car ce sac contenait des documents de travail, notamment des contrats de joueurs et des notes personnelles. Mon passeport biométrique, aussi. Le récupérer ne m'a pas servi à grand-chose : il était inutilisable car une voiture avait roulé dessus.

L'émir fantôme

Il m'est dorénavant impossible d'assumer seul l'actionnariat du RC Lens. En quête de nouveaux investisseurs, je voyage dans toutes les capitales européennes et dans beaucoup de pays arabes. Mon tour du monde me permet de présenter aux douaniers un beau passeport tout neuf, qui se retrouve vite constellé de tampons. Au cours de ces pérégrinations à Londres, au Qatar, en Arabie saoudite, je rencontre également toutes sortes de personnes, dont beaucoup de farfelus, des petits malins et des types pas toujours très nets, voire des escrocs qui disent avoir l'argent sans l'avoir, comme les représentants de la FACEM, la Fondation pour l'Amélioration des Conditions de l'Enfance dans le Monde. Cet organisme canadien, dont m'a parlé Bernard Laporte, se disait prêt à investir 12 M€ dans le Stade Français. Le club de rugby parisien a fini par porter plainte pour escroquerie.

Mais le bouquet, c'est à Amsterdam que je le trouve. Un soi-disant investisseur se déclare disposé à me prêter 30 M€, à condition que je débourse 10 M€ tout de suite. C'est dans ces moments-là que je comprends que le football est une proie facile, pour ces gens-là. Je me rends également compte que ce sport intéresse tout le monde, mais qu'il n'y a plus personne quand il faut passer à la caisse. Ce fut le cas avec un émir de Dubaï, aux Émirats arabes unis. Un jour, l'un de ses proches me contacte. Mes avocats, qui le reçoivent à Paris, estiment qu'il ne s'agit pas d'un escroc. Lorsque je le rencontre à mon tour, avec sa jeunesse, son costard-cravate et son discours cohérent, il me fait également bonne impression. Je le revois à trois ou quatre reprises. Au bout de trois mois, il me dit :

— L'émir veut venir à Lens, visiter vos installations de La Gaillette.

— Pas de problème. Je le recevrai avec plaisir.

— Mais il pose une condition.

— Très bien, laquelle ?

— Il veut que sa venue soit la plus discrète possible. C'est pour cette raison qu'il compte venir en hélicoptère, et un dimanche, à 15 heures.

— Pas de problème.

Peu après, le représentant de l'émir m'envoie le numéro d'immatriculation de l'hélicoptère ainsi que le plan de vol. Je préviens aussitôt le préfet pour obtenir les autorisations et sécuriser sa venue. La Gaillette disposant d'un terrain d'atterrissage pour raisons médicales, l'hélicoptère pourra se poser sans souci. Je m'en fais tout de même un peu, du souci, car cette visite peut marquer un tournant dans l'histoire du RC Lens. Dès 13 heures, un peu anxieux, je suis à La Gaillette. Et j'attends, j'attends... L'émir n'est jamais venu. Je n'ai toujours pas compris ce qui s'est réellement passé. Son hélicoptère doit être porté disparu dans le triangle des Bermudes. Je me suis excusé auprès de Monsieur le Préfet. Quant à moi, j'ai perdu trois mois.

« Bandit de grand chemin »

Me voilà de nouveau en garde à vue, en ce jeudi 17 novembre 2011 *(voir page 185)*. Cette fois, c'est dans les locaux du commissariat d'Avion et dans le cadre d'une enquête préliminaire menée par le parquet d'Arras au sujet de deux prêts de 2M€ chacun que j'ai contractés auprès de deux entreprises locales de BTP, Ramery et Rabot Dutilleul, en mai 2010. En contrepartie, je leur ai promis que le jour où le projet de développement des animations autour de Bollaert verrait le jour, ces deux sociétés seraient prioritaires pour obtenir ce marché privé. Il s'agit d'un contrat signé sous seing privé et dans les règles de l'art. Tout ce qu'il y a de plus légal.

Mais la justice ne l'entend pas ainsi. Elle considère que ma position à la tête du club me permettait d'avoir des marchés. Fin janvier, après une nouvelle garde à vue au commissariat de Marcq-en-Barœul, histoire de changer un peu de décor, je me retrouve mis en examen pour « corruption privée et recel d'abus de bien sociaux ». Aux yeux de la justice, je passe pour un « bandit de grand chemin ». Je ne le vis pas plus mal que cela car je sais que je vais gagner le procès. Je suis plus embêté pour Jean-François Dutilleul et Michel Ramery, les deux chefs entreprises mis en cause avec moi, qui sont de bonne foi.

Hors de question de me laisser faire. Je choisis Maître Didier Robiquet pour me défendre. Cet avocat d'Arras a plaidé dans l'affaire Élodie Kulik, la directrice d'une agence de la Banque de Picardie à Péronne, assassinée en janvier 2002. Sur ses conseils et sûr de mon bon droit, je conteste tout. Le problème, c'est que cette affaire me poursuit pendant plus de sept ans. Il y a tout d'abord l'ouverture de mon procès devant le tribunal correctionnel d'Arras, le mardi 1er mars 2016. Dans sa plaidoirie, le procureur de la République requiert quatre mois de prison avec sursis et 20 000 € d'amende pour des faits de corruption active.

Le 31 mars, le tribunal correctionnel d'Arras prononce ma relaxe générale : la justice a reconnu que je n'avais commis aucune infraction pénale ni irrégularité dans cette opération. Il n'y a donc ni corrupteur ni corrompu dans mon dossier. Comme je m'y attendais, le parquet décide de faire appel de cette décision. Deux ans plus tard, soit le 20 mars 2018, la cour d'appel de Douai confirme ma relaxe générale. Le jour où ces décisions tombent, je téléphone à la presse locale pour l'informer de mon innocence. Après avoir fait couler tant d'encre pendant des années, j'ai à peine droit à trois lignes dans les journaux.

Seydou Keita, le Chevalier blanc

J'espérais retrouver tout de suite la ligue 1. C'était même une obligation, car pour aider le club à remonter j'ai souscrit un emprunt obligataire de 14 M€ auprès du Crédit Agricole Nord de France (CANF), actionnaire minoritaire du RC Lens, en juin 2011. J'ai jusqu'au 30 juin 2012 pour le rembourser. Le club doit aussi combler une partie du découvert bancaire que la banque nous a consenti. Mais nous bouclons cette saison 2011-2012 à la douzième place, avec Jean-Louis Garcia comme entraîneur. Privé des droits télévisés de la ligue 1, je me retrouve dans les choux. Le CANF refuse d'allonger le prêt et il m'est impossible de le rembourser. Dans ces cas-là, il ne reste qu'à éteindre la lumière.

À moins d'aller chercher de l'argent ailleurs. Ce que j'essaye de faire. J'ai trouvé 8 M€, mais il m'en manque encore cinq ou six. Pour boucler mon tour de table, je sollicite également quelques anciens joueurs du RC Lens, dont Seydou Keita, qui accepte de m'aider financièrement. Quand je l'attends à sa descente d'avion en provenance de Shangaï, il est 3 heures du matin. Et surtout, il est trop tard. Je lui explique que ce n'est plus la peine qu'il investisse à mes côtés dans le club. Je n'arriverai pas à trouver le complément d'ici la date butoir.

Quand le Conseil d'administration du CANF me reçoit, il me propose le marché suivant : pour sauver le club en lui évitant un dépôt de bilan, la banque supprime mon découvert de 10 M€ et réinjecte cette somme dans ma holding

GM Finances, qui détient le RC Lens. Fatigué après avoir tant lutté durant ces dernières années, et inquiet pour la survie du club, j'accepte. Je commets là une grosse erreur, car j'apprends peu après qu'avant de supprimer un découvert, il y a un délai légal à respecter. Au lieu d'attaquer le Crédit Agricole en justice – j'aurais gagné mon procès –, j'ai dit oui pour le salut du club.

Jusque-là, la banque détenait 25 % du capital de ma holding, et moi, 75 %. Désormais, elle en possède 99,4 %. Soucieux de renforcer GM Finances, j'y ai mis tout mon business : le RC Lens, Didactif, mon entreprise de formation commerciale et école de commerce, le golf d'Arras et l'Hôtel du golf. Après avoir repris l'exploitation du golf en 1994, je l'ai acheté en 2005, sans jamais, toutefois, devenir propriétaire des terrains. Mes liens amicaux avec le golfeur français Jean Van de Velde m'ont notamment permis d'accueillir l'Open de France Dames, la première fois en 1996, puis pendant dix ans, de 2000 à 2009. Quant à l'hôtel, je l'ai fait construire en 2000. C'est un joli trois étoiles qui domine le parcours, composé de soixante-deux chambres et d'un restaurant, L'Infini. Il a même accueilli l'équipe de France de Zinédine Zidane. Mais je ne me suis pas protégé et j'ai commis une grosse erreur, car j'ai tout perdu d'un coup. Ce 30 juin 2012, je suis ruiné. Je n'en veux pas au Crédit Agricole Nord de France, qui est une banque plus que respectable, mais à son directeur général de l'époque, qui a manœuvré pour son compte personnel. Je garde toutefois un bon souvenir d'autres dirigeants, notamment de Michel Faroux, son directeur général adjoint.

Salut les filles

J'ai invité quelques journalistes à un pot de départ sur la terrasse de l'Hôtel du golf d'Arras, qui surplombe les greens. Le soleil brille et j'y vais de ma petite blague. Je sors un billet de mon portefeuille et l'agite en lançant à la cantonade : « C'est peut-être l'un de mes derniers. Profitons-en ! » Tout le monde se marre, un peu gêné.

En réalité, si je ne vis pas mon départ de la présidence du RC Lens comme une honte, je ne le prends pas non plus à la rigolade. C'est pour moi un véritable échec : je pars comme un malpropre et je ne le supporte pas. Pour tout dire, je trouve même cela incroyablement injuste. Pendant toutes ces années, j'ai essayé de mener le club au mieux mais des intérêts personnels et politiques planaient au-dessus de ma tête. Après avoir assumé tous les risques financiers pour le club, depuis sa privatisation en 1997, je viens de passer des années à chercher un repreneur fort. Mais nous n'en sommes qu'au début de la prise de participation de grands groupes dans les clubs de football français : ils préfèrent encore le rugby, doté d'une meilleure image.

Un club comme le Paris-SG a été vendu pour seulement 21 M€ à un trio d'actionnaires composé des fonds d'investissement Colony Capital et Butler Capital Partners, soutenus par la banque Morgan Stanley, en 2006. Mon tort, c'est d'être arrivé dix ans trop tôt dans le football. Mon handicap, c'est que Lens est taxé de « petite ville » malgré son immense bassin de population et sa situation géographique privilégiée, à une heure de Paris et de Londres. Aujourd'hui, ses atouts sont davantage mis en valeur. Il en va de même de l'exposition médiatique du football, qui va véritablement exploser dans les années à venir.

En attendant, les 4 M€ résultant de la vente du golf sont partis dans les caisses du CANF. Je n'ai rien touché sur cette somme. Quand on aime, on ne compte pas. J'aurais dû. Mais je n'ai pas encore dit mon dernier mot. Le 2 juillet au soir, la nouvelle gouvernance est entérinée lors des Conseils de surveillance et d'administration de GM Finances et de la SASP RCL, les deux structures juridiques gérant le RC Lens. Je démissionne de la présidence du club. Le CANF en prend le contrôle et nomme Luc Dayan président de la SASP RCL. Luc est un homme spécialisé dans le rachat d'entreprises ; il a davantage le profil d'un sauveur que d'un opérationnel. Je sais par avance que c'est voué à l'échec. Chacun son métier. Une banque, quelle qu'elle soit, n'a pas vocation à gérer le monde non cartésien, souvent régi par des éléments illogiques et difficilement maîtrisables, qui est celui du sport.

C'est pour cette raison que lors de ce conseil d'administration, j'obtiens l'ajout d'une clause supplémentaire : je garde une option prioritaire d'acquisition du RC Lens à conditions égales, en cas d'offre émise par un tiers dans l'année. En clair, même si le Crédit Agricole Nord de France trouve un repreneur mais que, de mon côté, je déniche également quelqu'un de solide, je pourrai faire une offre et reprendre le club dans un an, jour pour jour. Il le faut. Sinon, j'ai conscience que cela va mal finir. Il va donc falloir courir partout à la recherche de l'oiseau rare. En partant, je jure à Michel Faroux que je reviendrai au club. J'en suis convaincu. C'est inscrit dans ma tête et dans mon cœur. Même mon chien le sait.

En quittant La Gaillette, je laisse un mot à Juliette et Martine, mes deux fidèles secrétaires : « Vous allez me manquer, les filles. Mais je vais revenir. » Rendez-vous dans un an. Pour mon retour.

Chapitre VIII

Séparation
(2012-2013)

Sitôt mon départ officialisé, le 2 juillet 2012, certains me déclarent définitivement mort et enterré pour le monde du football. Je m'en fiche. On a beau dépenser des millions pour former des cons, ils resteront des cons. Moi, j'ai toujours considéré que tant qu'on a la santé, on peut faire face, et qu'à partir du moment où l'on croit en un projet, il devient possible d'abattre des montagnes et de toujours rebondir. Il n'entre pas dans mon caractère de déprimer. Je n'ai jamais pensé en négatif, jamais eu d'idées suicidaires sous prétexte que, du jour au lendemain, je n'étais plus président du club de ma vie. Me reposer un peu, décompresser et prendre du recul, ça oui, d'accord. Car je suis fatigué.

Si je demeure confiant en l'avenir, c'est également parce que je conserve l'appui indéfectible de ma famille et de mes amis. Ils me connaissent trop bien. Quand j'ai rencontré ma femme, elle avait quinze ans, et moi, dix-sept. Nous sommes mariés depuis 1980 et formons une famille soudée autour de Camille, notre fille unique. Je me souviens avoir fait le tour de Bollaert en la portant sur mes épaules, le soir du titre, en 1998. Camille baigne dans le RC Lens depuis toute petite. Forcément, elle souffre de ce qui m'arrive mais elle ne dit rien. Camille est très pudique. Ma femme, elle, a toujours eu confiance en moi. Elle sait que ma seule maîtresse, c'est le club. Qu'entre le RC Lens et moi, c'est un mariage à vie. Que mon départ forcé n'est pas un divorce, mais une séparation passagère.

En attendant, je me retrouve à la rue. Ruiné. Ma mère et des copains – il m'en reste, Patrick, Didier, Éric, Géry Piela, mon fidèle comptable depuis trente ans, et d'autres – m'aident financièrement. Et puis, même s'il n'a pas été simple de quitter mon fauteuil de président, je n'ai pas trop le temps de m'apitoyer sur mon sort. À peine parti, l'horloge tourne déjà : je ne dispose que d'un an pour revenir au club, et me remets donc tout de suite en quête d'un nouvel actionnaire. Je suis alors même persuadé que cela ne prendra pas longtemps.

Le convoi de « la diligence »

Je suis venu déménager mon bureau à La Gaillette avec Camille et deux copains, Thierry et Nicolas, dans la soirée du 3 juillet. Avec l'envie de ne voir personne et sans ressentir de réelle émotion. Car je le répète, au fond de moi, je suis persuadé que je vais revenir. C'est dans ces moments-là que l'on se rend compte de tout ce qu'on a pu accumuler comme babioles et autres papelards inutiles. La France est un pays très bureaucratique et je suis assez conservateur. J'ai tout mis dans un camion prêté par Thierry et suis reparti à 22 h 30 de La Gaillette, emportant notamment plusieurs posters retraçant mes différentes saisons au club. Mais pas celui de la saison 2007-2008 qui nous a tués. À minuit, tout était chez moi, entassé dans le garage. Quand j'ai refermé la porte, cela m'a fait un peu drôle, tout de même.

Je suis parti sans rien demander au CANF ni avoir droit au chômage. J'avais un Range Rover ; je l'ai rendu. Même s'ils m'avaient donné quelque chose, je ne l'aurais pas gardé. Je préfère mourir que quémander. Un vendeur de voiture toutes marques, Régis Quesnoy, me prête une vieille Renault Vel Satis pour pouvoir continuer à me déplacer. Au bout d'un moment, je propose de la lui racheter. Il me la donne. Si j'avais dû la lui rendre, je me serais déplacé en Vélib', s'il le fallait. Comme cela fait marrer mes potes de me voir rouler avec cette chignole, ils baptisent ma nouvelle voiture « la diligence ». Une fois définitivement à moi, je fais un peu de frais dessus en y installant une radio, car je m'ennuie trop à parler seul au volant. Perdu dans mes pensées, il m'arrive plusieurs fois de partir le matin pour mes nouveaux bureaux, boulevard Émile-Basly, à Lens, et de me retrouver à La Gaillette, à Avion.

Je continue également d'assister aux matchs avec ma fille. Y compris à l'extérieur, quelquefois. Le club a été sympa, il m'a gardé la même place à Bollaert. Je me rends également souvent aux entraînements à La Gaillette, quand je sais qu'il n'y a personne de la nouvelle direction du club. Je ne veux pas les embêter. Les supporters que je croise me font sentir que je fais toujours partie du club. Ils me connaissent, savent que n'ai jamais lâché et ne lâcherai jamais. L'ovation qu'ils m'ont réservée lors d'un match de préparation à Arras, en juillet, m'a touché et a encore conforté ma volonté de revenir au club, dont je ne me sens pas mis à l'écart.

Ni du football français, d'ailleurs. Plusieurs présidents continuent de m'appeler tous les trois ou quatre mois : Jean-Pierre Louvel du Havre, Jean-Michel Aulas de Lyon, Christophe Bouchet de Marseille, Bernard Caïazzo de Saint-Étienne, qui arrête toutefois de m'inonder de mails – il a un avis sur tout, celui-là – Jean-François Fortin de Caen ou encore, Claude Michy de Clermont, Jean-Michel Roussier, Philippe Diallo, Pape Diouf, Jean-Claude Darmon, Carlo Molinari, Pascal Urano et la famille Nicollin. Ils m'invitent de temps en temps aux réunions de l'UCPF, à Paris, que j'ai présidé pendant quinze ans, de 1993 à 2008. Un club belge me contacte également pour me proposer le poste de manager général. D'autres, en France, pour reprendre carrément leur présidence. Si je dois aider, peut-être. Mais sans plus. Mon cœur est à Lens. Pas ailleurs.

Je reçois aussi des appels provenant d'autres milieux professionnels. Deux ou trois entreprises me proposent de reprendre des directions commerciales. Je ne me vois pas refaire ça, à cinquante-huit ans. J'hésite tout de même à reprendre une entreprise, mais je laisse finalement tomber. Cela ne me convient plus. Je préfère continuer à laisser filer le temps au volant de ma Vel Satis. Le seul inconvénient, c'est qu'elle ne possède pas le Bluetooth. Mais les gendarmes sont sympas avec moi, quand ils m'arrêtent avec mon smartphone à l'oreille. Mon téléphone, il me sert autant que mes godasses.

Car, bien que n'étant plus au club, je continue à faire ce que je fais depuis cinq ans : chercher le bon actionnaire. Je pense que cela me prendra deux ou trois mois, pas plus, pour trouver le copilote qui me permettra de conduire à nouveau cette Ferrari de collection qu'est le RC Lens. Je continue à beaucoup travailler mon projet de reprise du club, entouré de Jocelyn Blanchard, qui vient de se faire virer de son poste de directeur sportif, et d'autres copains. C'est d'ailleurs l'un d'entre eux qui me met sur la voie de Hafiz Mammadov.

« Garrincha » et le Camp Nou

Après être parti avec ma femme et ma fille me ressourcer pendant une semaine à Vichy, je décide de faire un saut à Cannes, où un copain me prête un appartement. Un autre, Philippe Trombetta, loueurs de yachts, me fait faire des tours en bateau. Un après-midi, il me confie :

— J'ai rencontré un mec qui m'a loué un yacht énorme, de trente mètres, pendant un mois, pour 400 000 €.

— Ouah ! Il est plein aux as, ce type.

— Faut croire. Quand il m'a donné sa carte bancaire, il m'a dit de débiter 200 000 € tout de suite, et 200 000 € une heure après. Et tu sais quoi ? Tout est passé. Et après, je ne l'ai jamais revu.

— Tu ne sais pas qui c'est ?

— Si. Un milliardaire d'Azerbaïdjan, du nom de Hafiz Mammadov. Ce gars est fondu de football. Il est d'ailleurs propriétaire d'un club là-bas, le FK Bakou, où joue un de tes anciens joueurs, Nenad Kovacević.

— Tu sais où on peut le trouver ?

— Oui. Au Carlton.

— Prends-moi un rendez-vous avec lui. On ne sait jamais.

— C'est déjà fait. Je lui ai parlé de toi. Si tu veux, on le rencontre ce soir.

Le rendez-vous est fixé à 21 heures. Le mystérieux milliardaire azéri se pointe à minuit. Rien que pour cela, j'aurais déjà dû me méfier… Il m'apparaît sympathique, au premier abord. Petit, souriant, il porte la moustache et boite légèrement. Avec sa démarche, il me fait un peu penser à Garrincha, le célèbre ailier droit aux jambes arquées du Brésil des années cinquante-soixante. Nous sympathisons tout de suite et parlons de football jusqu'à point d'heure. Je lui raconte mon parcours, la riche histoire du RC Lens et la volonté du CANF de se désengager rapidement. Il m'explique qu'en attendant de pouvoir s'implanter en Angleterre, où il se rend régulièrement pour ses affaires, et qu'après avoir déjà investi à l'Atlético Madrid, en Espagne, et au FC Porto, au Portugal, il veut développer le football dans son pays. Je lui glisse l'idée d'un partenariat d'échange et de savoir-faire autour de la formation des jeunes, puis l'idée de mettre sur pied un projet de reprise du club.

Lors de notre première conversation à bâtons rompus, je découvre également que Mammadov est un passionné d'art. Il rêve de voir l'Azerbaïdjan accueillir une antenne du musée du Louvre, comme c'est déjà le cas à Abu Dhabi, la capitale des Émirats arabes unis, où se trouve basée sa société, et, bien sûr, à Lens. Cela nous fait un autre point commun, avec le football.

Je quitte le Carlton à 6 heures du matin, après que ma femme, morte d'inquiétude, a tenté de me joindre toute la nuit. J'ai prévu de plier bagage et de rentrer sur Lens le 14 août. Mais comme je revois Mammadov quasiment tous les jours à Cannes depuis notre première rencontre, je décide de prolonger mes vacances. Le 23 août, il m'appelle pour nous proposer, à Philippe et moi, de nous emmener voir la finale de la Supercoupe d'Espagne entre le Barça et le Real Madrid, le soir même. Forcément, j'accepte. Nous nous retrouvons à l'aéroport d'aviation d'affaires de Cannes-Mandelieu, où un jet privé nous attend. Et nous, on attend de nouveau Mammadov. À 20 heures, il n'est toujours pas là. Soudain, nous l'entendons crier : « *Don't worry !* » (« Ne vous inquiétez pas. ») Nous montons dans son jet, accompagnés de ses deux enfants et d'un de ses amis. Quarante minutes plus tard, nous voilà arrivés à Barcelone, où deux limousines nous attendent sur le tarmac. Direction, non pas le Camp Nou, mais l'un des plus beaux palaces de la ville situé à côté du port. Mammadov veut d'abord y passer pour changer de chemise, et envoie son ami m'en acheter une. Lorsque nous arrivons enfin au Camp Nou, à cinq minutes du coup d'envoi programmé à 22 heures, je croise un spectateur lyonnais qui me reconnaît et me demande un selfie. Mammadov lui emprunte son smartphone et prend lui-même la photo.

Après le match, nous retournons à son palace. Où il disparaît subitement pendant trois heures. Tandis que nous dînons avec Philippe, Mammadov est parti jouer au casino. Il finit par réapparaître. Nous remontons dans l'avion, qui se pose à Cannes-Mandelieu à 7 heures du matin. En me couchant, je me dis : « Avec lui, c'est peut-être possible. »

Bakou, premier bon coup

Au saut du lit, je téléphone à Nenad Kovacević pour me renseigner sur Mammadov et en avoir le cœur net. Il me rassure en me disant : « Il me paye, je gagne bien ma vie au FK Bakou, et mon président est un fou de foot. » Afin de marquer le coup et de convaincre mon nouvel ami azéri d'investir dans le RC Lens, je décide de me rendre à Bakou dès le mois de septembre.

Je préviens Mammadov de mon arrivée. Il semble ravi de ma visite, au point qu'il me met à disposition un avion privé de huit places. Cela tombe bien. Je ne compte pas y aller seul, en Azerbaïdjan. Afin de donner le plus de crédibilité possible à ma démarche, Jocelyn Blanchard, Olivier Dacourt et Jean-Pierre Papin sont également du voyage. Le premier a joué à la Juventus Turin, le deuxième à Everton, à la Roma et à l'Inter Milan, et le troisième au Milan AC, au Bayern Munich… De plus, Papin est un Ballon d'or. Un vrai. Cela va lui plaire.

Nous montons tous les quatre, accompagnés d'un de mes copains, dans le jet privé, et nous décollons de Lille. Trois jours intenses et cruciaux pour l'avenir du club nous attendent à Bakou. À notre arrivée, Mammadov nous accueille chaleureusement. Pour le remercier, Blanchard, Dacourt et Papin lui offrent chacun un maillot dédicacé. De mon côté, je lui remets une lampe de mineur, avec son nom gravé dessus. Il a dû se dire que Lens, ce n'est pas de la petite bière, car il nous emmène visiter ses champs de pétrole.

En traversant Bakou pour la première fois, je tombe à la renverse dans le siège de la voiture. Bakou, c'est Dubaï !

En plus de sa partie ultramoderne, le centre de la capitale azérie est composé de la vieille ville fortifiée, inscrite avec la Qiz Qalasi, « la tour de la Vierge », et le palais des Chirvanchahs au patrimoine mondial de l'Unesco depuis décembre 2000. Nous, dans le Nord, nous venons d'y entrer pour les mines et nous avons le musée du Louvre. Cela tombe bien : Mammadov et son épouse sont des passionnés d'art, ce qui nous donne l'occasion de faire un petit rapprochement entre les mines, joyaux de la région Nord-Pas-de-Calais, et le pétrole, richesse de l'Azerbaïdjan.

Je ne suis pas au bout de mes surprises, durant mon premier séjour dans ce pays. Je n'ai encore jamais vu de puits de pétrole dans la mer ; nous roulons sur un ponton de cinq mètres de long et dix mètres de large avant de pouvoir les découvrir. Une fois arrivés sur la jetée, des casques de chantier vissés sur la tête, le spectacle qui s'offre devant nous est grandiose. Mammadov possède des puits de pétrole à perte de vue, dans la mer Caspienne.

De retour dans son bureau, nous approfondissons nos discussions en parlant de la jeunesse et de la formation, à laquelle il tient beaucoup. Je sens qu'il a envie de s'investir à fond dans le ballon, notamment au niveau des jeunes. Il me demande :

— C'est qui ton meilleur jeune, Gervais ?

— Untel. Il est sollicité par l'Inter Milan.

— *No !*

— *Yes.*

Sur place, je me rends également compte que Mammadov est l'une des personnalités les plus importantes de son pays, auquel il se montre très attaché. Il veut que l'image de l'Azerbaïdjan rayonne dans le monde. C'est un type simple, ouvert, très respectueux, mais également imprévisible. Un soir, alors que nous dînons avec l'ambassadeur de France dans un restaurant continental, il s'absente soudain. Une heure et demie s'écoule et il ne revient toujours pas. À la fin du dîner, nous décidons de partir à sa recherche pour lui dire au revoir. Sa voiture, une somptueuse limousine, est garée devant l'entrée du restaurant. Je frappe à la vitre arrière, qui s'ouvre : Mammadov est à l'intérieur de la voiture, en train de jouer à la PlayStation !

Il est comme ça et je dois faire avec. Nous posons ensemble les premiers jalons de notre possible collaboration. S'il connaît mieux le foot espagnol, la France lui parle également : il a reçu Michel Platini à Bakou, où l'équipe de France féminine est devenue championne du monde des moins de 17 ans en 2012. En remontant dans l'avion, je me dis : « Ce type est excentrique, mais sympa. S'il vient avec nous, on est sauvés. »

Sibierski, « t'installe pas trop »

De passage à La Gaillette avec ma fille, j'en profite pour récupérer quelques derniers dossiers dans mon ancien bureau. C'est là que je croise Antoine Sibierski, qui a succédé à Jocelyn Blanchard au poste de directeur sportif dès le lendemain de l'officialisation de mon départ. J'avais d'ailleurs hésité entre les deux pour prendre la succession de Daniel Leclercq, un an plus tôt. Sibierski a pour lui l'avantage de bien connaître le football anglais, ayant joué en Angleterre pendant six années. J'en sais quelque chose. Début août 2003, alors que le championnat allait reprendre, il était venu me voir pour m'annoncer qu'il voulait partir en Premier League. Comme ça, du jour au lendemain. Qu'aurais-je pu lui répondre ? « Tiens, voilà tes billets, bon voyage » ? Non. Il avait été promu capitaine après le départ de Guillaume Warmuz à Arsenal six mois plus tôt et il lui restait un an de contrat chez nous. J'ai refusé et ça a chauffé entre nous. Dans son esprit, il était acquis qu'il partait et après, nous n'avions qu'à nous débrouiller. Je me suis engueulé avec lui, avec sa femme, avec tout le monde. Il ne voulait plus jouer pour Lens. Il est donc parti pour trois ans à Manchester City. J'ai perdu un très bon joueur et gagné guère plus de 1 M€ dans son transfert. Autant dire, trois figues. Je lui en veux toujours de nous avoir laissé tomber comme ça.

Mais ce n'est pas pour cela que j'ai choisi Blanchard. C'est parce que lors de notre entretien, Jocelyn m'a présenté un dossier très cartésien, avec des idées précises sur la préformation et la formation. De plus, il venait d'occuper les fonctions de conseiller technique auprès de Francis Collado, à Istres. Son principal défaut est de ne pas aller au-devant des gens et de ne pas être un grand communicant. Et comme il ne rappelait jamais personne au téléphone, cela lui a valu d'être moyennement apprécié. Mais pas par moi, qui savais que Blanchard se débrouillait avec les moyens du bord.

C'est pour cette raison que dans mon esprit, il est clair que je vais revenir avec Blanchard. C'est ce que je laisse clairement entendre à Sibierski lorsque nous nous croisons ce jour-là. Lors de notre explication, je lui dis : « Antoine, ne t'installe pas trop. Profites-en bien, car cela ne va pas durer. Je vais revenir et remettre Jocelyn Blanchard à ta place. » Cela s'est bien passé, avec Sibierski. Maintenant, il sait qu'il n'est que de passage à Lens.

Chemins de traverse

Creuser la piste azérie ne m'empêche pas de continuer à en explorer d'autres. Je rencontre d'autres personnes éventuellement intéressées par le RC Lens, notamment des traders, l'un au Qatar, un autre en Angleterre. J'ai même noué un accord de prêt avec ce dernier, un Français du nom d'Alain Daniel, qui travaille à Londres. L'opération était en cours mais elle n'a finalement pas abouti. À l'arrivée, il m'a fait perdre du temps. Idem avec l'Arabie saoudite. J'ai dû assister à cinquante réunions avec les Saoudiens. Trop compliqué. Tout me ramène donc à Mammadov.

Avec un obstacle : convaincre un milliardaire d'investir dans un club comme Lens, cela ne se négocie pas par pigeon voyageur. Je décide dès lors de retourner voir Mammadov en Azerbaïdjan. Je sais ce que diront les têtes pensantes : « Comment cet abruti de Gervais Martel a-t-il pu aller chercher un Azéri ? » Sauf qu'avant de repartir le voir, j'en parle à Luc Dayan, conseiller du CANF, et à Michel Faroux, son directeur général, leur demandant de se renseigner sur Baghlan Group, dont Mammadov est le président-fondateur depuis sa création, en 1998. Ce qu'ils font, notamment auprès de Tracfin[1]. Ils me rap-

1. Tracfin (Traitement du renseignement et Action contre les Circuits financiers clandestins) est un service de renseignement français. Rattaché au ministère de l'Économie, des Finances et de la Souveraineté industrielle et numérique, il est chargé de la lutte

portent que cette holding, spécialisée dans l'exploitation des hydrocarbures, du BTP et du transport, n'a rien à se reprocher.

Leur retour positif conforte ma volonté d'aller au bout de ma démarche. Je décide donc de retourner à Bakou dès le mois suivant, en novembre 2012. Une fois encore, Jocelyn Blanchard et Jean-Pierre Papin sont du voyage. Tout se passe bien. Les échanges, en anglais, s'accélèrent par avocats interposés. Maître Laurent Schoenstein, du cabinet parisien Clifford Chance, se charge de me représenter. Les négociations avancent. Je suis confiant.

Louvre-Lens, opération séduction

Pour asseoir mon opération séduction auprès de Mammadov et le convaincre de devenir propriétaire du club, j'ai une idée : rencontrer François Hollande et me faire photographier avec lui pendant que je lui remets un maillot du RC Lens. Elle ne m'est pas venue comme ça : le président de la République est attendu à Lens, pour l'inauguration officielle du Louvre-Lens. Je sais Mammadov amateur d'art et sensible aux personnalités politiques. N'ayant plus de fonction au club, je demande l'autorisation à Luc Dayan, qui m'a succédé à la présidence du club, où il se rend un jour par semaine et les jours de match. J'ai toujours eu un bon contact avec Luc. Mais c'est compliqué d'être président du RC Lens après avoir été celui de Lille,

contre le blanchiment d'argent et le financement du terrorisme, mais aussi contre la fraude fiscale, sociale et douanière.

une dizaine d'années auparavant. Toujours est-il que Luc accepte de me laisser faire.

Je me présente donc au Louvre-Lens, en ce mardi matin 2 décembre 2012. Toute une ribambelle de personnalités politiques, locales comme nationales, accompagne le président de la République. À commencer, bien entendu, par les deux anciens Premiers ministres socialistes, Pierre Mauroy et Lionel Jospin, entourés de presque tous les anciens ministres de la Culture. Je me faufile parmi tout ce beau monde, pendant que François Hollande est accueilli dans le hall du musée par un groupe d'anciens mineurs, casqués et vêtus de leurs combinaisons de travail. Je finis par arriver à la hauteur du chef de l'État et je parviens à lui offrir un maillot du RC Lens devant les médias. Le président étant amateur de football, je pense que cela lui a fait plaisir. En tous cas, j'ai réussi mon coup. Et mieux encore que je ne le pensais, car lorsque je revois Mammadov, quelque temps après, la première chose qu'il me dit c'est :

– Je t'ai vu avec votre président, celui de la France, François Hollande !

– Ah bon...

– Oui, à la télévision ! Pourquoi tu ne m'as rien dit, pourquoi tu ne m'as pas dit que tu le connaissais ?

– J'ai dû oublier...

Opération séduction réussie. Merci, Monsieur Hollande, pour ce premier coup de main. Sans le savoir, vous avez été extraordinaire.

Kombouaré, Saint-Oui-la-Bretèche

Préparer mon retour implique de penser à tout, y compris au futur staff technique. À ce sujet, j'ai aussi ma petite idée. Après six mois passés à Ryad, en Arabie saoudite, où il entraînait Al-Hilal, Antoine Kombouaré est de retour en France, en ce début d'année 2013. Sans club et, donc, libre. Je l'ai toujours apprécié comme entraîneur et comme homme. Je me souviens qu'après avoir été viré du Paris-SG, deux ans plus tôt, il n'a jamais dit un mot de travers sur le club ni sur ses dirigeants. Antoine venait pourtant d'être sacré Champion d'automne mais ils lui ont préféré Carlo Ancelotti, qui a finalement perdu le titre de champion.

Je suis convaincu que Kombouaré sera l'entraîneur qui ramènera le RC Lens en ligue 1. C'est ce que je lui explique la première fois que je vais le voir. En partant, je lui dis que je reviendrai dès que j'aurai plus d'informations sur mon projet de reprise. Or, c'est le cas, en ce printemps 2013. Mammadov ne me l'a pas encore annoncé officiellement, mais je suis sûr qu'il va plonger et racheter le club. J'appelle donc de nouveau Antoine pour lui demander son adresse. Il habite près du golf de Saint-Nom-la-Bretèche, dans les Yvelines.

Je prends le TGV jusqu'à Paris, puis un taxi, direction le grand-Ouest parisien. Comptant sur l'effet de surprise, je demande au chauffeur de me déposer dans la forêt, et son incompréhension est d'autant plus grande qu'il pleut à verse. Je me dirige vers la maison des Kombouaré et je sonne à la porte. Son épouse Maeva m'ouvre. Et ne masque pas son étonnement :

— Mais enfin, Gervais, qu'est-ce que tu fais là, sous une telle pluie ?
— Je suis venu voir Antoine.
— Entre. Tu es trempé..
Antoine m'a réchauffé le cœur et les os. Parce qu'à force de lui parler, je l'ai convaincu de devenir mon prochain entraîneur. Comme quoi, mieux vaut arriver trempé que repartir à poil.

Le roi de Monaco

Je retourne à Bakou, pour la troisième fois, au printemps 2013. Cette fois-ci, je m'y rends seul. Je veux de nouveau voir Mammadov en personne. Entre le décalage horaire et le fait qu'il parcourt sans cesse le monde entouré d'une armée de conseillers, ce n'est pas simple de négocier avec lui à distance. Nous regardons ensemble un match de Lens, que nous finissons par perdre à la maison... Au coup de sifflet final, il me dit :
— *The public is good, but the team...*
— Oui, et c'est pour cela qu'il faut que tu m'aides, Hafiz.
Quand je repars, nous sommes convenus de nous revoir à Monaco le 18 mai 2013, soit au lendemain de la finale de la Coupe d'Espagne. La veille, l'Atlético Madrid a battu le Real Madrid, 2-1. C'est bon signe. Mammadov sera de bonne humeur. Il l'est effectivement, en arrivant. Mais en retard. Pas grave : je suis tenace et je commence à m'y habituer. Au bout de trois jours de négociations, Mammadov m'annonce enfin :
— On y va.

— À quelle hauteur envisages-tu d'investir dans le RC Lens ?

— Dans un premier temps, je mets entre 20 et 25 M€.

Après m'avoir confié qu'il a demandé l'autorisation de l'État azerbaïdjanais afin de valider notre collaboration, Mammadov me signe dans la foulée une lettre d'intention concernant le prêt des fonds nécessaires pour racheter un club. J'en fais part à la CANF, début juin. J'apprends qu'il existe une autre offre de reprise émanant de Mangrove Capital Partners, un fonds d'investissement luxembourgeois représenté par Marc Ingla, ancien vice-président en charge des médias et du marketing du FC Barcelone, et dirigé par Gérard Lopez, qui deviendra dans quatre ans propriétaire du LOSC. À ma connaissance, ce projet n'est jamais allé plus loin que cela. D'ailleurs, malgré son carnet d'adresses conséquent, Luc Dayan n'a jamais trouvé un repreneur suffisamment crédible pour racheter le club. S'il en avait rencontré dans l'année qui vient de s'écouler, je ne serais pas revenu. Au lieu de cela, le CANF accepte d'entrer en négociation exclusive avec nous le 14 juin 2013. Le Crédit Agricole a jusqu'au 30 juin pour finaliser ce que l'on appelle un Self Purchase Agreement (SPA), qui consiste à confirmer l'ensemble des modalités de l'offre et à nous les faire parapher dans les moindres détails.

Dans le même temps, je préviens la LFP d'un changement d'actionnaire majoritaire à venir au RC Lens. La DNCG, Direction Nationale du Contrôle de Gestion, nous convoque mardi prochain, 18 juin 2013. Le temps presse. Le marché des transferts est ouvert depuis le 11 juin et Lens a besoin de se renforcer en recrutant au moins sept joueurs. Mais Antoine Kombouaré a déjà validé l'arrivée de Danijel

Ljuboja. Je sens un nouvel engouement. Il ne reste plus qu'à obtenir l'aval de la DNCG.

La pelle du 18 juin

Tout s'accélère et se fait dans la précipitation ; nous le payons cher devant la DNCG. Luc Dayan, futur ex-propriétaire du club, et les représentants du CANF ne lui ont bien sûr pas présenté de budget prévisionnel lors de leur audition. Quant à nous, à partir du moment où il est prévu que nous ne deviendrons propriétaires qu'à partir du 5 juillet, nous ne pouvons pas encore légalement représenter le club devant la DNCG. De plus, je n'ai pas encore l'argent promis par Mammadov.

Le résultat ne se fait pas attendre. Une semaine après son passage, la DNCG informe le RC Lens qu'il est rétrogradé en national à titre conservatoire. Pas de panique : nous interjetons immédiatement appel. La DNCG nous reçoit de nouveau le 4 juillet. Elle met sa décision en délibéré et, le 9 juillet, annonce que Lens est finalement maintenu en ligue 2.

Le 18 juillet 2013, Mammadov rachète officiellement le club pour 22 M€. 12 M€ servent à une augmentation de capital. 5 M€ sont injectés sur le compte courant du club et 5 M€ vont au Crédit Agricole Nord de France. Après avoir beaucoup travaillé, peu dormi et beaucoup maigri depuis un an, je suis de retour.

Chapitre IX

Résurrection
(2013-2018)

Cela fait du bien de revenir dans ce qu'il y a de plus important dans ma vie, après ma famille : mon club. Le RC Lens, c'est la plus belle chose au monde. Mon bureau à La Gaillette est encore vide : mes affaires et mes photos personnelles se trouvent toujours chez moi, dans des cartons. Pour l'instant, je n'ai emporté qu'un ordinateur et mon iPad, avec leurs 8 700 mails. Mais ma femme va être contente : je vais enfin débarrasser le garage.

Dans la mesure où cela fait un an que je prépare mon retour à la présidence, j'ai déjà constitué mon équipe. Je la dévoile lors de ma première conférence de presse, au cours de laquelle j'officialise en premier lieu l'arrivée d'Antoine Kombouaré au poste d'entraîneur. Ne possédant pas le diplôme pour entraîner en ligue 1, Éric Sikora retourne à la formation. Parti avec moi un an plus tôt, Jocelyn Blanchard récupère son poste de directeur sportif. Comme je l'avais prévenu quelques mois plus tôt, j'appelle Antoine Sibierski pour le remercier. Serge Doré démissionne de son poste de président de l'association du RC Lens. Je nomme Didier Roudet et Xavier Thuilot aux postes de directeurs généraux adjoints. Ce nouvel organigramme va nous permettre de remonter en ligue 1 dès la première année de mon retour au club, où tout se passe bien avec Mammadov. C'est à partir de la deuxième année que la situation va subitement se compliquer. Et finir par me pousser à quitter définitivement le club.

La Trannin et « l'homme invisible »

En reprenant le RC Lens, le Crédit Agricole savait très bien que la gestion d'un club ne relevait pas de son métier. S'il en est devenu l'actionnaire principal, c'est par accident. Il a donc nommé Gérard Lévêque directeur général du Racing. Présenté comme un « manager de crise », cet ancien salarié de l'Institut Pasteur se retrouve chargé de suivre les frais de fonctionnement. Il procède à un tel tour de vis que le club ne peut même plus fournir de chaussures aux gosses. Je demande à mon pote d'Auchan, Christian Legrand, de leur en acheter, ainsi que des matelas pour le centre de formation. La Gaillette se trouve dans un état catastrophique.

Partenaire du club depuis 2007, Invicta, une entreprise française spécialisée dans le chauffage au bois, s'est partiellement désengagée. Gérard Lévêque a trouvé « l'homme invisible » comme nouveau sponsor maillot pour la saison 2012-2013, si bien que les joueurs disputent la première partie de cette saison sans sponsor principal affiché sur le maillot. La campagne *monrclens.com,* qui vise à un sponsoring participatif, est rapidement suspendue. C'est une période d'autant plus terrible qu'ils ont fait partir trente salariés sans passer par un plan social. Quand je me suis retrouvé en pareille situation économique compliquée, on m'a reproché d'avoir gardé trop de monde. Ai-je été stupide pour autant ? Je ne le pense pas. Ma vie, je l'ai bâtie *avec* des gens, et je n'ai jamais été prêt à les virer à la moindre difficulté.

De plus, ils ont fermé la Trannin, l'une des deux tribunes situées derrière les buts, sous prétexte d'économiser 300 000 € de frais d'entretien et de sécurité sur la saison. Pour moi, jouer devant seulement trois tribunes à Bollaert, ce n'est pas possible. C'est comme si on me coupait une jambe. L'une de mes premières décisions, une fois de retour à la tête du club, consiste donc à rouvrir la Trannin. C'est la première tribune qui a été érigée à Bollaert, en 1977. Je la remplis en trois jours, grâce à des tarifs défiant toute concurrence. Afin de permettre au plus grand nombre de supporters possible de pouvoir se payer un pass à l'année, je lance les abonnements en Trannin à 60 €. Cette adhésion populaire va nous aider à retrouver la ligue 1, au terme de cette saison 2013-2014. Avec une moyenne de 31 106 spectateurs par match, Bollaert se classe meilleure affluence de ligue 2 et remporte également le classement des tribunes, qui récompense le remplissage et l'ambiance dans les stades. Au niveau national, Lens possède même la cinquième meilleure affluence de France, derrière le Paris-SG, Lille, Marseille et Lyon, tous quatre en ligue 1. Cela confirme bien que fermer la Trannin était une grosse erreur de la part de mes prédécesseurs.

Le Pré Catelan

Il n'est pas toujours facile de travailler avec un associé qui se trouve à cinq mille kilomètres de distance. Mais j'ai confiance en Hafiz depuis que je l'ai rencontré. Je suis persuadé qu'il tiendra sa promesse de venir me rendre visite à Lens. Il a d'ailleurs prévu d'être là pour la réception d'Auxerre, le 17 août 2013. Pour la première fois, le drapeau de l'Azerbaïdjan flotte sur le toit de Bollaert, à côté de ceux du RC Lens et de la France. Mais alors que tout est organisé pour bien l'accueillir, Mammadov nous fait faux bond au dernier moment, m'expliquant que des obligations professionnelles de dernière minute le retiennent à Londres.

Un mois plus tard, il tient enfin parole. Pour préparer son premier voyage en France en tant que nouveau propriétaire du RC Lens, il décide d'accorder au préalable une interview à une équipe du magazine de Canal + Sports, « Enquêtes de Foot ». Il soutient qu'il s'agit pour lui d'une bonne occasion de présenter ses grandes ambitions pour le club. Je ne la sens pas, cette interview, et je lui déconseille vivement de la faire. Il ne m'écoute pas. Résultat : il donne une interview hors-sol. Catastrophique. Quand les journalistes français sont venus le voir à Bakou, il leur a servi du Château-Pétrus à 3 000 € la bouteille et ils sont repartis chacun avec une montre de valeur. À ce que l'on m'a dit, ils les ont données à Reporters sans frontières. C'est du Hafiz Mammadov tout craché. Et il est impossible de le faire changer.

Cela ne m'étonne donc pas qu'il ait également vu les choses en grand, pour sa première conférence de presse sur le sol français. À sa demande, Xavier Thuilot, nouveau directeur général adjoint du RC Lens depuis le 18 juillet, lui trouve un cadre somptueux : le Pré Catelan, un pavillon Napoléon-III niché au cœur du Bois de Boulogne, dont le restaurant possède trois étoiles au guide Michelin. Cet amateur de montres ne donne décidément pas de grain au coucou car il arrive encore avec un retard phénoménal : il se présente devant les journalistes plus de trois heures après l'horaire prévu. Et là, sans se démonter, il annonce : « Radamel Falcao à Lens ? Pas de problème. Zlatan Ibrahimović ? Pas de problème. J'ai eu vent, par mon ami Gervais Martel, un homme de passion, des difficultés du club. Je veux qu'il remonte en ligue 1 et nous mettrons les moyens financiers nécessaires pour l'accompagner. Je veux que les supporters de Lens soient fiers de leur équipe. Avec ceux de l'Atlético Madrid, ce sont les meilleurs du monde. Quelle passion ! Nous viserons le plus haut possible. Il faut avoir des rêves. La Ligue des champions ? Oui. La gagner ? Pourquoi pas. Qu'y a-t-il de plus beau ? » Mammadov, il n'a peur de rien.

L'enfance de l'art

Comme je l'ai déjà évoqué, l'une des choses qui nous ont également rapprochés, Mammadov et moi, c'est notre passion commune pour l'art. À une nuance près, et de taille : s'il est un grand collectionneur, moi je suis un petit amateur. Mais je sais que Picasso ne jouait pas arrière gauche au Real Madrid, et que Rembrandt n'était pas attaquant à l'Ajax Amsterdam. À la demande d'Alain Godon, un copain artiste peintre et sculpteur qui expose à New York, j'ai également siégé comme personnalité dans le jury lors du concours de peinture qu'il organise chaque année au Touquet. J'ai accepté, accompagné de Frédéric Thiriez, le président de la LFP, alors que je suis daltonien.

Cette sensibilité pour l'art m'est bien utile dans ma relation avec Mammadov. Comme je me doutais qu'il aimerait découvrir le musée du Louvre-Lens, une visite privée lui est organisée, la veille de la réception de Châteauroux. Après une matinée ensemble à Paris, Mammadov passe la soirée à déambuler dans les salles du Louvre, accompagné seulement de Daniel Percheron, le président de la région Nord-Pas-de-Calais.

L'autre temps fort de son passage chez nous, c'est bien sûr sa découverte de Bollaert et de son public. Avant cela, une conférence de presse est prévue à 12 heures. Et, c'était prévisible, Mammadov arrive avec près de deux heures de retard. Pour une fois, ce n'est pas de sa faute : son chauffeur s'est trompé d'itinéraire, en venant de Bruxelles. Comme il est arrivé juste avant le coup d'envoi, il ne reste que quelques minutes devant les médias, le temps de présenter le nouveau sponsor maillot : « Bakou 2015 ». La capitale azérie doit en effet accueillir les premiers « Jeux européens ». Je crois qu'il a été touché et sidéré par l'ambiance qu'ont mise, pendant tout le match, nos trente mille supporters présents. Surtout qu'après avoir gagné 2-0, le public a scandé son nom, à la fin du match. Mammadov a contemplé l'assistance, assis à ma gauche, dans les salons Privilège du deuxième étage, puis s'est levé pour entamer le *clapping* avec les supporters.

Je l'ai ensuite conduit dans le vestiaire, où il a donné l'accolade à tous les joueurs, avant de prendre pour la première fois la parole devant eux. Il leur a dit, en anglais :

« Vous avez des supporters, pas seulement à Lens : ils sont aussi neuf millions en Azerbaïdjan qui vous supportent et vous aiment. On est avec vous. Vous êtes les plus forts et on a un objectif fort. On espère être ensemble pour aller vers les sommets. Merci pour ce beau football. »

Dans la foulée, il offre une montre de valeur à chaque joueur, ainsi qu'aux membres du staff technique. Je ne sais pas si ce sont des vraies. Je ne suis pas un spécialiste des montres. En tous cas, je préfère en recevoir une plutôt qu'un coup de pied au derrière. Et puis, il y en a d'autres qui offrent bien des fleurs ou des cornichons. Certains présidents peuvent donner 15 000 ou 20 000 € de prime à leurs joueurs sans que personne n'y trouve rien à redire. Mais chez nous, il n'y a pas de double prime. Ou alors, c'est extrêmement rare. Car un joueur, c'est payé pour bien jouer. Pas pour perdre.

Nous partons ensuite visiter La Gaillette et rencontrer une vingtaine de jeunes Azéris qui s'y entraînent depuis quinze jours. Ils nous rejoignent, après avoir été les ramasseurs de balle au cours de ce match. Puis Mammadov repart. Tout s'est admirablement bien passé. Il n'y a aucune raison pour que cela ne dure pas.

Depardieu, le mauvais film

Je m'apprête à monter dans l'avion me conduisant une fois de plus en Azerbaïdjan, quand je rencontre Robert Hossein, qui se rend également à Bakou. En bavardant avec lui, j'apprends que si sa mère était ukrainienne, son père, ancien violoniste et compositeur, était d'origine azerbaïdjanaise.

C'est notamment pour cette raison que ce pays l'a invité comme membre du jury d'un festival de cinéma.

Une fois installé à bord, la ceinture bouclée, je commence à somnoler sur mon siège quand je distingue une imposante silhouette se faufilant dans l'allée. Pas de doute. C'est bien Gérard Depardieu. Je l'ai rencontré une fois grâce à Gérard Bourgoin, un ami que nous avons en commun et qui l'accompagnait parfois, avec Jean Carmet, en marge de réunions à la LFP, quand Bourgoin en était le président. Des soirées mémorables. Je ne suis également pas près d'oublier la finale de la Coupe de France disputée par l'AJ Auxerre et vécue aux côtés de Depardieu et de l'abbé Pierre, un personnage fabuleux, qui respirait la bonté. Ce fut une rencontre extraordinaire.

Quand Depardieu arrive à ma hauteur, il me reconnaît et me lance :

— Ben ça alors ! Qu'est-ce que tu fais là, ma couille ?

— Ben et toi ?

— Je pars tourner avec Frédéric Auburtin un film sur l'histoire de la création de la Coupe du monde dans lequel j'incarne le personnage de Jules Rimet[1]. Et toi ?

— Je vais à Bakou voir Mammadov.

— Ah oui, le mec qui a repris ton club ?

— C'est ça.

— T'es mal…

Je n'ai pas revu Depardieu à Bakou. Nous n'étions pas dans le même hôtel. Et malheureusement, il va avoir raison.

1. *United Passions : La légende du football* est un film sorti en France, directement en DVD, en juillet 2014. Doté d'un budget de 24 M€, essentiellement financé par la FIFA, il aurait rapporté, selon *The Independent*, moins de 160 000 €.

Dupont, « tu me casses les... ! »

Jeu, set et presque match, à deux journées de la fin du championnat. Notre victoire 6-1 à Istres nous permet de garder notre troisième place. Une dernière victoire devant Brest, une équipe de première partie de tableau, et notre retour en ligue 1 est validé. « Le paradis », pour plagier Antoine Kombouaré. Un match nul peut même nous suffire.

Conscient de l'importance de cette rencontre, le public a répondu présent en ce 9 mai 2014. Avec 40 740 supporters, Bollaert bat son record d'affluence de la saison ; c'est même le record du club pour un match à domicile du RC Lens, en ligue 2. Au passage, il s'agit également du dernier match à Bollaert avant le début des travaux de rénovation en vue de l'Euro 2016, qui doivent durer quatorze mois. Ne pas savoir où nous jouerons la saison prochaine me préoccupe, et l'avenir me donnera malheureusement raison. Mais le plus inquiétant, à cet instant, c'est de constater qu'on ne parvient pas à marquer ce but synonyme de remontée. Malgré notre domination, c'est Brest qui se crée les meilleures occasions, en première période. Après avoir oublié une main bretonne dans la surface, l'arbitre finit par nous accorder un penalty, à l'heure de jeu. J'imite tous les supporters lensois : je retiens mon souffle. Yoann Touzghar le tire trop mollement et le gardien repousse son tir. Pire, Brest ouvre le score à dix minutes de la fin. Défaite 1-0.

Fou de rage, je descends au bord du terrain cinq minutes avant le coup de sifflet final pour m'en prendre à Alex Dupont, l'entraîneur de Brest, un gars super, trop tôt disparu[1]. « Tu n'as plus rien à espérer et tu me casses les couilles en venant gagner chez nous ! » Je ne suis d'ailleurs pas le seul à être en colère. Les supporters le sont aussi et ils envahissent le terrain dès la fin du match. Afin de ramener le calme, je prends le micro au pied de la Marek : « Calmez-vous, les gars. Ne vous inquiétez pas. On va aller gagner à Bastia la semaine prochaine et on va monter. » Nous avons réellement intérêt à gagner en Corse : au cours de cette 37e journée, Nancy s'est imposé à Angers. Quatrième, l'équipe de mon ami Gérard Parentin revient à deux points de nous. Comme le dit une fois encore Antoine Kombouaré, « on va passer un sale week-end ».

Surprise sur prise

J'ai la chance de connaître le président de la République. Avant d'être élu, François Hollande s'est souvent rendu au Stade de France voir jouer les Bleus, et j'ai eu plusieurs fois l'occasion de discuter avec lui, pendant la mi-temps. Je l'ai également croisé quelques mois plus tôt, lors de l'inauguration du Louvre-Lens *(voir page 291)*. Lorsque j'apprends qu'il s'apprête à se rendre en Azerbaïdjan pour un voyage officiel, le 11 mai 2014, je demande à Daniel Percheron, sénateur et président de la région Nord-Pas-de-Calais, socialiste comme le président Hollande, de le sonder pour savoir si je peux l'accompagner. Quelques jours plus tard, l'Élysée me téléphone :

1. Alex Dupont est décédé d'une crise cardiaque à l'âge de soixante-six ans, le 1er août 2020.

— Le président vous emmène avec lui.

Le dimanche suivant, je rejoins la délégation présidentielle à l'aéroport du Bourget, où nous attendent deux avions : celui du président et un second, réservé aux autres membres de la délégation. À ma grande surprise, ma place est réservée dans le premier avion, en compagnie notamment du directeur de cabinet du président, de Fleur Pellerin, secrétaire d'État chargée du Commerce extérieur, de la Promotion du tourisme et des Français de l'étranger, du directeur de la communication de l'Élysée et de Najat Vallaud-Belkacem, ministre des Droits de la femme, de la Ville, de la Jeunesse et des Sports. Vingt minutes avant d'atterrir à Bakou, François Hollande demande à me voir :

— Expliquez-moi votre problème.

— Hafiz Mammadov, l'homme d'affaires azéri qui a racheté le RC Lens, n'a pas tenu tous ses engagements.

— Combien vous faut-il ?

— Si je récupère 7 M€ sur la première échéance, cela ne va pas solutionner le problème mais cela nous aidera grandement.

— Vous restez avec moi. Ne me quittez pas à la sortie de l'avion. Vous m'accompagnez.

— Merci, Monsieur le Président.

À peine descendus de l'avion, nous sommes conduits dans des voitures officielles jusqu'à un château, où nous nous retrouvons, sept ou huit membres de la délégation française, alignés devant le perron en compagnie de personnalités azéries. Un défilé militaire passe devant nous. Je ris sous cape, en pensant : « Pas possible, je suis dans *Surprise sur prise*. » Puis nous entrons dans le château. J'ai apporté deux maillots du RC Lens : l'un est floqué au nom de François Hollande, l'autre à celui d'Ilham Aliyev, le président de la République d'Azerbaïdjan. Au moment où je les leur offre, François Hollande en profite pour expliquer à son homologue la problématique Mammadov-RC Lens. Je les suis jusqu'en haut d'un grand escalier, mais Hollande m'arrête :

— Vous ne pouvez pas entrer avec moi. Il s'agit d'une discussion entre les présidents et leurs interprètes.

— Très bien, Monsieur le Président.

Je reste à fumer clope sur clope avec les membres du GSPR, le Groupe de sécurité de la présidence de la République. François Hollande finit par redescendre ; en passant devant moi, il me glisse avec un clin d'œil :

— Venez ce soir au Four Seasons. Je fais une allocution devant les Français de Bakou.

— Très bien, Monsieur le Président. J'y serai.

Je me dis que la discussion s'est sans doute bien passée. Le soir, je me rends dans ce cinq étoiles surplombant la mer Caspienne et le quartier de la vieille ville de Bakou. Après un discours d'une dizaine de minutes, Hollande salue tour à tour toutes les personnes présentes. Incroyable : nous ne sommes pas loin d'être cinq cents Français ! À minuit et demi, il s'approche enfin de moi :

— C'est réglé, Gervais.

— Comment ça, Monsieur le Président ?

— Je ne vous cache pas que votre dossier n'était pas le plus prioritaire. Il y en avait beaucoup d'autres mais à un moment, j'ai parlé du club de Lens au président Aliyev, et lui ai dit que l'un de ses proches avait promis une somme d'argent qui n'est toujours pas arrivée. Je lui ai ensuite demandé s'il avait les moyens de le convaincre, et je pense que c'est le cas. Voyez avec l'ambassadeur de France à Bakou. Vous allez avoir vos 7 millions.

— Merci beaucoup, Monsieur le Président.

— Ah, autre chose : demain, je vais en Arménie mais vous ne pouvez pas m'accompagner *[il s'agit d'un voyage diplomatique obligé lorsqu'un président français se déplace en Azerbaïdjan]*. Vous faites quoi, demain ?

— Je ne sais pas encore.

— Rendez-moi service. Accompagnez Najat Vallaud-Belkacem. Elle va visiter les installations pour les Jeux européens, prévus ici l'été prochain.

— Vous pouvez compter sur moi, Monsieur le Président.

Le lendemain, je me rends avec Najat Vallaud-Belkacem au ministère des Sports de l'Azerbaïdjan. Lorsque le ministre me voit, il me tombe dans les bras et m'embrasse : « *My friend Gervais !* » Je l'ai déjà rencontré une dizaine de fois. Nous nous mettons à parler de lutte, de gymnastique... Au bout d'un moment, Najat Vallaud-Belkacem me glisse :

— Vous êtes un phénomène, vous.

— Non, je suis passionné de sports.

Le plus épatant reste le geste de François Hollande. Sans son intervention, le club serait mort et enterré. À la suite de ce voyage présidentiel, j'ai reçu les 7 M€, qui ne m'ont pas été payés par l'État azerbaïdjanais mais par Mammadov lui-même. On peut dire ce que l'on veut de cet homme, mais il aura investi 29 M€ au total dans le club. Il est donc loin d'avoir été le Jack Kachkar de Lens[1].

1. Jack Kachkar est un homme d'affaires canadien d'origine arménienne, candidat au rachat de l'Olympique de Marseille pour 115 M€ en 2007. Quatre ans plus tard, le tribunal correctionnel de Paris l'a condamné à dix mois de prison avec sursis, 50 000€ d'amende et 500 000€ de dommages et intérêts à verser à Margarita Louis-Dreyfus,

Bastia, des airs de 1998

À peine revenu victorieux de mon voyage présidentiel en Azerbaïdjan, le mardi soir, il me faut gagner un autre match. Sur le terrain, celui-ci. Dans trois jours, à Bastia, Lens joue sa saison et une grande partie de son avenir. Afin de préserver les joueurs, les entraînements ne sont exceptionnellement pas ouverts au public dans la semaine et aucun d'entre eux ne se présente au point presse de veille de match. Je me charge moi-même de rappeler aux médias que le CA Bastia est déjà relégué et que Lens a toujours son destin entre les mains. Ou plutôt, entre les pieds. Nous possédons en outre une différence de buts supérieure à celle de Nancy.

Et cette fois, tout se passe bien. Nous ouvrons rapidement le score et menons 2-0 à la mi-temps, grâce à un doublé d'Adamo Coulibaly. Ce sera le score définitif. Au coup de sifflet final, j'ai une pensée pour ma famille et mes amis, qui m'ont toujours soutenu, pour les supporters restés à Lens et qui espéraient faire la fête lors de la venue de Brest, pour les joueurs et Antoine Kombouaré, qui ont supporté la pression tout au long de cette saison en ligue 2, où Lens était attendu et qui a été un enfer.

Caen ayant été tenu en échec à Dijon, nous terminons même à la deuxième place, et nous offrons un petit bout de paradis en rentrant à Lens. Plus de mille cinq cents supporters nous accueillent à notre descente d'avion, à l'aéroport de Lille-Lesquin, à 2 heures du matin. Nous mettons vingt

veuve du propriétaire du club marseillais, pour escroquerie dans l'offre de reprise de l'OM.

minutes avant de pouvoir rejoindre notre bus. Le lendemain, ils sont plus de dix mille rassemblés sur le parvis de l'hôtel de ville, où nous sommes reçus par le maire. Puis, lundi, direction l'Espagne pour un stage de cinq jours sous le soleil de Marbella. J'en ai bien besoin. Car je sens que la bagarre est loin d'être terminée.

Mammadov, c'est la reine d'Angleterre

Notre retour en ligue 1 acté, après trois ans en ligue 2, il me faut plancher sur le budget de la saison prochaine. Et c'est là que les problèmes commencent véritablement. J'ai déjà abordé le sujet avec Mammadov lorsque je suis allé le voir à Madrid avec Jocelyn Blanchard et Didier Roudet, à l'occasion de la demi-finale aller de la Ligue des champions entre l'Atlético et Chelsea, le 22 avril 2014.

Cette fois, Mammadov nous a donné rendez-vous à Bakou. Je m'y rends, accompagné de Jocelyn Blanchard, Didier Roudet et Xavier Thuilot, afin de lui présenter le budget prévisionnel de la saison 2014-2015 :

— On table sur une douzième place.

— Tu es malade ! On va jouer les cinq premières.

— Ce ne sera pas le même budget.

— Je sais, mais je vais envoyer de l'argent.

Après une petite prise de bec, mon ambitieux actionnaire majoritaire me garantit qu'il va injecter 28 M€ supplémentaires dans le club. Je le crois sur parole et présente un budget revu à la hausse devant la DNCG. Porté à 48 M€, soit sa fourchette haute, il est censé être taillé pour finir dans les cinq premiers. Comme le souhaite Mammadov.

La masse salariale est doublée, passant à 12,8 M€. Lens va pouvoir recruter pour monter une équipe compétitive. J'explique à la DNCG le plan de financement : 20 M€ issus de nos ressources propres, 18 M€ garantis par la banque nationale d'Azerbaïdjan et 10 M€ d'apport par l'actionnaire.

Le problème, c'est que cela n'accroche pas du tout avec Richard Olivier, le président du gendarme financier du football français depuis 2009. Il faut dire qu'il y a de quoi. Le premier rendez-vous est fixé au vendredi 6 juin 2014, à 15 heures, à Paris, en présence notamment de Frédéric Thiriez, président de la LFP. Mammadov est censé m'accompagner, mais il n'est pas là. Et il n'est pas près d'arriver : son avion a décollé de Bakou à 14 heures seulement. Le vol sans escale jusqu'à Paris durant un peu plus de cinq heures, même si le décalage horaire entre l'Azerbaïdjan et la France lui permettra de rattraper deux heures, il ne sera pas là avant la fin de l'après-midi. Au mieux. Il me faut donc improviser quelque chose devant les membres de la DNCG. Heureusement, la reine d'Angleterre se trouve en visite officielle à Paris à l'occasion des commémorations du débarquement en Normandie. J'explique que Mammadov a été contraint de décaler l'heure de son arrivée en raison de la présence d'Elizabeth II dans la capitale.

Il est 19 h 30 quand Mammadov arrive enfin à la Ligue, où ne se trouvent plus que Frédéric Thiriez et Richard Olivier. Ce dernier nous explique :

— Il vous faut avancer l'argent des deux prochaines saisons.

— Il s'agit d'un nouveau règlement ?

— Non. Les garanties financières que vous apportez se révèlent insuffisantes.

Mammadov est furieux. Notre audition ne s'est pas bien passée et les choses ne s'arrangent pas, par la suite : Richard Olivier ne nous laisse pas respirer, ne serait-ce que deux minutes. La DNCG demeurant indépendante dans ses choix, mon ami Thiriez ne peut rien faire. Le 18 juin, elle refuse l'accession de Lens, en ligue 1.

A posteriori, tout le monde parlera de scénario catastrophe pour le RC Lens. Mais pour le moment, je me trouve plutôt dans un scénario de crise. Et puis, la DNCG a tout de même quelque peu assoupli sa position à notre égard. Après avoir exigé au départ un versement intégral des 28 M€ promis par Mammadov avant même le début de la saison, elle accepte de voir les 18 M€ de garanties bancaires échelonnés en deux versements. Mais elle exige 10 M€ cash immédiatement. Et c'est bien ça, le problème. Car le virement de ces 10 M€ n'arrive toujours pas. Je suis alors persuadé qu'il ne s'agit que d'une question de jours.

« Mister Martelov »

Bien entendu, me voilà vite de retour à Bakou. Il m'est désormais plus facile de me rendre en Azerbaïdjan, car les autorités m'ont délivré un visa permanent. Même les douaniers azéris me reconnaissent et m'appellent « Mister Martelov ». Je ne compte faire qu'un aller-retour express ; j'y reste finalement une semaine. C'est le temps qu'il me faut pour réussir à revoir Mammadov, grâce à l'intervention de Pascal Meunier – l'ambassadeur de France en Azerbaïdjan, un type extraordinaire –, l'ambassadeur d'Azerbaïdjan en France et mes contacts sur place... Avant de partir, je suis même invité à une réunion à laquelle participait l'épouse du président de la République azérie, à Paris. Il se trouve qu'elle est également la belle-sœur de Mammadov. Lors de notre rencontre, je lui ai expliqué que si Hafiz ne tenait pas ses engagements, le RC Lens risquait de déposer le bilan.

Me revoilà donc à Bakou. Lorsque je suis enfin reçu dans le bureau de Mammadov, en début d'après-midi, il me lance avant de disparaître :

— *Hello my friend !* Sers-toi un verre avec ton avocat. J'arrive.

Je passe l'après-midi à l'attendre. La nuit tombe. Toujours aucune nouvelle. Au bout d'une dizaine d'heures d'attente, je me lève et vais trouver son secrétaire, en le menaçant moitié en français, moitié en anglais :

— Si je ne vois pas ton patron, ça va mal se passer. Je te préviens : je monte sur ton bureau et je te mets un coup de gourdin.

J'ignore s'il a tout compris, mais ma sortie a fait son effet : un type vient me chercher pour m'emmener chez Mammadov, qui n'est pas là pour m'accueillir. Je finis par le trouver dans la piscine, où il est en train de faire des longueurs. En me voyant arriver, il sort de l'eau et me lance :

— On va dîner ?

Il est 2 h 30 du matin lorsque nous passons à table. Je lui explique nos difficultés devant la DNCG, et nous nous quittons à 4 heures du matin. Mammadov se montre toujours aussi confiant. Moi, je le suis de moins en moins. Car je repars les mains vides.

La « fête des Armées »

L'ultimatum fixé par Richard Olivier est simple : si Mammadov ne verse pas 10 M€ sur les 28 prévus dans le budget prévisionnel d'ici au 25 juin, Lens restera en ligue 2. Il me faut donc cet argent. Qui n'est toujours pas arrivé, contrairement à ce que m'a assuré Mammadov à Bakou. Il a également confirmé à Didier Roudet, mon directeur général, que le virement de 10 M€ arriverait bientôt dans nos caisses. Il y a juste un léger contretemps. Le 26 juin est jour férié dans son pays : ce jour-là, l'Azerbaïdjan célèbre la « fête des Armées », et les banques sont fermées. Bien entendu, les membres de la DNCG n'ont pas cru à cette excuse. Le lendemain, ils maintiennent notre interdiction de montée.

Kombouaré, le vrai-faux gréviste

Le 30 juin 2014 marque la reprise de l'entraînement. Mais pas pour Antoine Kombouaré. À la grande surprise des joueurs, leur entraîneur a décidé de se mettre en grève. Il est mécontent de la situation extra-sportive et il le fait savoir haut et fort. Homme de caractère, Kombouaré a pour habitude de ne pas se laisser faire et d'exprimer sa colère. J'ai déjà vu sa main doubler de volume après avoir fracassé un paperboard, une bouteille d'eau frôler un membre de son staff et des chaises voler. Je ne connais pas de grands entraîneurs qui, à un moment donné, ne pètent pas les plombs. Plus ils se montrent exigeants, plus ils réussissent.

Je comprends sa position. J'explique publiquement qu'il a fait remonter le club en ligue 1 et qu'il est normal qu'il refuse de repartir en ligue 2. Il attend de connaître la décision du CNOSF pour décider s'il continue à entraîner le RC Lens. À ses yeux, il a pris la bonne décision. Il est comme ça, Antoine. Droit dans ses bottes, quitte à ce que sa position tranchée suscite de l'incompréhension, y compris au sein du club. Mais pas chez moi. Pour être honnête, Antoine m'avait prévenu qu'il risquait de se mettre en colère. Nous nous étions dit que sa décision spectaculaire de sécher la reprise de l'entraînement pourrait faire bouger les choses et constituer un bon moyen de mettre la pression aux membres de la DNCG, mais aussi à Mammadov. Et notre plan secret va fonctionner.

IBAN, les mauvais numéros

Ça y est, Mammadov m'a enfin donné un IBAN[1]. Il m'a même remis son ordre de virement en main propre et en présence de l'ambassadeur de France en Azerbaïdjan. Pour moi, il n'y a aucun doute : il a enfin versé les 10 M€ promis. Je suis soulagé. Pas pour longtemps, car cet argent n'arrive toujours pas sur le compte du club. Nous cherchons partout la trace de ce virement : rien. Ce genre d'opération passe par plusieurs banques étrangères, ce qui la rend plus compliquée, et les trois jours fériés du 14 juillet ralentissent encore cette opération.

1. Identifiant international d'un compte bancaire auprès d'une institution financière dans un pays donné.

Après vérification, nous finissons par nous rendre compte que Mammadov a inversé deux numéros. Or, le code IBAN se révèle indispensable pour effectuer la moindre transaction bancaire. Comment expliquer ce nouveau « léger contretemps », comme le qualifie Mammadov ? Je me retrouve carrément dans le flou sur les informations qu'il veut bien me donner. J'ai moi-même du mal à m'y retrouver, désormais. Comment éviter que les supporters ne se sentent pas perdus, eux aussi ? Je comprends leur mécontentement. Toute cette histoire est digne d'une fiction. Et pourtant, je n'ai jamais menti à personne, j'ai simplement relaté les éléments que je connaissais. Le reste, je ne l'ai pas inventé. J'aurais pu faire l'autruche et ne pas rendre publiquement compte des informations dont je disposais, mais je ne me suis pas défilé, quitte à passer pour un menteur et un affabulateur, et à le payer devant la commission d'appel de la DNCG que j'ai saisie. Le 15 juillet, cette dernière confirme la décision prise en première instance : Lens reste en ligue 2. Je n'abandonne pas pour autant. Il nous reste plusieurs possibilités d'appel. Six jours plus tard, je porte l'affaire devant le Comité National Olympique et Sportif Français (CNOSF). Ayant compris que les 10 M€ n'arriveront pas, je défends un budget ramené de 48 à 38 M€, avec une masse salariale contenue à 6,8 M€. Soit presque moins qu'en ligue 2. Le conciliateur du CNOSF rend un avis favorable à notre accession en ligue 1. Kombouaré reste notre entraîneur. Enfin une première victoire.

L'attaque du train postal

Ayant appris que Mammadov se trouve à Londres, je décide d'aller l'y retrouver. Une information qui vient de sortir dans la presse britannique me préoccupe : Mammadov projette également de racheter Sheffield Wednesday, un club de D2 anglaise, pour 50 M€. Je veux qu'il clarifie sa position au sujet du management de Lens. De moins en moins convaincu de sa sincérité, je prends toujours un témoin avec moi, en l'occurrence Maître Laurent Schoenstein, avocat chez Clifford Chance, un cabinet de conseil spécialisé dans les fusions et acquisitions ainsi que dans les transactions transfrontalières. Jocelyn Blanchard est également du voyage.

Le rendez-vous est fixé à 16 heures, ce vendredi 25 juillet 2014, au Four Seasons. Lorsque Mammadov arrive, c'est pour nous dire :

— *Hello, I come back...*

Quand il revient, il est 2 heures du matin. Je me suis endormi dans un fauteuil du palace londonien. À la fin de notre rendez-vous, épuisé, je prends le premier Eurostar du matin pour Lille, où m'attend ma femme. Lorsque je me réveille en sursaut, je suis à... Bruxelles. Je descends du train en quatrième vitesse pour me rendre au premier guichet venu. Un Eurostar s'apprête à effectuer le trajet inverse. C'est à ce moment-là que je me rends compte que j'ai oublié mon sac dans le premier train. Heureusement, un cheminot m'a reconnu. Lorsque je lui explique le problème, il appelle des collègues, qui retrouvent mon sac. J'en profite pour lui demander comment faire pour retourner au plus vite en France. Il me dit qu'un train est en partance pour Lille, mais qu'il ne transporte pas de voyageurs : c'est un train postal. J'ai fini par glisser un billet à l'employé pour qu'il me laisse monter dans ce train, et me retrouve seul dans le compartiment postal.

Je me suis revu dans le film de Gérard Oury *Le Cerveau*, avec Jean-Paul Belmondo et Bourvil, entouré de sac postaux, heureusement, sans les boules puantes. À mon arrivée à Lille, trois douaniers me surprennent sur le quai de la gare et m'arrêtent aussitôt. L'un d'eux me rappelle : « Vous n'aviez pas le droit de monter dans ce train. Suivez-nous ! » Le troisième, lui, me reconnaît. Quand je lui explique ce qu'il m'est arrivé, il se montre compréhensif et les douaniers me laissent finalement partir. Libre, mais épuisé. Ce voyage à la recherche de Mammadov, je ne suis pas près de l'oublier.

« Bienvenue chez les cons »

Dès le premier jour de mon retour au club, on me confirme que Lens a obtenu le financement pour la rénovation de Bollaert en vue de l'Euro 2016 mais qu'aucun stade de repli n'a été prévu pendant les travaux. Autrement dit, et quoi qu'en pensent certains, si je ne reviens pas avec Hafiz Mammadov, le club dépose le bilan.

Je considère que les habitants d'une même région doivent s'épauler. L'entraide n'est-elle pas une valeur chère aux gens du Nord ? Je constate vite à mes dépens qu'elle s'est perdue avec le temps. Je contacte Michel Seydoux, président du LOSC, pour lui demander de me prêter son stade Pierre-Mauroy. Il refuse catégoriquement, en prétendant que le peuple lensois va remplir son stade et que cela sera catastrophique pour lui en termes d'image. Seydoux a visiblement oublié que j'avais accueilli Lille à Bollaert en 2006, notamment pour des matchs de Ligue des champions, quand le club a connu un problème de stade, et que j'en ai pris plein la figure de la part de mes supporters. J'appelle Martine Aubry, la maire de Lille.

— Vous avez œuvré pour que Lens accueille l'Euro 2016 et je vous en remercie. Aidez-moi à faire en sorte que le Racing puisse jouer à Lille.

— Je ne peux rien faire. Le stade relève du domaine privé et Michel Seydoux est têtu comme une mule.

De son côté, Daniel Percheron, président du conseil régional, qui a financé le Grand Stade de Lille à hauteur de 45 M€ et qui sera maître d'ouvrage de la rénovation de Bollaert, se déclare publiquement favorable à ce que Lens dispute quatre ou cinq matchs à Lille. Pour lui, la vocation de Lens est de pouvoir jouer partout dans la région. Je remets un coup de pression dans les médias : « Je n'ai jamais demandé à disputer dix-huit matches au stade Pierre-Mauroy, mais cinq ou six grandes affiches. J'ai reçu une réponse par texto, que j'ai moyennement appréciée. On demande qu'on nous tende un peu la main. Impossible ? Je n'y crois pas ! Je vais appeler Dany Boon. Ce n'est plus *Bienvenue chez les Ch'tis*, mais *Bienvenue chez les cons*. J'espère qu'il n'y a pas de racisme contre les gens du Pas-de-Calais. »

C'est à se poser la question, car c'est encore pire à Valenciennes : ses dirigeants me demandent 100 000 € par match. Les Valenciennois ont oublié ce que j'ai fait pour eux, en 1996, en leur laissant la recette du match de gala de Lens contre la Sampdoria Gênes *(voir page 120)*. Idem pour le Stadium de Villeneuve-d'Ascq : entre le prix de sa location et les frais de sécurité, notamment, impossible d'aller jouer là-bas. Reste le stade de l'Épopée, à Calais. Là, je suis extrêmement bien reçu par Natacha Bouchart, sa sénatrice-maire. Native de Lens, elle met tout en œuvre pour nous accueillir. Mais le stade de Calais pose un problème : il n'est pas équipé d'un système de vidéosurveillance. Or un ami, dirigeant à la FFF, me prévient que si Lens joue à Calais, la LFP l'empêchera de monter en ligue 1, comme cela vient d'être le cas pour Luzenac, interdit d'accéder en ligue 2 au motif qu'il ne dispose pas des installations vidéo requises.

Je l'avoue : je prends peur. La seule solution viable consiste à se délocaliser à Amiens, dont les dirigeants se déclarent enchantés de nous accueillir. Va donc pour la Picardie et son stade de 12 097 places. Mais jouer au stade de la Licorne va nous coûter le maintien.

Ascenseur pour l'échafaud

La DNCG suit l'avis du CNOSF, le 5 août. Richard Olivier maintient pourtant le cap : Lens est placé sous interdiction de recrutement. La DNCG refuse d'homologuer la prolongation de contrat d'un an d'Alaeddine Yahia signée en avril. Notre défenseur part à Caen. Prêté par Monaco, Marcel Tisserand ne veut plus rester, préférant partir à Toulouse. Bien que revenu pendant plus d'un mois au club, Alphonse Areola file à Bastia. En plus du départ de nos deux meilleurs joueurs de la saison passée, le gardien italien de la Roma

Gianluca Curci, l'arrière droit Christopher Glombard et le milieu de terrain Landry N'Guemo ne signent pas.

Si bien que Lens débute le championnat devant Nantes avec une équipe déséquilibrée, après avoir perdu huit joueurs, et sans une seule recrue, le 9 août. Nous perdons 1-0. Le compte à rebours pour notre retour programmé en ligue 2 est enclenché.

Pairs et impair

Le 12 septembre 2014 doit marquer mon grand retour dans les instances parisiennes. Mais la Ligue refuse que je siège de nouveau au conseil d'administration (CA). Selon ses règlements, un président de club doit l'avoir été pendant un an en continu l'année précédente pour pouvoir intégrer la LFP. Je trouve cela complètement stupide : j'entame ma vingt-cinquième année de président, je ne suis pas un débutant. Je le vis mal mais ne suis finalement pas si étonné que cela : j'ai eu beaucoup de soucis à la Ligue, notamment avec le président de la DNCG, qui n'a pas apprécié que je m'associe avec un étranger, ce qui n'est pas encore dans l'air du temps. Avec Laurent Schoenstein, le représentant du cabinet d'avocats d'affaires international Clifford Chance, nous avons été accueillis à plusieurs reprises comme des malpropres par une commission de trois membres. Il me faudra attendre des années avant de pouvoir revenir siéger au CA de la Ligue en tant que membre du collège des indépendants.

L'heure de vérité

L'État azerbaïdjanais s'inquiète de plus en plus des répercussions que peut avoir sur son image, en France, ce qui est devenu « l'affaire Mammadov ». Son ministre de l'Intérieur me demande de venir le voir à Bakou. J'accepte son invitation. Quand je prends possession de la chambre qu'il m'a réservée au Marriott pour quatre nuits, je tique sur les deux bouteilles d'eau posées sur la table de chevet : mon prénom et mon nom, ainsi que ma photo, sont imprimés sur l'étiquette. Je les ai gardées en souvenir.

Le ministre de l'Intérieur de l'Azerbaïdjan souhaite me voir pour envisager la possibilité que l'État prenne le relais de Mammadov. J'étudie la question avec un juriste français et des contacts de l'ambassade de France. Car j'ai fini par apprendre, au bout de mon cinquième ou sixième voyage à Bakou, que Mammadov connaît en ce moment de graves problèmes d'ordre personnel. Il ne m'en a jamais parlé mais je sais que sa situation est délicate depuis l'été 2014. Son épouse est la sœur du président de l'Azerbaïdjan ; en tant que membre du cercle familial du pouvoir azéri, il fait donc partie des oligarques qui se partagent les avoirs du pays. Il était donc facile pour lui de réussir, en Azerbaïdjan.

Je maintiens ce que j'ai déjà écrit : Hafiz Mammadov n'est pas un escroc. C'est clair et net. Au total, il a investi 29 M€ dans le club. Ce n'est pas 0 + 0 = 0. Son argent a évité au club de déposer le bilan. Il avait vraiment envie de réussir avec le RC Lens, mais ses problèmes personnels l'en ont empêché. Ils l'ont même envoyé trois mois en prison. Je l'ai revu à sa sortie, chez lui, où il m'a dit : « *My friend*, dès que l'on m'aura rendu mon argent, je vais revenir, tout racheter, je pourrai continuer de financer le RC Lens et il n'y aura plus de problème. Si nous ne continuons pas notre travail avec la France, ce n'est pas très bon pour l'image de l'Azerbaïdjan. » Il était dans le déni total de la situation.

En guise de bonne foi, il verse 1,5 M€ en septembre. Mais il manque toujours 2,5 M€ pour que la DNCG lève son interdiction de recrutement. Or, l'équipe a absolument besoin d'être renforcée lors du prochain mercato d'hiver. Je demande donc à Mammadov de signer la garantie à première demande. Ce document me permet de me présenter à la Bank of Azerbaïdjan, une banque privée qui s'est portée garante pour lui, afin qu'elle me donne les 2,5 M€ dont j'ai besoin. Mammadov accepte et signe. Je vais alors me rendre compte qu'en plus d'avoir la démarche chaloupée de Garrincha, Mammadov lui ressemble aussi par ses dribbles moraux.

Une fois ce document signé de sa main, je le transmets aussitôt à la DNCG, à Paris. Dans le même temps, je retourne à la Bank of Azerbaïdjan de Bakou, accompagné de Laurent Schoenstein. Les lumières sont éteintes et les portes fermées. À travers les vitres, on aperçoit les silhouettes de deux secrétaires dans la pénombre. L'une d'elles nous ouvre la porte lorsque nous frappons, et nous demandons aussitôt à voir le directeur pour lui présenter la garantie à première demande. Ce dernier nous explique que la Bank of Azerbaïdjan n'appartient plus à Mammadov.

Le 22 mai dernier, une assemblée générale extraordinaire des actionnaires l'a écarté de la présidence du conseil de surveillance. Il y a plus grave : le directeur nous informe également qu'il n'y a plus d'argent dans la banque. Suite à une dette estimée à plus de 600 M€, elle a suspendu ses activités de crédit depuis plusieurs mois[1]. Là, je comprends que c'est fini.

« Qu'est-ce que c'est qu'ce binz ! »

Je n'ai malgré tout pas rompu tout lien avec Mammadov. Je ne peux pas me le permettre, il en va de la pérennité du club. Je retourne donc le voir à Bakou, trois jours après notre défaite à Guingamp, le 12 janvier 2015. Cette date coïncide avec mon passage prévu devant la DNCG. Je lui demande d'accepter de décaler mon audition de trois jours, le temps d'effectuer un voyage express de quarante-huit heures en Azerbaïdjan. Le jeudi, jour de mon départ, Mammadov me propose un nouveau deal : il reste l'actionnaire majoritaire du club et, en contrepartie, il s'engage à payer 14 M€ en trois tranches : 4 M€ en janvier, 5 M€ en février et 5 M€ en mars. C'est ce que j'explique aux membres de la DNCG, le vendredi, leur garantissant que le RC Lens ne court pas le risque d'un dépôt de bilan, d'ici à la fin de cette saison 2014-2015.

Sportivement, c'est compliqué. Très compliqué. Nous avons fini les matchs aller à la seizième place, à égalité de points avec Metz et Évian-Thonon-Gaillard, premier relégable, et à un point de Bastia, dix-neuvième. Malgré toutes nos difficultés, nous ne sommes pas relégables. On tient bon. Incroyable mais vrai.

1. Détenue majoritairement par trois membres de la famille d'Hafiz Mammadov, ses fils Kanan et Sanan ainsi que par son frère Mubariz, la *Bank of Azerbaïdjan* sera déclarée en banqueroute par un tribunal économique et administratif et placée en liquidation judiciaire le 1er février 2016.

À titre personnel, je commence à en avoir assez de courir à droite et à gauche comme je le fais depuis des années ; je ne supporte plus tous ces voyages et ces attentes interminables pour revenir sans rien, ou presque. Je ne peux plus travailler dans ces conditions avec Mammadov. À force, je vais finir par y laisser ma peau. En attendant, il me faut une solution pour trouver de l'argent.

Cavaré, recavé

Malgré nos difficultés financières et sportives, je n'ai jamais cessé d'investir dans la formation. La Gaillette nous coûte entre 5,5 et 6 M€ par an. Mais elle rapporte aussi, après un travail de longue haleine de nos formateurs. À ce titre, la vente de Dimitri Cavaré à Rennes, le 2 février 2015, constitue un acte de gestion fort. Lens ne peut pas garder tous ses jeunes, s'ils sont d'accord pour partir. Il aurait donc été invraisemblable que je ne réponde pas favorablement à l'offre des dirigeants du Stade Rennais : 3,5 M€, soit au-dessus du prix du marché pour un latéral droit de vingt ans. Surtout que Cavaré reste en prêt chez nous jusqu'à la fin de la saison, ce qui n'affaiblit pas notre effectif dans l'immédiat.

Si Mammadov avait tenu ses engagements – ce qui, bien entendu, n'a pas été le cas –, j'aurais tout de même cédé Cavaré à Rennes. J'aurais d'ailleurs pu vendre pour 20 M€ de joueurs, cet hiver-là. J'ai également reçu des offres pour le Belge Baptiste Guillaume, Jean-Philippe Gbamin et Wylan Cyprien. Je ne les ai pas acceptées. Cela aurait trop affaibli l'équipe, sans nous permettre de pouvoir recruter de nouveau. Depuis juin, la DNCG attend le versement de 4 M€, plus 14 M€ dans le capital du club de la part de Mammadov, pour lever son interdiction de recrutement. Je sais qu'il faut maintenant un miracle pour qu'il nous les verse, et je ne crois plus aux miracles. J'avais présenté une masse salariale de 12,8 M€ à la DNCG ; je l'ai ramenée à 6,8 M€, ce qui fait donc 6 M€ d'écart, plus les charges sociales et patronales économisées. J'ai également mis des recrutements et des prêts payants. Par conséquent, les 14 M€ ne sont plus à l'ordre du jour et Lens n'a plus de problèmes de trésorerie.

La vente de Cavaré est le seul mouvement de joueurs que nous ayons effectué durant ce mercato d'hiver 2014-2015. Cela ne lui a d'ailleurs pas porté chance : dix jours plus tard, notre Guadeloupéen est victime d'une rupture des ligaments croisés du genou droit, lors de la réception d'Évian-Thonon-Gaillard. Saison terminée. Une fois à Rennes, il se blesse pour la troisième fois à ce genou, alors qu'il se trouve en pleine rééducation. S'il a pu rejouer un an après son transfert, il ne parviendra malheureusement jamais à s'imposer avec le Stade Rennais. Sa vente permet tout de même d'assurer la fin de saison du RC Lens, sur le plan financier. Un double défi se présente désormais : garantir sportivement le maintien du RC Lens en ligue 1 et son passage devant la DNCG, le 30 juin.

La relégation par procuration

Cette fois, il faut se rendre à l'évidence : un an après son retour en ligue 1, Lens est condamné à faire l'ascenseur, dès le 26 avril 2015. Monaco nous inflige notre onzième défaite en seize matchs disputés en 2015. C'est trop. Beaucoup trop. Même en gagnant nos quatre derniers matchs de championnat, on ne pourra pas rattraper Reims, premier non relégable. C'est mathématique. Cette descente, ma quatrième et dernière en tant que président, je la vis par procuration. Je suis reparti à Bakou. Une fois de plus.

Le cœur n'y est plus, lors du premier derby du Nord disputé au stade Pierre-Mauroy de Lille. Entre les blessures, notamment de nos latéraux, et les suspensions, Antoine Kombouaré ne dispose plus que de quatorze joueurs de champ. Nous perdons 3-1. Avoir fait preuve d'un manque d'anticipation au sujet du stade de repli nous a condamnés à jouer à Amiens. Ajouté aux problèmes financiers, le maintien était devenu mission impossible. La remontée immédiate dans un an le sera aussi. Toujours interdits de recrutement, nous la terminons à la sixième place de ligue 2.

Touzghar, le traquenard

Lens relégué à l'issue de cette saison 2014-2015, Yoann Touzghar ne veut pas rester jouer en ligue 2. Je peux le comprendre. Mais même si Antoine Kombouaré compte un peu moins sur lui, nous avons encore besoin de ses talents de buteur pour essayer de remonter au plus vite en ligue 1. Il y est parvenu lors de ses débuts à Amiens, qui est passé du national à la ligue 2, et lors de la saison 2013-2014, quand nous sommes remontés en ligue 1. De plus, comme l'international tunisien est notre meilleur buteur depuis trois ans, il est très apprécié par les supporters[1]. Pas question, dès lors, qu'il s'en aille. Fin de la discussion.

Du moins, c'est ce que je crois en me rendant à l'aéroport Roissy-Charles-de-Gaulle, où je dois prendre un avion pour Bakou dans la soirée. En arrivant, j'apprends que trois hommes m'attendent à l'aérogare pour me forcer la main et laisser partir Touzghar au Club Africain de Tunis, où un gros contrat lui est promis. J'arrive à monter dans l'avion en passant par une porte dérobée.

À mon retour en France, les choses ne se sont pas arrangées. Face aux pressions, je suis obligé de céder en vendant Touzghar pour 250 000 € au club tunisien, le 11 juillet 2015. Cette façon de procéder l'a d'ailleurs desservi, car cinq mois plus tard Touzghar s'est fait une déchirure du ligament externe du genou. Sa saison en Tunisie est terminée dès le mois de décembre.

Percheron, le dribbleur

Je me trouve chez moi, dans mon bureau, quand le téléphone sonne en cette fin du mois de septembre 2015. Je décroche. Elmahdin, le bras droit de Mammadov, se trouve au bout de fil.

— *Hi, Mister Martel.*

— *Hello, Mister Elmahdin.* Comment allez-vous ?

— Bien, merci... Je voulais savoir : vous faites partie de la délégation lensoise ?

1. 13 buts, dont 11 en ligue 2, en 2012-2013, 14 buts en 2013-2014 et 8 buts en 2014-2015, tous inscrits en ligue 2.

— Quelle délégation ?!
— Celle qui vient d'atterrir à Bakou.
— Non.
— Ah, je m'étonnais aussi que vous ne nous ayez pas prévenus de votre visite.

Je tombe de ma chaise. Une fois relevé, je pars aussitôt à la pêche aux informations. J'apprends que Daniel Percheron, sénateur et président socialiste du conseil régional Nord-Pas-de-Calais, se rend à Bakou du 26 au 29 septembre 2015 dans le cadre d'une mission de « coopération internationale avec l'Azerbaïdjan dans l'organisation de l'Euro 2016 », voyage entièrement financé par la région au titre des « mandats spéciaux ». Je découvre également que Xavier Thuilot, directeur général adjoint du RC Lens jusqu'à ce que je le remplace par Didier Roudet le 24 juillet, l'accompagne. La moindre des choses aurait été de me prévenir. Au lieu de quoi ils ont pris rendez-vous avec Mammadov dans mon dos, en me prenant pour un charlot.

Durant leur séjour, ils rencontrent Mammadov à son domicile privé de Bakou, le dimanche 27 puis le lundi 28 septembre. Pascal Meunier, l'ambassadeur de France en Azerbaïdjan, ainsi que le chef du protocole du ministère azerdi des Affaires étrangères les accompagnent. Percheron repart de Bakou avec la promesse de Mammadov d'ouvrir le capital du club au profit d'un actionnariat public avant fin octobre et de répondre favorablement à son invitation de revenir à Lens pour participer à une inauguration privée de Bollaert, en novembre. Si le conseil régional a financé sa rénovation à hauteur de 70 M€ hors taxe, le RC Lens, Mammadov donc, en est propriétaire via un bail emphytéotique qui court jusqu'en 2052. En réalité, Percheron est rentré de Bakou sans rien. Non seulement Mammadov n'est jamais revenu à Lens, mais de plus, il n'a plus rien entrepris pour le club.

Quant à Percheron, il est carrément devenu entraîneur du RC Lens. Trois jours après la défaite à Évian-Thonon-Gaillard, début octobre, il se permet de critiquer les choix tactiques d'Antoine Kombouaré sur les ondes de France Bleu Nord. Extrait : « C'est un bon meneur d'hommes. Mais ne pas faire jouer Bourigeaud, qui est un futur Deschamps, c'est un contresens. Valdivia si bas, c'est un contresens. Il a aussi mis à l'écart Olsen. Garder le ballon devant, nous en sommes incapables. Quant à la défense, elle très fragile. Donc je ne suis pas en alchimie avec ce que propose Antoine Kombouaré depuis le début de la saison. » Ce qu'il déclare est un non-sens. Alors qu'il débute sa carrière à même pas vingt ans, Benjamin Bourigeaud a déjà disputé vingt-deux matchs lors de chacune de ses deux premières saisons. Il en jouera encore dix de plus, cette année. Antoine lui a permis de sortir, tout comme Wylan Cyprien ou Jean-Philippe Gbamin, futur international ivoirien.

Je ne suis plus du tout en accord avec Percheron. Je n'oublie pas qu'il a accepté de m'accompagner, en tant que représentant des collectivités locales qui ont pris en charge la rénovation du nouveau Bollaert, lors de mon audition devant la DNCG, le 23 juin dernier. Mais aujourd'hui, comme Thuilot, Percheron m'a dribblé. Et ça, je ne suis pas près de l'oublier. D'ailleurs, je me suis séparé de Thuilot, qui a quitté le RC Lens.

Et « Zorro » Joseph est arrivé

J'ai rencontré Ignacio Aguillo au moment où je cherchais à compléter l'actionnariat de Mammadov, ou à le remplacer carrément. Cet Espagnol, qui a bourlingué entre Madrid, les États-Unis, le Mexique et Paris, se présente comme un conseiller en charge du développement international de l'Atlético de Madrid. Aguillo connaît Mammadov depuis l'époque où il travaillait à la BNP Paribas. En octobre 2012, l'Atlético a également signé un contrat de sponsoring de 24 M€ avec le Baghlan Group Holding Limited pour que le logo « Azerbaïdjan, Land of Fire » figure sur les maillots des *Colchoneros*, avant d'apparaître également sur les nôtres.

Aguillo, que Mammadov m'a présenté, connaît également plusieurs dirigeants d'entreprises, à Londres, où cet ancien banquier m'emmène les démarcher en mars 2016. Parmi eux, Joseph Oughourlian, un Français d'origine libano-arménienne. Alors âgé de quarante-quatre ans, cet homme d'affaires gère Amber Capital, un puissant fonds d'investissement qu'il a créé à New York en 2005 avant de le relocaliser à Londres, il y a quatre ans. S'il n'évolue pas dans le monde du football, Oughourlian possède tout de même déjà un club : le Millonarios FC à Bogota, l'un des plus importants et populaires de Colombie, dont a été issu Alfredo di Stefano, le formidable attaquant du Real Madrid des années cinquante.

J'ai immédiatement un bon feeling avec lui et Gilles Frétigné, son bras droit. Les discussions avancent rapidement. Pour moi, il n'y a aucun doute : Joseph Oughourlian est le repreneur idéal du RC Lens. Amber Capital gère plus d'un milliard d'euros d'actifs. Autant dire qu'il a les moyens de sa politique. Il se montre prêt à faire une offre de reprise à Mammadov. Je me dis : « Heureusement… “Zorro” Joseph est arrivé, pour nous sauver. » Comme quoi, c’est fou, la vie.

Je le suis aussi, parfois, dans mes déclarations. Lors de l’assemblée générale du *12 Lensois*, l’association officielle des supporters qui a remplacé *Supp’R’Lens* depuis 2002, je déclare : « Je vous garantis que le repreneur sera annoncé très prochainement. Je me coupe une c… si la reprise du RC Lens n’est pas actée au 15 avril ! Et avec lui, on va remettre l’église au milieu du village. Et je vous le dis : elle aura de la gueule, cette église. Ce sera même une cathédrale ! »

Il reste toutefois un problème à régler : via Baghlan Group, Mammadov détient 99,99 % des actions de RCL Holding, la société parisienne qui possède 99,8 % des parts de la SASP RC Lens. Si les statuts de cette holding, dont je suis le président, m’accordent 40 % des voix au conseil d’administration, ainsi qu’une minorité de blocage sur toutes les décisions stratégiques, il est extrêmement compliqué de faire partir Mammadov. C’est ce que je comprends lorsque je le rencontre pour la dernière fois, au printemps 2017. Alors qu’il ne finance plus la holding depuis très longtemps maintenant, il refuse de donner suite aux différentes offres de rachat. Il va donc falloir passer en force.

À la rue, Solferino

Après avoir bien étudié l’affaire sur le plan juridique, Yves Wehrli et Laurent Schoenstein, mes avocats de chez Clifford Chance, arrivent à la conclusion suivante : la seule solution pour faire sortir Mammadov consiste à déposer le bilan de la RCL Holding, sans grosses pertes, sans toucher au club et en réinjectant de l'argent dans la SASP RC Lens (société anonyme sportive professionnelle). Ce tour de passe-passe est légal. Le 5 avril 2016, le tribunal de commerce de Paris ouvre une procédure de conciliation et de *prepack session* afin de présenter les éventuels repreneurs le jour du dépôt de bilan. Cette procédure, nouvelle en France, permet d'accélérer le processus de reprise d'une entreprise en difficulté. Or, le club doit apporter de nouvelles garanties à la DNCG lors de son audition prévue fin mai.

Ne pas répondre aux différentes offres de rachat qui lui ont été faites a été interprété comme un refus de vente de la part de Mammadov. À partir de là, il ne me reste plus qu'à déclarer la RCL Holding en cessation de paiement. Ce que je fais, au matin du mercredi 4 mai, lors d'une audience au tribunal de commerce de Paris. Déposer le bilan déclenche une procédure de redressement judiciaire ouvrant la porte à un possible repreneur. En clair, Mammadov a perdu le contrôle. Le tribunal de commerce n'a pas besoin de son accord pour choisir un repreneur. Mammadov n'a donc plus son mot à dire.

Le procédé peut paraître spectaculaire et un brin dramatique. Mais pas de panique : cela n'a aucune conséquence sur le plan sportif. Et puis, au cours de cette audience, le conciliateur a déjà présenté deux offres de reprise du club retenues par le tribunal. Les autres candidats éventuels ont jusqu'au 17 mai, date de la prochaine audience devant le tribunal de commerce de Paris, pour déposer une offre. La première émane de Charles-Kader Gooré. Cet homme d'affaires ivoirien fait une proposition mirifique pour le club et, surtout, pour moi, en m'octroyant un salaire personnel extrêmement élevé. Cela ne m'intéresse pas. Je veux sauver le RC Lens. Pas gagner de l'argent. Après enquête, j'ai beaucoup de doutes quant à la provenance des fonds. Mon choix, que je vais défendre auprès du président du tribunal de commerce de Paris, est sans ambiguïté. Il se porte sur la seconde offre, qui émane d'une mystérieuse société luxembourgeoise baptisée Solferino.

Solferino, c'est nous. Enfin, c'est Joseph Oughourlian et l'Atlético de Madrid. D'ailleurs, quand je me présente de nouveau devant le tribunal de commerce de Paris, le 17 mai, je suis accompagné de Gilles Frétigné et d'Ignacio Aguillo. Le 23 mai, Solferino est désigné repreneur du Racing Club de Lens, qu'il rachète pour 660 000 €. En contrepartie, et comme prévu, Solferino injecte immédiatement 5,6 M€ dans la SASP RC Lens, dont 4,9 M€ en capital. Le 12 juillet, à l'occasion de l'assemblée générale des actionnaires, l'Atlético de Madrid entre officiellement dans le capital du club à hauteur de 34,6 %. Solferino, majoritairement détenu par Joseph, conserve 65,3 % des actions, et moi 0,1 %. L'UEFA interdisant les confrontations entre deux clubs ayant des actionnaires communs, l'Atlético s'est aménagé une porte de sortie : si Lens se qualifie pour la même Coupe d'Europe que lui, Solferino pourra activer une option d'achat sur ses parts.

Nous n'en sommes pas encore là. Mais alors, pas du tout. Aguillo, soi-disant ancien membre du board de l'Atlético de Madrid, coiffe la double casquette de représentant de Solferino et du club espagnol au RC Lens. C'est lui qui prend en main l'organisation sportive du club. Antoine Kombouaré ne veut pas rester travailler avec eux. Il part comme il est arrivé et comme il sait le faire : droit dans ses bottes. Il a été extraordinaire et a tenu la barre contre vents et marées, sans jamais se trouver d'excuses, pendant trois saisons. Pour le remplacer, ils vont chercher Alain Casanova, un type engagé, sérieux et bosseur.

C'en est définitivement terminé de l'histoire de Mammadov à Lens. Elle aura été digne d'un film de science-fiction. Le moins que l'on puisse dire, c'est que son scénario m'aura secoué du début à la fin. Et c'est bien cela que je lui reproche : plutôt que de me dire la vérité, Mammadov a pratiqué jusqu'au bout la politique de l'autruche. Sa franchise m'aurait permis de préparer autre chose. Au lieu de cela, il m'a contraint à jouer le pompier de service.

Hollande passe à confesse

François Hollande est de retour à Lens, en ce mardi 1er novembre 2016. Cette fois, c'est pour participer à partir de 10 heures au vernissage de la nouvelle exposition temporaire « L'histoire commence en Mésopotamie », au Louvre-Lens. Je suis revenu juste à temps de Brest, où Lens a gagné la veille, pour le saluer. J'attends le président de la République depuis un petit moment déjà, à un endroit stratégique où je sais qu'il passera devant moi. Seul. Cet endroit m'a été indiqué par ses gardes du corps, que je commence à très bien connaître. Hollande finit par arriver devant moi.

— Bonjour Gervais.

— Bonjour, Monsieur le Président.

— C'était bien, à Brest ? Une victoire, cela fait toujours du bien.

— Oui, on en avait besoin.
— À part ça, comment ça va ?
— Pas terrible. Depuis que vous m'avez aidé pour les 7 M€, je n'ai plus rien reçu d'Azerbaïdjan. La situation est très, très tendue...
— À qui le dites-vous ! J'en sais quelque chose...
Le chef de l'État me quitte sur ces paroles énigmatiques. Je ne comprends ce qu'il voulait dire qu'un mois plus tard, jour pour jour, lorsqu'il annonce au cours d'une allocution télévisée depuis l'Élysée qu'il deviendra le premier président de la Ve République à ne pas solliciter un second mandat.

Le Graët, pirouette, cacahuète

Noël Le Graët profite du match de qualification pour la Coupe du monde 2018 entre la France et la Suède pour réunir tous les présidents de ligues, de districts et de clubs professionnels dans un salon du Stade de France, en ce 11 novembre 2016. S'il nous a tous rassemblés, c'est pour nous annoncer sa candidature à sa propre réélection à la tête de la présidence de la Fédération Française de Football (FFF).

Je ne masque pas ma surprise : Le Graët avait promis de laisser sa place à Jacques Rousselot, le président de Nancy. Visiblement, il est revenu sur sa position. Je prends la parole :

— Écoute Noël, je crois que tu as promis le poste à Jacques Rousselot. Tu as réalisé une grande carrière. Mais il y a un âge pour tout. Ce serait bien que tu passes la main.

— J'ai soixante-quinze ans et contrairement à toi, Gervais, je peux encore monter sur la table.

Le Graët m'a repris de volée en faisant allusion à mes opérations aux deux hanches et au dos qui me handicapent désormais. Pas sympa ! N'aimant pas l'injustice, je suis Rousselot lorsqu'il me prévient qu'il va tout de même se porter candidat. Nous montons une liste, que je sais perdue d'avance. Ce sera effectivement le cas. Le samedi 18 mars 2017, Le Graët, soutenu par Jean-Michel Aulas, est réélu avec 57,4 % des voix des 216 grands électeurs de la FFF, contre 41,9 % à Rousselot.

Le banquier et le sketch des pimpins

Après le départ d'Antoine Kombouaré parti, c'est donc Alain Casanova qui est choisi pour le remplacer. Il signe officiellement un contrat de deux ans, plus une troisième année en option, le 13 juin 2016. Ce n'est pas le choix de l'ancien entraîneur de Toulouse qui me pose problème, mais plutôt le recrutement effectué dans l'été. Propulsé directeur général adjoint par les nouveaux propriétaires, Ignacio Aguillo dirige le club lors de notre première année commune. Et le recrutement a donné lieu à un sketch entre lui et l'Atlético de Madrid. L'Espagnol a été dantesque. Ils s'y sont mis à dix pour prendre des joueurs. Un ancien banquier s'est chargé du recrutement et a monté une équipe de pimpins. Joseph a laissé faire ; le résultat a été catastrophique. Nous avons pris un Croate, un Serbe, un Grec, un Brésilien, un Égyptien, un Espagnol… que personne ne connaissait. Comme le dit Joseph, « c'est les Nations unies dans le vestiaire de Lens ». J'assiste, impuissant, à ce fiasco du mercato.

Le mythe de la Licorne

Lens a beau être à la place du con, la quatrième, au coup d'envoi de la 38e et dernière journée de la saison 2016-2017 de ligue 2, je ne peux m'empêcher d'y croire. Nous comptons seulement deux points de retard sur Strasbourg, le leader, et un sur Amiens et Troyes, qui complètent le podium. Tout reste donc possible, à condition de battre les Chamois niortais, à Bollaert. Kermit Erasmus ouvre le score dès la 7e minute, puis Christian Lopez ajoute un deuxième but, au quart d'heure de jeu. Nous sommes premier. Puis deuxième, troisième et de nouveau deuxième, à la mi-temps. Tout va bien. Troyes se retrouve mené 2-0 à Sochaux. Nous sommes de retour en ligue 1.

Mais Stéphane Darbion réduit le score à l'heure de jeu, avant que Benjamin Nivet n'égalise dans le dernier quart d'heure pour Troyes. Puis Samuel Grandsir offre la victoire au club aubois, à la 88e minute. L'arbitre donne le coup de sifflet final. Après avoir connu des frayeurs quand Ande Dona Ndoh réduit lui aussi la marque à l'heure de jeu sur penalty, Lopez assure notre victoire en marquant un troisième but en toute fin de match. Je me lève dans la tribune présidentielle et demande les autres résultats. Strasbourg a également battu Bourg-en-Bresse, 2-1. Après avoir ouvert le score, Amiens a été tenu en échec à Reims. Strasbourg est champion de ligue 2, Troyes deuxième, Amiens sixième et nous, troisième. Il faudra en passer par les barrages face à Lorient, dix-huitième de ligue 1, dans une semaine, si nous voulons monter.

Je descends dans le vestiaire retrouver les joueurs. J'allume la télévision et que vois-je ? Les joueurs d'Amiens en train de faire la fête et de s'embrasser sur la pelouse de Reims. Je ne comprends pas. Quelqu'un m'explique qu'Emmanuel Bourgaud a finalement marqué le but de la victoire dans la dernière minute du temps additionnel. À la 90e+6 ! Incroyable. Grâce à ce but, Amiens est repassé de la sixième à la deuxième place. Troyes, entraîné par… Jean-Louis Garcia, garde la troisième. Lens termine donc quatrième ; alors qu'on possédait la meilleure différence de buts de toute la ligue 2, on ne monte pas pour un tout petit point. C'est comme si je venais de recevoir la tour Eiffel sur la tête. Je le vis comme un échec personnel.

Révolution de balai

Le club peine également à se remettre de cet échec au buzzer. Le RC Lens entame la saison 2017-2018 en perdant ses sept premiers matchs de championnat. La quatrième défaite est fatale à Alain Casanova ; avec l'accord de Joseph, il cède sa place d'entraîneur à Éric Sikora, le 20 août. Éric fera ce qu'il peut dans cette situation épineuse.

Quant à moi, après avoir été confirmé à mon poste de président-directeur général du RC Lens le 21 juin dernier, j'en démissionne le 30 septembre 2017. Arrivé en mars en tant que directeur des affaires financières, puis nommé directeur général délégué en juin, Arnaud Pouille me succède comme PDG à la tête du RC Lens. Ce changement dans l'organigramme conduit également au remplacement de Jocelyn Blanchard par Éric Roy au poste de manager sportif. Si je reste président du conseil d'administration, je n'ai désormais plus aucune fonction effective. Pour tout dire, je ne décide plus de rien. Malgré la gentillesse de Joseph, cette situation ne me convient pas. C'est pour cette raison que je décide d'aller lui parler, en mai 2018.

« Projet Charbon » et « Dragon caché »

Quand je demande à voir Joseph, c'est avec une idée bien précise en tête.

— Joseph, je veux bien partir. C'est normal que tu mettes tes mecs en place. C'est la vie. Simplement, je pose une condition : tu ne peux pas mettre un homme lambda, un prête-nom, à la tête du club.

— Tu penses à qui ?

— À toi, bien sûr. Tu es propriétaire du RC Lens. Tu dois en être le président.

— OK.

Il n'a pas fallu un quart d'heure à Joseph pour se décider. C'est un homme qui percute à trois mille à l'heure et qui a très vite compris le monde du football. Il n'a ainsi pas mis longtemps à réaliser qu'Ignacio ne roulait pas pour lui, ni même pour Mammadov, mais pour sa propre pomme. Joseph ne s'entendait d'ailleurs pas avec Aguillo, qui a agi dans son dos. Les *Football Leaks* le prouvent. Passe encore pour son « Projet Charbon », qui prévoyait le rachat du RC Lens par l'Atlético de Madrid pour 2 M€, plus deux autres millions en cas de remontée en ligue 1 à l'issue de la saison

2015-2016, et la possibilité laissée à Mammadov de racheter le club pour 4 M€ si sa situation financière s'améliorait. Ce qui coince, c'est son « Projet Dragon caché ». Dès mi-août 2016, Aguillo a négocié en sous-mains avec Dewin Sports, une société chinoise d'investissement spécialisée dans le sport et le tourisme. Elle est soutenue financièrement par le fonds sino-américain IDG Capital qui vient d'acquérir 20 % de l'Olympique Lyonnais. À terme, Aguillo voulait faire du RC Lens une destination intermédiaire pour les joueurs de l'équipe nationale de Chine désirant évoluer en Europe.

Comme moi, Joseph ne l'a appris que bien plus tard. Après avoir réduit le pouvoir d'influence d'Ignacio Aguillo au profit d'Arnaud Pouille en juin, Joseph l'a écarté définitivement, mi-octobre. C'est une bonne chose. Si les choses sont claires, nettes et précises avec Joseph, j'étais loin d'imaginer tout ce que l'ancien banquier faisait dans mon dos. Il a également une tendance à la mythomanie. Le 19 décembre 2017, Joseph rachète les parts de l'Atlético de Madrid pour devenir l'actionnaire majoritaire du RC Lens. La suite logique voudrait qu'il en devienne le président.

L'appel du 16 juin

C'est chose faite le samedi 16 juin 2018, quand Joseph me succède officiellement à la présidence du conseil d'administration du RC Lens. Suivant le conseil que Jean-Pierre Defontaine m'a prodigué trente ans plus tôt, j'incite à mon tour Joseph à prendre place dans les instances du football français à Paris, là où tout se décide. En 2022, il est élu à l'unanimité des suffrages au conseil d'administration de la LFP, en compagnie de Dmitri Rybolovlev, président de l'AS Monaco. Je siège à ses côtés en tant que membre indépendant. Après les soubresauts que le club vient de traverser ces cinq ou six dernières années, Joseph est l'homme de la situation. Cela me rassure ; après avoir amené le RC Lens jusqu'au titre de champion de France, en 1998, je ne me voyais pas partir sur un dépôt de bilan. Je laisse le club entre de bonnes mains, et j'en suis désormais le président d'honneur. Je peux partir l'âme en paix. Et pour de bon.

Je n'ai d'ailleurs aucun souvenir de ma dernière journée en tant que président du RC Lens. N'étant pas du genre nostalgique, je me souviens simplement du soulagement et de ma tranquillité d'esprit au moment de mon départ. Ma famille est elle aussi plus sereine, car malgré ma résilience j'ai beaucoup souffert tout au long de mes dernières années de présidence. Sans aucune amertume, je me dis que j'ai eu la malchance d'arriver dix ans trop tôt dans le football, à une époque où il n'intéressait pas encore les grands groupes étrangers. Ce qui plaît dans le sport, c'est de gagner et de vivre l'action à l'instant *t*. C'est pour cette raison que j'ai horreur de regarder du sport en différé, d'où ma frustration dans les dernières années, en constatant que je n'avais plus les moyens d'amener le club là où je voulais le conduire. Il valait mieux, dès lors, que je parte. Définitivement.

Mais, apaisé, je continue à être le supporter numéro un de mon club, qui se retrouve entre des mains compétentes. Outre Joseph, le staff est emmené par Franck Haise et la direction générale est assurée par Arnaud Pouille. Les services administratifs et commerciaux sont constitués de pointures telles que Laurent Platini et Benjamin Parrot. La position actuelle du club n'est plus une surprise : la Ligue des champions revient chez nous, en cet automne 2023. L'engouement extraordinaire pour le foot français en général, que ce soit au niveau des abonnements ou des VIP, et la politique de Vincent Labrune, nouveau président de la LFP depuis le 10 septembre 2020, doivent permettre l'ascension de notre football, avec des résultats au niveau européen. Le Paris-SG, j'en suis sûr, gagnera un jour la Ligue des champions, à l'instar de Manchester City : les *Citizens* y sont parvenus en 2023, quinze ans après leur rachat par les Émiratis, arrivés à Paris trois ans avant les Qataris. Il convient donc de se montrer patient. De plus, Philippe Diallo a ramené la sérénité à la 3F, qui en avait grandement besoin. Je pars donc l'âme en paix. Et puis, dans ma tête, je sais déjà ce que je vais faire dans ma vie d'après.

Chapitre X

Reconversion (depuis 2018)

J'ai toujours su qu'un jour, je ne serais plus président du RC Lens. J'ai donc anticipé mon départ, car je refuse de rester seul dans mon coin à ruminer et j'ai toujours besoin d'être animé par un projet. Je suis heureux de voir que le club marche bien sans moi, et de mon côté je n'ai pas le temps de m'ennuyer. J'obtiens la reconversion que je désirais : demeurer présent dans le sport et le football en particulier grâce à la chaîne L'Équipe. Je siège au conseil d'administration de la LFP en tant que membre indépendant et reste proche de mon club au titre de président d'honneur. Avec David Delattre, j'aide également le Musée National du Sport, présidé par Vincent Duluc, journaliste à *L'Équipe*, à étoffer sa collection. En plus d'obtenir énormément de maillots et autres articles sportifs, cela me permet de rencontrer de grands champions.

Sur un plan plus personnel, j'ai le projet d'être un jour un grand-père gâteux et gâteau. En attendant, je m'occupe des enfants des autres. Tout particulièrement de ceux dont le début de vie est difficile, dans les Hauts-de-France comme en Afrique.

L'Équipe du Soir

Après avoir été plusieurs fois invité dans l'émission phare de la chaîne L'Équipe, Olivier Ménard, son présentateur vedette, et Marc Las, rédacteur en chef, me proposent de devenir chroniqueur régulier à partir de septembre 2018. Avant d'accepter, je me renseigne auprès de la Ligue, où j'ai devancé Vincent Labrune, qui en est désormais le président, lors de l'élection du collège des indépendants appelés à siéger au conseil d'administration. On me répond :

— Si tu travaille pour la chaîne L'Équipe, ce sera compliqué.

— Et alors ? J'ai ma liberté de pensée.

Je ne sais pas si Bernard Caïazzo a été d'une grande aide, dans cette affaire. Le coprésident de l'AS Saint-Étienne avec Roland Romeyer a voulu faire élire à ma place Jimmy Adjovi-Boco, l'un de mes anciens joueurs de 1991 à 1997. Toujours est-il qu'il ne souhaite pas que je rejoigne la chaîne L'Équipe. Il en fait même une condition sine qua non pour que je puisse présenter ma candidature. Je demande à Arnaud Rouger, alors directeur des compétitions et devenu, depuis, directeur général exécutif, si cela crée un mélange des genres. Il me répond que rien, dans les statuts de la LFP, ne me l'interdit. Mais je dois taper du poing sur la table de la Ligue pour faire finalement accepter ma décision de devenir un nouveau chroniqueur de « L'Équipe du Soir » et me faire élire au conseil.

Sénégal, me voilà !

Cela fait dix ans qu'un copain me propose de revenir au Sénégal pour découvrir ce pays extraordinaire. Jusqu'ici, je ne m'y suis rendu qu'une seule fois, en 2001, pour faire signer Papa Bouba Diop. Depuis, je me contente d'y envoyer des conteneurs remplis de chaises roulantes et de lits d'hôpitaux.

Et puis, en 2020, juste avant la crise du Covid-19, je me décide enfin à retourner au Sénégal. Et là, c'est un choc. J'y découvre des choses extraordinaires et des gens d'une incroyable gentillesse. Je vois des milliers de personnes faire du sport sur la plage, des gamins jouer au foot sur des terrains pleins de cailloux, mais avec une réelle qualité de jeu. Je m'aperçois également que les Sénégalais sont majoritairement supporters du RC Lens : ils n'ont pas oublié que c'est notamment grâce à quatre joueurs lensois que les Lions de la Teranga ont battu la France, championne du monde en titre, lors du match inaugural de la Coupe du monde 2002.

C'est au cours de ce voyage que je décide de rendre à l'Afrique tout ce qu'elle m'a apporté. Les Africains venus jouer chez nous ont fait la fierté et la notoriété du RC Lens, même si leur présence en nombre amenait certains supporters à se plaindre, estimant qu'il y avait trop de « gueules noires » à Lens. Et alors ? Je m'en fiche. Mieux, j'en suis fier.

M'impliquer au Sénégal, c'est un joli clin d'œil à l'histoire de mon club. Je décide donc d'aider mon copain Saliou Fall à structurer l'académie Avenir Football Dakar, un petit club de troisième division sénégalaise. L'idée consiste à bâtir un centre de formation ouvert aux enfants des villages, contrairement à la France où seuls les membres d'un club peuvent bénéficier de ses installations.

Je profite également de mes fréquents séjours là-bas – j'y passe trois à quatre jours tous les deux mois – pour développer mon réseau afin de trouver des financements pour des projets à la fois sportifs et sociaux. Cela avance bien : deux cents gamins sénégalais viendront assister aux Jeux olympiques de Paris en 2024. En contrepartie, deux cents enfants des Hauts-de-France participeront aux quatrièmes J.O. de la jeunesse à Dakar, en 2026. J'aime beaucoup ce pays, et il me le rend bien.

« Je ne me laisserai pas faire »

Quand il ne joue pas le rôle du journaliste débraillé et alcoolique de la Présipauté de Groland sur Canal +, Gustave Kervern regarde « L'Équipe du Soir ». Je l'ai d'ailleurs invité à venir assister à une émission. C'est aussi un réalisateur et un scénariste de talent, et c'est à ce titre qu'il me contacte pour me proposer de tenir un petit rôle dans son prochain téléfilm, *Je ne me laisserai pas faire*, avec Yolande Moreau, Laure Calamy et Anna Mouglalis en têtes d'affiche. Je ne suis jamais passé devant une caméra, et cela m'intéresse de découvrir l'envers du décor et les coulisses d'un film.

J'accepte. Le tournage des scènes dans lesquelles j'apparais dure trois jours, début juillet 2023, et se déroulent dans un EHPAD de Lens. En arrivant, je m'aperçois qu'il s'agit de l'établissement où se trouvait mon beau-père. Je joue le rôle de monsieur Taha, l'un de ses pensionnaires, qui passe son temps à vociférer après tout le monde en criant : « Bande de cons ! » J'aime bien mon personnage. Je joue notamment une scène avec Monique, une figurante qui vit réellement dans cette résidence pour seniors. Gustave a beau lui dire : « Monique, ne regardez pas la caméra mais monsieur Gervais Martel », elle continue à fixer l'objectif et nous sommes obligés de refaire trois fois la scène. Une fois celle-ci dans la boîte, Monique me dit :

— Je ne vous avais encore jamais vu, ici.

— Ne vous inquiétez pas, Monique. Cela ne saurait tarder.

La Chance aux Enfants

J'ai toujours aimé les enfants, et ils me l'ont d'ailleurs bien rendu en bâtissant ma carrière et ma notoriété. Raphaël Varane en constitue le plus bel exemple. Il est arrivé au RC Lens à l'âge de huit ans et j'espère qu'il reviendra y terminer sa carrière.

C'est grâce aux gamins que les gens m'appellent plutôt « Gervais » que « monsieur Martel ». Alors, quand on me propose de devenir président d'honneur et donneur de La Chance aux Enfants, je n'hésite pas une seconde. Cette association a été créée en 2000 par un groupe d'amis désirant venir en aide aux enfants des Hauts-de-France en situation de vulnérabilité. Mon ami Jean-Luc Reichmann a accepté de la parrainer. Jean-Luc est un type exceptionnel. Je l'ai rencontré en 2004, alors que nous buvions un verre, assis l'un à côté de l'autre, devant la finale du 200 mètres des Jeux olympiques d'Athènes. Il se tourne vers moi et me dit :

— C'est le couloir 3 qui va gagner !

Sans le regarder, je lui réponds :

— Non, ce sera le 4 !

Le couloir 4 est celui de Shawn Crawford. Et l'Américain devient effectivement champion olympique. Jean-Luc s'exclame alors :

— Bien joué ! Je vous ai déjà vu quelque part.

— Moi aussi !

Nous faisons les présentations et nous quittons à 4 heures du matin. C'est le début d'une longue amitié et nous avons plaisir à nous retrouver dès que possible. J'espère que Jean-Luc va faire gagner l'Étoile mystérieuse à La Chance aux Enfants. En 2000, je me suis débrouillé pour aider financièrement l'association en obtenant que la LFP lui reverse une partie de l'argent récolté grâce au classement du fairplay. En ligue 1, un carton jaune coûte 50 €, et un rouge, 150 €. Je lui ai également cédé tous mes droits d'auteur perçus sur le livre écrit avec Patrick Robert, *Fier d'être Lensois !*, paru aux éditions de La Voix du Nord, en 2005.

Une fois libéré pour de bon de mes obligations au RC Lens, je vais voir Jacques Switalski, président-fondateur de La Chance aux Enfants.

— Comment ça va ?

— Pas très bien. Il ne nous reste que 3 000 € en caisse.

— Écoute, je veux bien m'impliquer davantage dans l'association en devenant coprésident.

— Ce serait avec plaisir. On a besoin d'aide.

— Je viens, mais à la condition de changer de stratégie. Il faut désormais l'axer sur le sport, en visant deux objectifs : le premier consistera à emmener les enfants découvrir de grands événements de sport, comme des matchs de rugby du XV de France au Stade de France, l'Open de tennis de Roland-Garros, la course cycliste Paris-Roubaix, des matchs de football à Lens, à Lille ou à Valenciennes, des matchs de basket au Portel ou à Gravelines… Le second se voudra encore plus ambitieux et noble : permettre à quinze mille gamins défavorisés assister aux Jeux olympiques de Paris de 2024.

Objectif, Paris 2024

Jacques Switalski ayant démissionné de son poste de président tout en restant au bureau de l'association en tant que membre d'honneur, je me retrouve tout seul à la barre, depuis 2022. Mais je suis bien entouré. Pour mener à bien ce projet modeste et fou, comme dirait Éric Cantona – l'acteur de cinéma, pas le footballeur –, nous avons créé un comité de pilotage d'une vingtaine de membres. Je peux également compter sur le précieux soutien de Dominique Regia-Corte, ancien speaker historique de Bollaert, au poste de président stratégique, ainsi que sur des membres bénévoles mais actifs de l'association, Arnaud, Éric, Françoise, Mélanie, Pascale… Nous avons également sollicité l'aide bénévole des étudiants de la Faculté des sports et de l'éducation physique de Liévin, de l'IUT de Lens, de la Catho et de la Skema Business School de Lille. Chacun est responsable de son domaine : sécurité, transports, partenariats…

Parce que, honnêtement, monter une telle opération, c'est un sacré barnum. Cela demande une énergie de tous les jours. Pouvoir conduire quinze mille gamins à Paris, avec les accompagnateurs, cela nécessite près de quatre cents autocars. Chacun d'entre eux coûte en moyenne 3 000 €. Sans oublier le *catering,* la restauration, les tee-shirts, les casquettes... Le montant du budget est facile à calculer : 1,2 M€. Pour le financer, je démarche les maires des villes de la région, les autres collectivités locales, les copains entrepreneurs, les grandes entreprises... Bref, je ratisse large. Quant aux places, l'autre gros défi, j'ai demandé au président de la République Emmanuel Macron et à Amélie Oudéa-Castéra, sa ministre des Sports, de me les obtenir. Le président de la République a toujours été à mon écoute et je n'ai pas cessé de lui casser les pieds pour obtenir ces places. Mais le premier qui a cru d'entrée à mon projet, c'est Xavier Bertrand. En tant que président du conseil régional des Hauts-de-France, il m'aide aussi énormément. Je veux que tous ces gamins assistent également aux Jeux paralympiques afin qu'ils se rendent compte que l'on peut aller au bout de soi-même dans la difficulté et le handicap.

En guise de conclusion…

Je n'ai pas la prétention d'avoir tout réussi. Loin de là. J'ai simplement essayé de le faire avec mes convictions et pris des décisions, sur le moment, qui m'appartenaient.

J'ai très souvent entendu dire : « On aurait dû faire ça, y'a qu'à, faut qu'on… » Le monde du football est ainsi fait : les critiques fusent et sont parfois justifiées. Mais, en fin de compte, le risque de se tromper est plus élevé lorsqu'on est le décideur. Je l'ai été, je l'assume et je ne regrette rien.

Le sport en général, et le foot en particulier, a toujours rythmé ma vie et m'a permis de rencontrer des personnes remarquables, qui m'ont accompagné dans la réussite comme dans la difficulté. En 1980, alors que j'étais en vacances avec mon épouse, elle ne comprenait pas pourquoi je remontais toujours de la piscine vers 17 heures. C'est simple : c'était l'époque des Jeux olympiques de Moscou et je ne ratais jamais aucune épreuve. C'est encore le cas aujourd'hui, quelle que soit la discipline. Cela m'a donné une petite « culture » sportive. Si l'on me demande qui a remporté le Tour de France 1957, je répondrai qu'il s'agit de Walkowiak ; quel est le premier athlète à avoir gagné quatre médailles d'or consécutives, je dirai que c'est l'Américain Al Oerter, lanceur de disque.

Le sport reste une école de la vie, de la camaraderie, de l'esprit d'équipe et du dépassement de soi. Il ne peut pas y avoir que des vainqueurs. La tristesse et la déception font partie de chaque discipline, et font aussi sa richesse. J'ai l'habitude de dire que le football est un film policier dans lequel on ne connaît jamais l'assassin, et cela se vérifie chaque semaine.

Après les J.O. de Paris, j'aurai soixante-dix ans. Place aux jeunes. Et à un peu de repos, me concernant. Quoique...

Remerciements

De Gervais Martel à Isabelle, Camille et Antonio.

De Bernard Lions à Garance et Constance pour leur patience, à Gervais Martel pour son amitié, ses blagues belges et sa confiance, à Isabelle Martel pour ses bons petits plats et sa pertinence, à Camille et Antonio pour leurs encouragements et le prêt de leur résidence.

Des auteurs à Alaeddine Yahia, Éric Chelle, Francis Collado, Patrick Corrazzin, Rolland Courbis, Jean-Claude Darmon, David Delattre, Philippe Diallo, Arnaud Dos Santos, Christian Legrand, Martine Mauriaucourt, Chérif Oudjani, Gérard Parentin, Dominique Regia-Corte, Didier Roudet, Julien Sablé, Éric Sikora, Laurent Tarko, Guillaume Warmuz et Jean-Guy Wallemme pour leur mémoire et leurs confidences.

Enfin, à José Carlin Pérez, notre éditeur, pour sa souplesse et sa tolérance.

Table

Dépôt légal : octobre 2023
Composition : Nord Compo
Maquette de couverture : ZS Studio

Imprimé en France en novembre 2023
par Imprimerie Corlet
N° d'imprimeur : 23110269
Réimpression n°2